面向"十二五"高等教育课程改革项目研究成果

企业初级会计核算与报告

主　编　唐东升　熊玉红
副主编　聂卫东　沈　静
主　审　杨　巧

北京理工大学出版社
BEIJING INSTITUTE OF TECHNOLOGY PRESS

图书在版编目（CIP）数据

企业初级会计核算与报告/唐东升，熊玉红主编.—北京：北京理工大学出版社，2013.1

ISBN 978-7-5640-7352-7

Ⅰ.①企…　Ⅱ.①唐…　②熊…　Ⅲ.①企业管理-会计-高等学校-教材　②企业管理-会计报表-编制-高等学校-教材　Ⅳ.①F275.2

中国版本图书馆CIP数据核字（2013）第017542号

出版发行/北京理工大学出版社
社　　址/北京市海淀区中关村南大街5号
邮　　编/100081
电　　话/(010)68914775(办公室)　68944990(批销中心)　68911084(读者服务部)
网　　址/http://www.bitpress.com.cn
经　　销/全国各地新华书店
印　　刷/北京地质印刷厂
开　　本/787毫米×1092毫米　1/16
印　　张/16.75
字　　数/387千字
版　　次/2013年1月第1版　2013年1月第1次印刷
印　　数/1～1500册　　责任校对/周瑞红
定　　价/43.00元　　责任印制/吴皓云

FOREWORD 前言

为贯彻落实《国家中长期教育改革和发展规划纲要》、财政部《会计行业中长期人才发展规划（2010—2020年）》等文件精神，重庆市高等学校市级教学团队“会计专业核心课程教学团队”从2010年开始根据财政部2006年颁布的最新企业会计准则、全国会计专业技术资格考试领导小组办公室《初级会计专业技术资格考试大纲》的要求，积极开展教育教学改革和课程建设，在总结改革和建设成果基础上，编写了本教材。

本教材从繁杂的课程内容中去芜存精，便于学生消化吸收，能提高学习效率。与其他教材相比，本教材具有以下鲜明特色：

一、立足会计职业岗位。教学团队以培养高端会计人才为目标，深入开展校企合作，调研与分析企业会计职业岗位及岗位任务，以会计岗位的典型工作任务为序编排教材内容，有助于学生在学习过程中认知会计岗位。

二、实行课证结合。以就业为向导，实施“学历证书与职业资格证书对接”。参照初级会计职称考试大纲的要求，设计教材内容和各能力单元的能力训练，让学生在学习过程中了解初级会计职称考试要求，在学习课程后就可参加初级会计职称考试。

三、实施任务驱动。打破了以往以知识传授为主要特征的传统学科体系教材模式，转变为以工作任务为中心组织教材内容，用任务案例的形式促进学生进行任务分析与处理，让学生在完成具体任务的过程中学习相关理论知识和专业技能，并发展职业能力，培养学生分析问题、解决问题的能力。

四、注重可持续发展。本教材中增设了一些“知识拓展”“重要相关能力”，让学生利用课余时间去阅读、领会，有助于学生了解学科前沿动态和发展趋势，培养自主学习的能力。

五、拓展适用范围。本教材既依据新的会计准则，又结合初级会计职称考试大纲，从而适合高等院校会计、财务、审计等专业以及其他相关专业教学使用，也可供成人教育和广大财经从业人员学习使用。

本教材由唐东升教授和熊玉红副教授担任主编，聂卫东教授和沈静副教授担任副主编。唐东升教授编写能力单元一、三，熊玉红副教授编写能力单元二，沈静副教授编写能力单元四，聂卫东教授编写能力单元十，李静副教授编写能力单元五，刘婷讲师编写能力单元六，李敬飞讲师编写能力单元七，黄骥教授编写能力单元八，黄竞助讲编写能力单元九。

本教材在编写过程中，来自重庆高速公路产业投资有限公司的主办会计杨巧女士参与了课程标准的制定、教材内容的设计，并对全书内容进行了审定，在此表示衷心感谢；同时，参考、借鉴了书后阅读指引中的相关文献及网站资源，在此对作者表示诚挚谢意。

由于时间紧，水平有限，书中难免有不妥之处，恳请读者及同行批评指正，以促进我们不断努力并弥补瑕疵。

编　者

CONTENTS 目录

能力单元一

核算企业货币资金

学习目标

1. 熟悉国家现行的有关现金、银行存款的管理制度，了解银行支付结算办法；

2. 掌握库存现金收入、支出等业务的账务处理流程和核算方法；

3. 掌握银行存款增减变动及期末对账业务的账务处理流程和核算方法；

4. 掌握其他货币资金的内容和核算方法；

5. 能正确填制和审核支票、银行进账单等与库存现金、银行存款相关的原始凭证；

6. 能正确登记库存现金日记账、银行存款日记账和总账；

7. 能正确编制银行存款余额调节表。

教学重难点

重点：库存现金、银行存款收支业务的核算。

教学时数

建议教学时数 6 学时，其中讲授 4 学时，实践 2 学时。

教学导航

教学指引：

1. 了解学生基本信息；

2. 准备一个企业某月期初余额表；

3. 准备记账凭证、库存现金和银行存款日记账、其他货币资金明细账及三种货币资金的总账、会计准则等多种教学材料；

4. 设计一个较好的教学引入情景，如出纳工作场景视频等；

5. 设计会计信息的主要记录内容；

6. 准备现金管理条例、银行结算管理办法等阅读材料。

学习引导：

1. 货币资金是企业生产经营过程中以货币形态存在的资金，包括库存现金、银行存款、其他货币资金。企业为确保生产经营活动正常进行，必须持有一定数量的货币资金；

2. 收集生活中有关现金、银行存款收支的经济业务案例；

3. 收集现实生活中与现金、银行存款相关的犯罪案例；

4. 阅读、了解国家有关现金、银行存款的管理制度。

任务一 核算库存现金

Mission one

一、认知库存现金管理制度

库存现金是指通常存放于企业财会部门、由出纳人员经管的货币。它是企业流动性最强的资产，很容易出现挪用、短缺、盈余等现象，企业发生的舞弊事件也大多与现金有关。因此，企业应根据《现金管理暂行条例》的规定，加强对企业库存现金的管理，监督现金使用的合法性和合理性。

1. 库存现金使用范围

根据国务院颁布的《现金管理暂行条例》的规定，企业可以在以下范围内使用现金：

（1）职工工资、津贴。

（2）个人劳务报酬。

（3）根据国家规定颁发给个人的科学技术、文化艺术、体育等各种奖金。

（4）各种劳保、福利费用以及国家规定的对个人的其他支出。

（5）向个人收购农副产品和其他物资的价款。

（6）出差人员必须随身携带的差旅费。

（7）结算起点（人民币 1 000 元）以下的零星支出。

（8）中国人民银行确定需要支付现金的其他支出。

在实际工作中，企业可结合本单位的实际情况，结合上述规定，确定本单位现金的开支范围。

2. 库存现金限额

库存现金限额是指企业的开户银行根据《现金管理暂行条例》的规定，在保证企业日常零星现金支付需要的前提下，允许企业保留的库存现金最高限额。库存现金限额每年核定一次，经核定的库存现金限额，开户单位必须严格遵守。

凡在银行开户的独立核算单位都要核定库存现金限额。一个单位在几家银行开户的，由一家开户银行核定开户单位库存现金限额。独立核算的附属单位，由于没有在银行开户，但需要保留现金，也要核定库存现金限额，其限额可包括在其上级单位库存限额内；商业企业的零售门市部需要保留找零备用金，其限额可根据业务经营需要核定，但不包括在单位库存现金限额之内。

库存现金限额的计算方式一般是：

库存现金＝前一个月的平均每天支付的数额（不含每月平均工资数额）×限定天数

为了保证现金的安全，规范现金管理，同时又能保证开户单位的现金正常使用，《现金管理暂行条例》规定，库存现金限额由开户银行根据单位的实际需要和与银行的距离远近来核定，一般按照开户单位 3～5 天日常零星开支的需要量确定，边远地区和交通不便地区的开户单位的库存现金限额，可按多于 5 天但最多不得超过 15 天的日常零星开支的需要量确定。核定后的库存现金限额，开户单位必须严格遵守，超过部分应于当日终了前送存银行。需要增加或减少库存现金限额的单位，应向开户银行提出申请，由开户银行核定。

3. 现金收支规定

（1）开户单位收入现金应于当日送存开户银行，当日送存确有困难的，由开户银行确定送存时间。送存现金时，需先由出纳人员清点票款、填写“现金缴款单”，然后送存开户银行。

（2）不得“坐支”现金，即开户单位支付现金，可以从本单位库存现金中支付或从开户银行提取，不得从本单位的现金收入中直接支付，即实施收支两条线。企业因特殊情况需要坐支现金的，应当事先向开户银行提出申请，说明坐支现金的理由、用途和预计坐支的金额，然后由开户银行根据有关规定进行审定。审定后，企业应当严格按照开户银行核定的坐支范围和坐支限额坐支现金，并定期向银行报送坐支金额和使用情况。

（3）开户单位从开户银行提取现金，一般是由出纳人员填写“现金支票”，由本单位财会部门负责人签字并加盖预留银行的印鉴后，到开户银行办理提取现金业务。

（4）企业因采购地点不确定、交通不便、抢险救灾及其他特殊情况必须使用现金的单位，应向开户银行提出书面申请，由本单位财会部门负责人签字盖章，经开户银行审查批准后予以支付现金。

（5）出纳人员在办理现金收入业务时，应当面点清现金数额，开出现金收据，并加盖“现金收讫”印章和出纳人员名章。

（6）出纳人员在办理现金支出业务时，应认真审核现金付款凭证，并加盖“现金付讫”印章。根据付款凭证所列金额支付现金，同时在付款凭证上的“出纳”栏签字盖章。

（7）现金管理“八不准”。按照《现金管理暂行条例》及其实施细则规定，企业、事业单位和机关、团体、部队现金管理应遵循“八不准”，即不准用不符合财务制度的凭证顶替库存现金（即不得白条顶库）；不准单位之间互相借用现金；不准谎报用途套取现金；不准利用银行账户代其他单位和个人存入或支取现金；不准将单位收入的现金以个人名义存入储蓄；不准保留账外公款；不准发生变相货币；不准以任何票券代替人民币在市场上流通。

（8）企业除工资性支出和农副产品采购现金支出外，在提取大额现金时，要填写大额现金支取登记表。该表内容主要包括支取时间、企业名称、金额、用途等，由开户银行建立台账，报当地人民银行分支机构备案。

4. 现金内部控制

（1）钱账分管制度。企业应配备专职的出纳员，办理现金收付和结算业务，登记现金和银行存款日记账，保管库存现金和各种有价证券，保管好有关印章、空白收据和空白支票；出纳员不得兼管稽核、会计档案保管和收入、费用、债权债务账目的登记工作。

（2）现金开支审批制度。明确企业现金开支范围；明确各种报销凭证，规定各种现金支付业务的报销手续和办法；确定各种现金支出的审批权限。

（3）现金日清月结制度。日清是指出纳员对当日的现金收付业务全部登记现金日记账，结出账面余额，并与库存现金核对相符；月结是指出纳员必须对现金日记账按月结账，并定期进行现金清查。

（4）现金保管制度。超过库存的，下班前送存银行；除工作时间需用的小额现金外一律放入保险柜；限额内的库存现金核对后，放入保险柜；不得公款私存；纸币和铸币应分类保管。

二、核算库存现金的收支

1. 职业规范

为了加强现金的管理，企业必须健全账目，严格审核现金收付的原始凭证，并依据审核无误的原始凭证逐笔登记现金收付业务，即对库存现金收付业务加强核算。

库存现金的核算包括序时核算和总分类核算。

（1）库存现金的序时核算。

为了加强对库存现金的管理，随时掌握现金动态和库存余额，保障现金的安全，企业应设置“库存现金”日记账进行序时核算，并做到“日清月结”。出纳人员应根据经过审核无误的现金收款凭证和现金付款凭证以及银行存款付款凭证（从银行提取现金的业务），按照经济业务发生的先后顺序，逐日逐笔序时进行登记。每日终了，应计算出当日现金收入和现金支出合计数并结出余额，再将“库存现金日记账”的账面余额与实际库存现金额相核对，保证账实相符，此为日清。月度终了，“库存现金日记账”的余额应当与“库存现金”总账的余额核对，做到账账相符，此为月结。

（2）库存现金的总分类核算。

为了总括反映和监督企业现金收入、付出和结存情况，企业应设置“库存现金”总分类账，由负责总账的财会人员进行总分类核算。企业内部各部门周转用的备用金，不在本账户中核算，而是通过“其他应收款”账户核算。

“库存现金”属于资产类账户，借方登记现金的增加，贷方登记现金的减少，余额在借方，表示期末库存现金的结存数。

库存现金日记账的账页格式通常采用借贷余三栏式，也可采用多栏式。

库存现金总分类账的账页格式通常采用借贷余三栏式。

2. 职业判断与操作

[任务 1-1]　2011 年 9 月 1 日，重庆机械制造有限公司办公室主任贾玉因公到北京出差，预借差旅费 6 000 元。要求为重庆机械制造有限公司进行账务处理。

任务分析：员工预借的差旅费，需要员工出差回单位后凭票据报销。在报销之前，单位有权收回借款，形成单位的应收款项，但不是销售形成的货款，因此应记入“其他应收款”。即“其他应收款”增加记借方，“库存现金”减少记贷方。账务处理如下：

借：其他应收款	6 000	
贷：库存现金		6 000

[任务 1-2]　2011 年 9 月 2 日，重庆机械制造有限公司职工张宝因损坏公物，交来罚款 100 元。要求为重庆机械制造有限公司进行账务处理。

任务分析：以现金方式收到罚款 100 元，企业库存现金增加，应借记“库存现金”100 元，该资金来源于罚款收入，非营业收入，应列入“营业外收入”，因此，在贷方登记“营业外收入”100 元。账务处理如下：

借：库存现金	100	
贷：营业外收入		100

[任务 1-3]　2011 年 9 月 5 日，办公室主任贾玉出差归来，实际报销差旅费 5 500 元，余款退回财务处。要求为重庆机械制造有限公司进行账务处理。

任务分析：办公室主任出差发生的差旅费，属于管理费用性质，应在“管理费用”中列支。原来预借的6 000元实际只报销了5 500元，因此，管理费用增加5 500元，余款500元退回，应相应增加库存现金500元。报账后，原来贾主任预借的6 000元，已不存在了，因此，应冲销原来的“其他应收款”。账务处理如下：

借：管理费用	5 500	
库存现金	500	
贷：其他应收款——贾玉		6 000

三、核算库存现金的清查

1. 职业规范

为了加强对现金出纳保管工作的监督，保证账款相符，防止现金的丢失、短少和差错，防止现金舞弊行为的发生，企业必须建立现金的清查制度并认真执行。

库存现金的清查，一般采用实地盘点法，确定库存现金的实存数，再与现金日记账账面余额进行核对，以查明盈亏情况。库存现金的盘点，应由清查人员会同现金出纳人员共同负责。具体盘点时应注意以下三个环节：

盘点前，出纳人员应先将现金收、付款凭证全部登记入账，并结出余额；盘点时，出纳人员必须在场，现金应逐张清点，如发现盘盈、盘亏，必须会同出纳人员核实清楚。

盘点时，除查明账实是否相符外，还要查明有无违反现金管理制度规定，有无以“白条”抵充现金，现金库存有无超过银行核定的限额，有无坐支现金等。

盘点结束后，应根据盘点结果，填制“库存现金盘点报告表”，并由检查人员和出纳人员签名或盖章。此表具有双重性质，即是盘存单又是账存实存对比表，既是反映现金实存数调整账簿记录的重要原始凭证，也是分析账实发生差异原因，明确经济责任的依据。

库存现金清查结束后，如果发现有挪用现金、白条顶库的情况，应及时予以纠正；对于超限额留存的现金应及时送存银行。如果账款不符，发现有待查明原因的现金短缺或溢余，应先通过“待处理财产损溢”科目核算，经查明原因并按管理权限批准后，应分别按以下情况进行处理：

（1）如为现金短缺，属于应由责任人赔偿或保险公司赔偿的部分，记入“其他应收款”；属于无法查明具体原因的，记入“管理费用”。

（2）如为现金溢余，属于应支付给有关人员或单位的，记入“其他应付款”；属于无法查明具体原因的，记入“营业外收入”。

为了反映现金清查结果与处理情况，企业应设置以下科目与账户：

（1）“待处理财产损溢”账户。该账户属于资产类，用来核算企业在清查财产过程中查明的各种财产盘盈、盘亏和毁损的价值。会计准则规定，企业的财产损溢应查明原因，在期末结账前处理完毕，处理后，“待处理财产损溢”应无余额。对于年中各月末“待处理财产损溢”余额，可以根据该财产的流动性分别列示于资产负债表中的“其他流动资产”或“其他非流动资产”项下。同时，在该账户下可设置“待处理流动资产损溢”和“待处理固定资产损溢”明细账进行明细核算。

严格说来，“待处理财产损溢”是一个极为特殊的账户，具有双重性、过渡性。该账户借方登记的是企业的财产损失，在未处理之前，仍是企业资产的一种存在形式，具有资产性质；而贷方登记的是企业的财产盈余，反映了资产取得的一种特殊方式，具有权益性质。同时，通过资产清查获得的盘盈、盘亏信息需要先记入该账户，然后再做进一步的处理，这样就会有一定的挂账期，因此该账户具有过渡性。

在出纳岗位业务中，“待处理财产损溢”账户用来核算库存现金的盘盈或盘亏。

（2）“其他应付款”账户。该账户属于负债类账户，用来核算企业应付、暂收其他单位或个人的款项，如应付租入固定资产和包装物租金、存入保证金、应付统筹退休金等。企业发生的各种应付、暂收款项，借记“银行存款”、“管理费用”等账户，贷记“其他应付款”账户；支付时，借记“其他应付款”账户，贷记“银行存款”等账户。

在现金清查业务中，“其他应付款”账户用来核算盘盈的现金中，应付给其他单位或个人的部分。

（3）“营业外收入”账户。该账户属于损益类账户，用来核算企业发生与企业生产经营无直接关系的各项收入，包括处理固定资产净收益、违约金收入、确实无法支付而应转作营业外收入的应付款项、教育费附加返还等。企业发生营业外收入时，借记“现金”、“银行存款”、“待处理财产损溢”、“固定资产清理”、“应付账款”等账户，贷记“营业外收入”账户。期末应将“营业外收入”账户余额转入“本年利润”账户，即借记“营业外收入”账户，贷记“本年利润”账户。结转后本账户应无余额。

在现金清查业务中，“营业外收入”账户用来核算盘盈的现金中无法查明具体原因确实无法支付而应转作营业外收入的部分。

（4）“其他应收款”账户。“其他应收款”账户属于资产类账户，核算企业除应收票据、应收账款、预付账款以外的其他各种应收、暂付款项，包括各种赔款、罚款、存出保证金、备用金、应向职工收取的各种垫付款项等。企业发生其他的各种应收款项时，借记“其他应收款”账户，贷记有关账户；收回各种款项时，借记有关账户，贷记“其他应收款”账户。

在现金清查业务中，“其他应收款”账户用来核算短缺现金中应由出纳或保险公司赔偿的部分。

（5）“管理费用”账户。该账户属于损益类账户，用来核算企业行政管理部门为组织和管理生产经营活动而发生的管理费用，包括工资和福利费、折旧费、工会经费、业务招待费、房产税、车船使用税、土地使用税、印花税、技术转让费、无形资产摊销、职工教育经费、劳动保险费、行业保险费、研究开发费、坏账损失费等。企业发生各项管理费用，借记“管理费用”账户，贷记“现金”、“银行存款”、“待摊费用”、“递延资产”、“无形资产”、“累计折旧”、“应交税金”、“应付工资”、“应付福利费”、“坏账准备”等账户。月末应将“管理费用”账户余额转入“本年利润”账户，结转后“管理费用”账户应无余额。

在现金清查业务中，“管理费用”账户用来核算短缺现金中无法查明原因的部分。

现金清查业务的账务处理程序如图 1-1、图 1-2 所示。

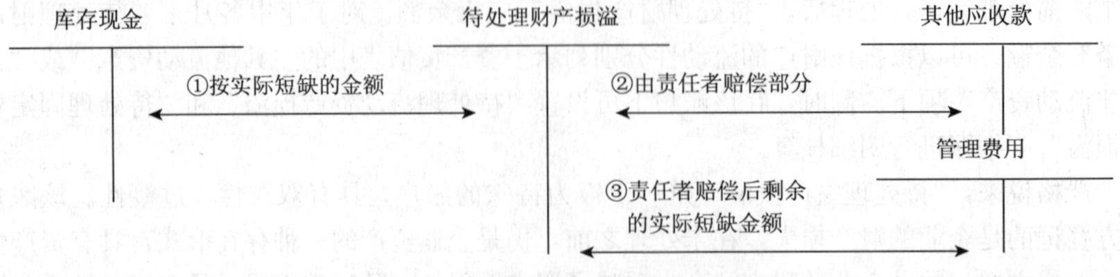

图 1-1 现金短缺业务账务处理程序

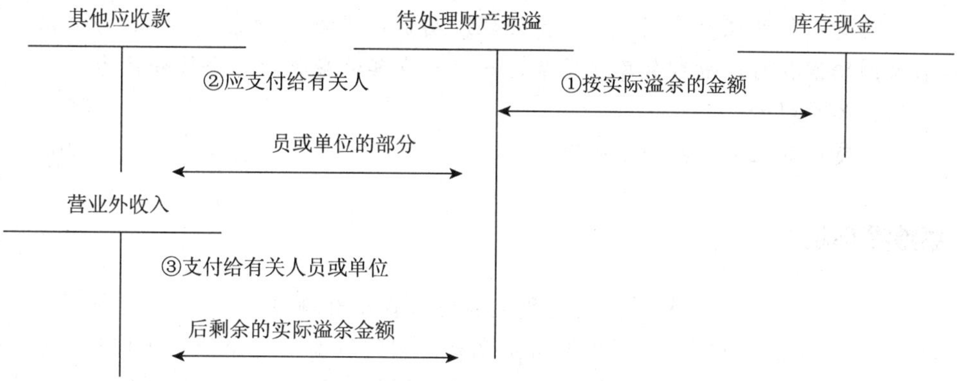

图 1－2　现金溢余业务账务处理程序

2. 职业判断与操作

［任务 1－4］　2011 年 9 月 5 日，重庆机械制造有限公司在现金清查中发现，库存现金账面余额比实际少 150 元。6 日查明原因为：办公室秘书小陶购买办公用品报账时少付了 100 元，其余 50 元无法查明原因，经批准转入营业外收入。要求为重庆机械制造有限公司进行账务处理。

任务分析： 5 日发现盈余现金 150 元，即现金增加 150 元，应在“库存现金”借方登记；在查明原因前应先记入“待处理财产损溢”的贷方，等待查明原因再处理。账务处理如下：

借：库存现金　　150
　　贷：待处理财产损溢——待处理流动资产损溢　　150

6 日查明原因后，秘书报账时少付的 100 元应付给秘书小陶，未支付时列入其他应付款；无法查明原因的按规定转入营业外收入。会计分录为：

借：待处理财产损溢——待处理流动资产损溢　　150
　　贷：其他应付款——小胡　　100
　　　　营业外收入　　50

以后实际支付给秘书小陶时，应同时减少库存现金和其他应付款，会计分录为：

借：其他应付款——小胡　　100
　　贷：库存现金　　100

［任务 1－5］　2011 年 9 月 5 日，重庆机械制造有限公司现金清查结果为：库存现金账面余额 5 000 元，实际库存 4 600 元。当日查明原因系出纳员小万工作失误引起的短缺，应由其赔偿。要求为重庆机械制造有限公司进行账务处理。

任务分析： 实际库存比账面余额少 400 元，属于现金短缺，即库存现金减少，应在贷方登记“库存现金”400 元，查明原因前，先记入“待处理财产损溢”借方。账务处理如下：

借：待处理财产损溢——待处理流动资产损溢　　400
　　贷：库存现金　　400

现已查明原因系出纳工作失误，应由其赔偿，收到赔偿款之前，先记入“其他应收款”。会计分录为：

借：其他应收款——小万　　400

　　贷：待处理财产损溢——待处理流动资产损溢　　400

以后收到赔偿款时，应增加库存现金，同时减少其他应收款。会计分录为：

借：库存现金　　400

　　贷：其他应收款——小万　　400

重要相关能力

钱账分管与现金支付授权批准制度

为确保办理现金业务的不相容岗位相互分离、制约和监督，企业必须实行“钱账分管”制度，即管钱的不管账，管账的不管钱。企业应当配备专职或兼职的出纳人员，负责办理现金收付和保管业务，非出纳人员不得经管现金收付和保管业务。出纳人员不得兼管稽核、会计档案保管和收入、费用、债权、债务账目的登记工作。建立钱账分管制度，可以使出纳人员和其他会计人员相互牵制、相互监督，从而减少错误和贪污舞弊行为的可能性。企业现金开支授权批准制度的一般内容包括：明确本企业现金开支范围；制定各种报销凭证、报销手续和具体方法；根据本企业生产经营业务规模、内部职责分工等，确定不同额度现金支出的授权批准权限；严格执行现金支付业务的办理程序，认真按照申请、审批、复核、支付的流程办理，不得由未经授权的机构或人员办理现金收支业务。

教学互动

1. 如何确定企业的库存现金限额？
2. 分组讨论库存现金短缺或溢余的账务处理。

任务二 核算银行存款
Mission two

一、认知银行存款管理规定

银行存款是指企业存入银行或其他金融机构的各种款项。企业应遵循中国人民银行制定的《支付结算办法》《银行账户管理办法》的规定，正确应用各种银行结算方式，加强对银行存款的核算。要对银行存款进行正确核算，首先必须熟悉银行存款管理的有关规定，否则，就会受到有关部门的处罚甚至处分。

1. 银行存款账户的管理

早在1977年，中国人民银行颁发了《银行账户管理办法》，对银行账户的管理作出了明确规定。随着经济金融形势的发展，《银行账户管理办法》部分规定不能完全适应新形势的需要，银行业竞争日趋激烈，为避免账户管理紊乱现象出现，中途经过了修订，目前正在使用的管理办法是2003年9月1日实施的《人民币银行结算账户管理办法》［中国人民银行令

(2003) 第5号]。该办法规定：单位银行结算账户按用途分为基本存款账户、一般存款账户、专用存款账户、临时存款账户。其中，基本存款账户是存款人因办理日常转账结算和现金收付需要开立的银行结算账户。开立基本存款账户实行开户许可证制度，企业一般只能选择一家银行的一个分支机构开设一个基本存款账户，不得在多家银行和机构开立基本存款账户。一般存款账户是存款人因借款或其他结算需要，在基本存款账户开户银行以外的银行营业机构开立的银行结算账户。该账户可以办理转账结算和现金缴存，但不能支取现金。专用存款账户是存款人按照法律、行政法规和规章，对其特定用途资金进行专项管理和使用而开立的银行结算账户，这些资金包括：基本建设资金、更新改造资金、财政预算外资金、粮棉油收购资金、期货交易保证金、信托基金、金融机构存放同业资金、政策性房地产开发资金、单位银行卡备用金、住房基金、社会保障基金、收入汇缴资金和业务支出资金、党团工会设在单位的组织机构经费、证券交易结算资金等。临时存款账户是存款人因临时需要并在规定期限内使用而开立的银行结算账户，如设立临时机构、异地临时经营活动、注册验资等可设临时存款账户。该账户既可以办理转账结算，也可以根据国家现金管理的规定存取现金。存款人开立基本存款账户、临时存款账户和预算单位开立专用存款账户实行核准制度，经中国人民银行核准后由开户银行核发开户登记证。

2. 银行结算的管理

企业与其他单位、个人或企业内部发生商品交换等经济活动而引起的货币资金收付行为称为结算。根据中国人民银行的有关支付结算办法规定，目前企业发生的货币资金收付业务可以采用银行汇票、银行本票、支票、商业汇票、信用卡、托收承付、委托收款、汇兑、信用证等方式，通过银行办理转账结算。

企业通过银行办理结算时，必须做到：不违反规定开立和使用账户；合法使用银行账户，不得出租出借账户；不准套取银行信用，不得签发空头支票、远期支票；不准签发、取得和转让没有真实交易和债权债务关系的票据以套取银行和他人的资金。

二、核算银行存款的收支

1. 职业规范

企业银行存款的核算主要包括序时核算和总分类核算。

(1) 银行存款的序时核算。

为了加强对银行存款的管理，及时反映银行存款的收入、支出、结存情况，企业应当设置三栏式或多栏式“银行存款日记账”，并按开户银行、存款种类分设账簿。“银行存款日记账”由出纳人员负责，按照银行存款收付业务发生的先后顺序逐日逐笔序时登记，做到日清月结。每日终了，应结出余额。“银行存款日记账”应定期与“银行对账单”核对，每月至少核对一次。核对结果两者之间如有差额，必须逐笔查明原因，并按月编制“银行存款余额调节表”调节相符。期末，“银行存款日记账”余额必须与“银行存款”总账余额核对相符。

(2) 银行存款总分类核算。

为了总括反映和监督银行存款的收入、付出和结存情况，企业应设置“银行存款”总账，由负责总账的会计人员进行总分类核算。但企业在银行的其他存款，如银行本票存款、银行汇票存款、信用卡存款等，不通过“银行存款”科目和账户核算，而在“其他货币资金”中核算。

2. 职业判断与操作

[任务 1-6] 2011 年 9 月 5 日，重庆机械制造有限公司向银行借入一笔生产经营用短期借款 60 000 元，期限 5 个月，年利率为 6%。根据借款协议规定，该项借款的本金到期后一次归还，利息分月预提，按季支付。收款已于当日收到。要求为重庆机械制造有限公司进行账务处理。

任务分析： 为了反映和监督银行存款的收支与结存情况，企业应当设置“银行存款”科目与账户。该账户属于资产类账户，借方登记银行存款的增加，贷方登记银行存款的减少，期末余额在借方，表示银行存款的结余数额。

在实际工作中，向银行借入的款项都是通过银行转账到企业的存款账户，由于当日已收到借款，因此，应增加银行存款，在借方登记“银行存款”。该银行存款来源于借款，而且借款期限为 5 个月，应确认为企业的流动负债，在贷方登记“短期借款”。账务处理如下：

借：银行存款　　60 000

　　贷：短期借款　　60 000

[任务 1-7] 2011 年 9 月 6 日，重庆机械制造有限公司收到永强工厂前欠货款 15 000 元；同日，用银行存款支付 20 000 罚款。要求为重庆机械制造有限公司进行账务处理。

任务分析： 公司收到永强工厂前欠货款，银行存款增加，应在借方登记“银行存款”，同时，应向永强工厂收取的货款减少，即应收账款减少，应在贷方登记“应收账款”。账务处理如下：

借：银行存款　　15 000

　　贷：应收账款——永强工厂　　15 000

同时，当天用银行存款支付了罚款 20 000 元，银行存款减少，应在贷方登记“银行存款”；由于罚款不是企业日常经营业务的支出，应列入营业外支出中，应在借方登记“营业外支出”。会计分录为：

借：营业外支出　　20 000

　　贷：银行存款　　20 000

三、核算银行存款的清查

1. 职业规范

为了准确掌握银行存款的实际金额，防止记账发生差错，企业应定期对银行存款进行清查。银行存款的清查是采用对账法，即银行存款日记账与开户银行对账单进行核对，正常情况下，双方的余额应一致，如果不一致，可能有两个原因：记账错误和未达账项。记账错误是指企业或银行对存款的收入或支出的错记或漏记；未达账项是指银行和企业对同一笔款项的收付业务，因取得凭证的时间不同，发生的一方已取得凭证并登记入账，而另一方尚未取得凭证没有登记入账的款项。

在会计实务中，为了消除各种未达账项对企业和银行双方存款余额的影响，进一步检查是否记账有误，企业应编制“银行存款余额调节表”对未达账项进行调整，使之相符；如果调节后余额仍然不相等，证明记账有误，应进一步查明原因，进行更正。当然，如果调节后余额相等，也并不意味着记账一定无错。

银行存款余额调节表的编制可用公式表示如下：

银行存款日记账调节后的余额＝现有余额＋银行已收企业未收款项－银行已付企业未付款项

银行对账单调节后的余额＝现有余额＋企业已收银行未收款项－企业已付银行未付款项

好些同学记不住这两个公式，其实，你可以这样想象：摆在你面前的是一个天平秤，一边是企业银行存款日记账余额，一边是银行对账单余额，进行未达账项调节，就是要把该付而未付出的减出去，把该收而未收的加上来，通过加减使天平称平衡。这样，你就会知道哪边该加，哪边该减了。

2. 职业判断与操作

对于银行存款余额调节表的具体编制，在《会计职业基础》（或《基础会计》）中已学过，这里不再赘述。

需要注意的是，银行存款余额调节表只是为了核对账目，并不能作为调整银行存款账面余额的记账依据，只有等结算凭证到达后才能据以入账。

任务三　核算其他货币资金

Mission three

一、认知其他货币资金

其他货币资金是指企业除库存现金、银行存款以外的各种货币资金，主要包括银行汇票存款、银行本票存款、信用卡存款、信用证保证金存款、外埠存款、存出投资款等。因其存放地点和用途与库存现金和银行存款不同，管理上也有别于库存现金和银行存款，因此企业应单独进行会计核算。

1. 银行汇票存款

银行汇票是指由出票银行签发的，由其在见票时按照实际结算金额无条件支付给收款人或者持票人的票据。银行汇票存款是指申请人为取得银行汇票按照规定存入银行的款项。银行汇票的出票银行为银行汇票的付款人。单位和个人各种款项的结算，均可使用银行汇票。银行汇票可用于转账，填明“现金”字样的银行汇票也可用于支取现金。申请银行汇票时，应向银行提交“银行汇票委托书”，并将款项交存银行。申请人收到银行签发的银行汇票和解讫通知后，应一并交付给汇票上记明的收款人。收款人应在出票金额以内，根据实际需要的款项办理结算，并将实际结算的金额和多余金额准确、清晰地填入银行汇票和解讫通知的有关栏内，到银行办理款项入账手续。收款人可以将银行汇票背书转让给被背书人，但背书转让以不超过出票金额的实际结算金额为准。

银行汇票的提示付款期为自出票日起一个月，持票人超过付款期限提示付款的，银行将不予受理。且在提示付款时，必须同时提交银行汇票和解讫通知，否则，银行不予受理。如果银行汇票丢失，失票人可以凭人民法院出具的享有票据权利的证明，向出票银行请求付款和退款。

2. 银行本票存款

银行本票是指银行签发的，承诺自己在见票时无条件支付确定的金额给收款人或持票人的票据。银行本票存款指申请人为取得银行本票按照规定存入银行的款项。单位和个人在同一票据交换区域需要支付的各种款项，均可使用银行本票。银行本票可用于转账，注明“现金”字样的银行本票可用于支取现金。申请银行本票时，应向银行填写“银行本票申请书”，并将款项存入银行。申请人或收款人为单位的，不得申请签发现金银行本票。申请人应将银行本票交付给本票上记明的收款人。收款人可以将银行本票背书转让给被背书人。

银行本票分为定额本票和不定额本票两种。定额本票面额为 1 000 元、5 000 元、10 000 元和 50 000 元。银行本票的提示付款期限自出票日起最长不得超过两个月。在有效付款期内，银行见票付款。持票人超过付款期限提示付款的，银行不予受理。如果银行本票丢失，失票人可以凭人民法院出具的享有票据权利的证明，向出票银行请求付款和退款。

3. 信用卡存款

信用卡存款是指企业为了取得信用卡而存入银行信用卡专户的款项。信用卡是银行卡的一种，按使用对象分为单位卡和个人卡；按信用等级分为金卡和普通卡；按是否向发卡银行交存备用金分为贷记卡和准贷记卡。凡在中国境内金融机构开立了基本存款账户的单位可申领单位卡。单位卡账户的金额一律从其基本存款账户转账存入，不得交存现金，不得将销货收入的款项存入该账户。持卡人可持信用卡在特约单位购物、消费，但单位卡不得用于 10 万元以上的商品交易、劳务供应款项的结算，不得支取现金。

在日常生活中，我们需要区别贷记卡和准贷记卡。贷记卡是指发卡银行给予持卡人一定的信用额度，持卡人可在信用额度内先消费、后还款的信用卡，且首月最低还款额度不得低于当月透支余额的 10%；准贷记卡是指持卡人必须先按发卡银行要求交存一定金额的备用金，当备用金账户余额不足时，可在发卡银行规定的信用额度内透支的信用卡，透支期限最长为 60 天。

4. 信用证保证金存款

信用证保证金存款是指采用信用证结算方式的企业为开具信用证而存入银行信用证保证金专户的款项。企业向银行申请开立信用证，应填写“信用证申请书”，一同提交信用证申请人承诺书和购销合同，并将信用证保证金交存银行。

5. 外埠存款

外埠存款是指企业为了到外地进行临时或零星采购，而汇往采购地银行开立采购专户的款项。该账户的存款不计利息，只付不收，付完清户，除了采购人员可从中提取少量现金外，一律转账结算。企业汇出款项时，须填写汇款委托书，加盖“采购资金”字样。

6. 存出投资款

存出投资款是指企业已存入证券公司但尚未进行短期投资的款项。企业如要购买股票或债券等进行短期投资，须在证券公司开立证券账户，并通过银行将款项划转到该账户。然后通过电话委托或网上交易买卖股票或债券。

二、核算其他货币资金的收支

1. 职业规范

(1) 总分类核算。

为反映和监督其他货币资金的收支与结存情况，企业应当设置“其他货币资金”科目与账户。该账户属于资产类，借方登记其他货币资金的增加数，贷方登记其他货币资金的减少数，期末余额在借方，反映企业实际持有的其他货币资金。

（2）明细分类核算。

因其他货币资金种类多，为了反映和监督各自的收支和结存情况，应在开设“其他货币资金”总账账户的同时，按其具体内容设置“银行汇票”、“银行本票”、“信用卡”、“信用证保证金”、“外埠存款”、“存出投资款”等明细账户，进行明细核算。

2. 职业判断与操作

［任务 1-8］　重庆机械制造有限公司于 2011 年 9 月 6 日将 30 000 元交存银行取得银行汇票一张。准备用此款购买材料。要求为重庆机械制造有限公司进行账务处理。

任务分析：机械制造有限公司将款项存入银行取得银行汇票，导致银行存款减少，其他货币资金增加，因此，应借记“其他货币资金——银行汇票”科目，贷记“银行存款”科目。账务处理如下：

借：其他货币资金——银行汇票　　30 000
　　贷：银行存款　　30 000

虽然此款是用于购买材料，但还没购买，因此，购买材料的业务在此不进行核算。

如果是企业销售商品收到银行汇票，则应填制进账单，连同汇票一起到开户银行办理款项入账手续，并根据进账单回单及销货发票等，借记“银行存款”科目，贷记“主营业务收入”、“应交税费——应交增值税（销项税额）”等科目。

［任务 1-9］　重庆机械制造有限公司于 2011 年 9 月 7 日，将 10 000 元存入银行办理信用卡，用于购买办公用品，并于当天购买办公用品 6 000 元。要求为重庆机械制造有限公司进行账务处理。

任务分析：取得信用卡的核算与取得银行汇票的核算相似，只是由于购买的是办公用品，应记入管理费用。账务处理如下：

借：其他货币资金——信用卡　　10 000
　　贷：银行存款　　10 000
借：管理费用　　6 000
　　贷：其他货币资金——信用卡　　6 000

对于银行本票、外埠存款、信用证保证金存款等的核算可比照上述任务进行，而使用存出投资款购买股票或债券等进行短期投资的核算，将在交易性金融资产中予以学习。

关键词

货币资金（Monetary Capital）　　库存现金（Cash on Hand）
银行存款（Bank Deposit）　　其他货币资金（Other Monetary Funds）

能力训练

一、单项选择题

1. 以下不属于货币资金的是（　　）。

A. 现金　　B. 银行存款　　C. 其他货币资金　　D. 应收账款

2. 作为企业的辅助结算账户，用于借款转存、借款归还和其他结算的资金收付办理账户的是（ ）。

A. 基本存款账户　　B. 一般存款账户

C. 专用存款账户　　D. 临时存款账户

3. 企业现金清查业务中，经检查仍无法查明原因的现金短款，经批准后应记入(　　)。

A. 财务费用　　B. 管理费用　　C. 销售费用　　D. 营业外支出

4. 企业在进行现金清查时，查出的溢余款项，先记入“待处理财产损溢”科目，经进一步核查，无法查明原因的，经批准后，正确的会计处理方法是（　　）。

A. 将其从“待处理财产损溢”科目转入“管理费用”科目

B. 将其从“待处理财产损溢”科目转入“营业外收入”科目

C. 将其从“待处理财产损溢”科目转入“其他应付款”科目

D. 将其从“待处理财产损溢”科目转入“其他应收款”科目

5. 下列各项中，不属于货币资金的是（　　）。

A. 库存现金　　B. 银行存款　　C. 其他货币资金　　D. 应收票据

6. 在对“银行存款日记账”和“银行对账单”核对后发现的未达账项，企业应做的处理为（　　）。

A. 以“银行对账单”为原始凭证制作记账凭证，并登记入账

B. 以“银行存款余额调节表”为原始凭证制作记账凭证，并登记入账

C. 以“银行存款余额调节表”和“银行对账单”为原始凭证制作记账凭证，并登记入账

D. 待有关结算凭证到达后再制作记账凭证，并登记入账

7. 企业存放在银行的银行汇票存款，应通过（　　）科目进行核算。

A. 其他货币资金　　B. 其他应收款

C. 应收票据　　D. 库存现金

8. 企业的存出保证金，应借记（　　）。

A. 其他货币资金　　B. 应收票据

C. 其他应收款　　D. 应收账款

9. 下列违反现金管理制度的选项是（　　）。

A. 企业以现金支付各种劳保支出和福利费

D. 出纳人员根据收付款凭证登记现金日记账

C. 核定后的库存现金限额，开户单位应当严格遵守，超出部分应于当日终了前存入银行

D. 未经批准，企业从现金收入中直接支付现金支出

10. 在下列各项中，使得企业银行存款日记账余额大于银行对账单余额的事项有（　　）。

A. 企业开出支票，持票人未到银行兑现

B. 银行代扣水电费，企业尚未接到通知

C. 银行误将其他公司的存款记入本企业银行存款账户

D. 银行收到委托收款结算方式下结算款项，企业尚未收到通知

二、多项选择题

1. 下列各项中，属于其他货币资金的有（ ）。

A. 备用金
B. 信用卡存款
C. 银行承总汇票
D. 银行汇票存款

2. 下列说法正确的是（ ）。

A. 银行存款账户分为 3 种
B. 一个企业只能开立一个基本存款账户
C. 一般存款账户不得办理现金支取
D. 开立一般存款账户实行开户许可证制度

3. 下列账款中，属于未达账项的有（ ）。

A. 企业已开出但银行尚未兑现的支票
B. 企业已收款入账，但银行尚未收款入账
C. 银行收到委托款项但尚未通知企业
D. 银行划付电话费但未将其通知单送达企业

4. 下列各项中，会使企业银行存款日记账余额大于银行对账单余额的是（ ）。

A. 企业已收款入账但银行尚未收款入账
B. 企业已付款入账但银行尚未付款入账
C. 银行已收款入账但企业尚未收款入账
D. 银行已付款入账但企业尚未付款入账

5. 下列各项中，通过“其他货币资金”账户核算的有（ ）。

A. 信用证保证金存款
B. 银行汇票存款
C. 备用金
D. 银行本票存款

6. 在下列各项中，使得企业银行存款日记账余额会小于银行对账单余额的有（ ）。

A. 企业开出支票，对方未到银行兑现
B. 银行代扣水电费，企业尚未接到通知
C. 银行误将其他公司的存款记入本企业银行存款账户
D. 委托收款结算方式下，银行收到结算款项，企业尚未收到通知

三、判断题

1. “库存现金”账户反映企业的库存现金，包括企业内部各部门周转使用、由各部门保管的定额备用金。（ ）

2. 如果企业与银行对账单存在差额，是由于存在未达账项造成的，企业应该编制银行存款余额调节表，并据此进行相应的账务处理。（ ）

3. 银行存款余额调节表是调整企业银行存款账面余额的原始凭证。（ ）

4. 库存现金的清查包括出纳每日的清点核对和清查小组定期和不定期的清查。（ ）

5. 企业库存现金限额为 3～5 天的日常零星开支需要量，包括企业内部各部门周转使用、由各部门保管的定额备用金和职工薪酬等。（ ）

6. 属于出纳工作失误造成的现金短缺，应记入“营业外支出”。（ ）

7. 企业与银行核对银行存款账目时，对已发现的未达账项，应当编制银行存款余额调节表进行调节，但无须作账面调整，待结算凭证到达后再进入账务处理，登记入账。（ ）

8. 现金清查中发现现金短缺或溢余时，都应通过“待处理财产损溢”科目核算。（ ）

四、计算分析题

1. 重庆机械制造有限公司 2011 年 9 月 30 日银行存款日记账余额为 250 000 元，银行对账单余额为 235 000 元，经查对有下列未达账项：

（1）公司于 9 月 29 日开出转账支票支付电话费，金额 3 000 元，持票人尚未到银行办理转账手续。

（2）银行于 9 月 28 日代付公司本月水电费 12 000 元，但付款通知尚未到达公司。

（3）公司于 9 月 30 日收到 A 公司预购货款的转账支票 18 000 元已入账，但银行尚未入账。

（4）银行于 9 月 28 日收到公司销货款 12 000 元，银行已入账，但公司尚未收到收款通知。

要求：

（1）根据所给资料编制银行存款余额调节表。

（2）如果调节后双方的银行存款余额仍不相等，则应如何处理？

（3）分析重庆机械制造有限公司在 2011 年 9 月 30 日可使用的银行存款有多少元？

2. 重庆机械制造有限公司于 2011 年 9 月 10 日进行现金清查，发现现金短款 400 元。经查，其中有 300 元系出纳小万工作失误导致的，应由其赔偿，另 100 元无法查明原因，已由财务经理批准按制度规定处理。

要求：编制相关会计分录。

3. 重庆机械制造有限公司于 2011 年 9 月 15 日进行现金清查，发现现金长款 300 元。经查，其中有 100 元应付给职工杨梅，另 200 元无法查明原因，已由财务经理批准按制度规定处理。

要求：编制相关会计分录。

能力单元二

核算往来结算

学习目标

1. 掌握应收票据，应收账、预付账款及其他应收款的核算方法；
2. 掌握应收款项期末减值的确认与计量；
3. 掌握应付账款及预收账款的核算方法；
4. 掌握应付职工薪酬的核算内容及核算方法；
5. 掌握主要应交税费的计算与核算方法。

教学重难点

重点：应收款项的核算，应付账款的核算，应付职工薪酬的核算，应交税费的核算。

难点：应付职工薪酬的核算，应交税费的核算。

教学时数

建议教学时数 18 学时，其中讲授 10 学时，实践 8 学时。

教学导航

教学指引：

1. 了解学生基本信息；
2. 准备一个企业某月往来结算账户期初余额表；
3. 准备记账凭证、总账、三栏式明细账等多种教学材料；
4. 设计一个购进与销售的工作场景视频；
5. 设计会计信息的主要记录内容。

学习引导：

1. 往来结算主要存在于企业购销业务中，是企业资金链的关键内容；
2. 收集生活中有关赊购与赊销的经济业务案例；
3. 网上搜索因资金链断裂导致的财务危机案例。

任务一 核算应收票据
Mission one

一、认知应收票据

应收票据是指企业因销售商品、提供劳务等而收到的商业汇票。商业汇票是一种由出票人签发的，委托付款人在指定日期无条件支付确定金额给收款人或持票人的票据。

1. 商业汇票有效期的规定

商业汇票的付款期限，最长不超过六个月。定日付款的汇票付款期限自出票日起计算，并在汇票上记载具体到期日；出票后定期付款的汇票付款期限自出票日起按月计算，并在汇票上记载；见票后定期付款的汇票付款期限自承兑或拒绝承兑日起按月计算，并在汇票上记载。商业汇票的提示付款期限，自汇票到期日起 10 日。符合条件的商业汇票持有人，可以持未到期的商业汇票连同贴现凭证向银行申请贴现。

2. 商业汇票的种类

根据承兑人的不同，商业汇票分为商业承兑汇票和银行承兑汇票。

（1）商业承兑汇票。商业承兑汇票是指由付款人签发并承兑，或由收款人签发交由付款人承兑的汇票。商业承兑汇票的付款人收到开户银行的付款通知，应在当日通知银行付款。付款人在接到通知日的次日起三日内（遇法定休假日顺延）未通知银行付款的，视同付款人承诺付款。银行将于付款人接到通知日的次日起第四日（遇法定休假日顺延），将票款划给持票人。付款人提前收到由其承兑的商业汇票，应通知银行于汇票到期日付款。银行在办理划款时，付款人存款账户不足的，银行应填制付款人未付款通知书，连同商业承兑汇票邮寄持票人开户银行转交持票人。

（2）银行承兑汇票。银行承兑汇票是指由在承兑银行开立存款户的存款人（也即出票人）签发，由承兑银行承兑的票据。企业申请使用银行承兑汇票时，应向其承兑银行按票面金额的万分之五交纳手续费。银行承兑汇票的出票人应于汇票到期前将票款足额交存其开户银行，承兑银行应在汇票到期日或到期日后的见票当日支付票款。银行承兑汇票的出票人于汇票到期前未能足额交存票款时，承兑银行除凭票向持票人无条件付款外，对出票人尚未支付的汇票金额按每天万分之五计收利息。

二、核算应收票据的取得与到期收款

1. 职业规范

为了反映和监督应收票据的取得、票款收回等经济业务，企业应当设置“应收票据”科目，借方登记企业取得的商业汇票的面值；贷方登记到期收回、到期前向银行贴现或背书转让的应收票据的票面余额；期末余额在借方，反映企业持有的未到期商业汇票的票面金额。

“应收票据”账户按照开出、承兑商业汇票的单位设置明细账进行明细核算。同时设置“应收票据备查簿”逐笔登记商业汇票的种类、号数、出票日、票面金额、交易合同号、付款人、承兑人、背书人的姓名或单位名称、到期日、背书日、贴现日、贴现率、贴现净额、收款日、收回金额、退票情况等资料。商业汇票结清票款或退票后，在备查簿中应予注销。

由于应收票据取得的原因不同，其会计处理亦有所区别。因债务人抵偿前欠货款而取得的应收票据，借记“应收票据”科目，贷记“应收账款”科目；因企业销售商品、提供劳务等而收到开出、承兑的商业汇票，借记“应收票据”科目，贷记“主营业务收入”、“应交税费——应交增值税（销项税额）”等科目。商业汇票到期收回款项时，借记“银行存款”科目，贷记“应收票据”科目。

2. 职业判断与操作

[任务 2-1]　2011 年 9 月 1 日，重庆机械制造有限公司向乙公司销售产品一批，当日发生商品并收到乙公司为期 3 个月的银行承兑汇票。货款为 1 000 000 元，适用增值税率为 17%。要求为重庆机械制造有限公司进行账务处理。

任务分析：本例中，乙公司用银行承兑汇票抵偿货款 1 170 000 元，重庆机械制造有限公司收到汇票时，应收票据增加，应借记“应收票据”科目；同时，商品已发出，满足收入确认条件，应贷记“主营业务收入”科目。账务处理如下：

借：应收票据　　1 170 000
　贷：主营业务收入　　1 000 000
　　应交税费——应交增值税（销项税额）　　170 000

12 月 1 日，甲公司上述应收票据到期，收回票面金额 1 170 000 元时：

借：银行存款　　1 170 000
　贷：应收票据　　1 170 000

三、核算应收票据的转让

1. 职业规范

实务中，企业可以将自己持有的商业汇票背书转让给第三方，以取得生活经营中所需要货币资金或财产物资。背书是指在票据背面或粘单上记载有关事项并签章的票据行为。背书转让的，背书人应当承担票据责任。通常情况下，企业将持有的商业汇票背书转让以取得所需物资时：

借：材料采购（或原材料、在途物资、库存商品）
　应交税费——应交增值税（进项税额）
　贷：应收票据

企业将持有的商业汇票背书转让以取得所需物资时：

借：材料采购（或原材料、在途物资、库存商品）
　应交税费——应交增值税（进项税额）
　贷：应收票据

注意：该分录如有差额，借记或贷记“银行存款”等科目。

2. 职业判断与操作

[任务 2-2]　承［任务 2-1］，假定重庆机械制造有限公司于 3 月 30 日将上述银行承兑汇票背书转让，以取得生产经营所需的 A 材料，该材料价款为 1 500 000，适用增值税税率为 17%。差额款项用银行存款支付。要求为重庆机械制造有限公司进行账务处理。

任务分析：本任务中，购入材料总金额为 1 755 000 元，转让的应收票据金额为 1 170 000

元，差额 585 000 则用银行存款支付。因此，重庆机械制造有限公司应收票据减少 1 170 000 元，而原材料增加 1 755 000 元。账务处理如下：

借：原材料	1 500 000
应交税费——应交增值税（进项税额）	255 000
贷：应收票据	1 170 000
银行存款	585 000

四、核算应收票据的贴现

1. 职业规范

企业如果需要获取资金，可以将持有的未到期商业汇票向银行申请贴现。票据贴现是指持票人为了资金融通的需要而在票据到期前以贴付一定利息的方式向银行出售票据。对于贴现银行来说，就是收购没有到期的票据。票据贴现的贴现期限都较短，一般不会超过六个月，而且可以办理贴现的票据也仅限于已经承兑的并且尚未到期的商业汇票。

商业汇票的持票人向银行办理贴现业务必须具备下列条件：第一，在银行开立存款账户的企业法人以及其他组织；第二，与出票人或者直接前手具有真实的商业交易关系；第三，提供与其直接前手之前的增值税发票和商品发运单据复印件；第四：申请票据贴现的单位必须是具有法人资格或实行独立核算、在银行开立有基本账户并依法从事经营活动的经济单位。贴现申请人应具有良好的经营状况，具有到期还款能力；第五，贴现申请人持有的票据必须真实，票式填写完整、盖印、压数无误，凭证在有效期内，背书连续完整；第六，贴现申请人在提出票据贴现的同时，应出示贴现票据项下的商品交易合同原件并提供复印件或其他能够证明票据合法性的凭证，同时还应提供能够证明票据项下商品交易确已履行的凭证（如发货单、运输单、提单、增值税发票等复印件）。

应收票据的贴现利息及贴现净额的计算公式如下：

贴现净额＝票据到期值－贴现利息

贴现利息＝票据到期值×贴现率×贴现期

贴现期是指从贴现日到票据到期日之间的间隔，可以是整月，如果不是整月，也可以按实际日历天数计算（算头不算尾，或算尾不算头）。银行规定，承兑人在异地的，计算利息时，另加三天的划款日期。

企业持未到期商业汇票向银行申请贴现，按实际收到的金额，借记“银行存款”等账户；贴现利息借记“财务费用”；按贴现商业汇票的面值贷记“应收票据”（不带追索权的商业汇票）或“短期借款”（带追索权的商业汇票）

2. 职业判断与操作

[任务 2-3]　2011 年 9 月 10 日，重庆机械制造有限公司将持有未到期商业汇票向开户银行申请贴现，银行贴现利率为 12%。该商业汇票的票面金额为 93 600 元，签发日为 2011 年 7 月 10 日，期限为 3 个月。重庆机械制造有限公司与承兑企业在同一票据交换区域。要求为重庆机械制造有限公司进行账务处理。

任务分析：本任务中，重庆机械制造有限公司持有的商业汇票签发日为 2011 年 7 月 10 日，期限 3 个月，到期日应为 2011 年 10 月 10 日，9 月 10 日申请贴现，那么，贴现期应为 1 个月。相关计算和账务处理如下：

贴现利息＝93 600×（12％÷12）×1＝936（元）

贴现净额＝93 600－936＝92 664（元）

借：银行存款	92 664
财务费用——利息支出	936
贷：应收票据	93 600

教学互动

分组讨论票据背书与票据贴现的异同。

任务二 核算应收账款

Mission two

一、认知应收账款

应收账款是指企业因销售商品、提供劳务等经营活动，应向购货单位或接受劳务单位收取的款项，主要包括企业销售商品或提供劳务等应向有关债务人收取的价款及代购货单位垫付的包装费、运杂费等。具体来说，应收账款的入账价值包括：因销售商品或提供劳务从购货方或接受劳务方应收的合同或协议价款、增值税销项税额、代购货单位垫付的包装费、运杂费等。

二、核算应收账款的取得与收回

1. 职业规范

为了反映和监督应收账款的增减变动情况及结果，企业应设置“应收账款”科目。不单独设置“预收账款”科目的企业，预收的账款也在“应收账款”科目核算（计入“应收账款”的贷方）。应收账款科目的借方登记应收账款的增加，贷方登记应收账款的收回和确认的坏账损失，期末余额一般在借方，反映企业尚未收回的应收账款；如果期末余额在贷方，则反映企业预收的账款。因此，在编制资产负债表时，预收账款项目的金额应包括应收账款贷方余额。应收账应按债务人设置明细科目，进行明细核算。

企业销售商品等发生应收款项时，应在借方登记“应收账款”科目，在应收账款收回或转化为商业汇票或原材料等时，则应在贷方登记“应收账款”科目。

在确定应收账款入账价值时，如果发生商业折扣，按照扣除商业折扣（打折）后的金额收取款项，所以商业折扣不影响应收账款的计价。如果发生现金折扣，企业应按总价法核算，即按照没有扣除现金折扣之前的总金额确认应收账款，待实际发生现金折扣时，销售方将折扣金额作为理财费用，计入当期财务费用。

2. 职业判断与操作

［任务 2－4］ 下列各项中，构成应收账款入账价值的有（　　）。

A. 确认商品销售收入时尚未收到的价款　　B. 确认销售收入时尚未收到的增值税

C. 代购货方垫付的包装费　　　　　　　　D. 销售货物发生的商业折扣

任务分析：应收账款的入账价值包括：销售货物或提供劳务的价款、增值税以及代购货方垫付的包装费、运输费等。所以选项A、B、C构成应收账款的入账价值。而选项D销售货物发生的商业折扣，是为了促销，相当于在原来售价的基础上打折销售，是为了确定新的销售价格，所以发生的商业折扣不构成应收账款的入账价值。注意这一点与现金折扣不同。因此，本任务正确答案应为ABC。

[任务2-5]　重庆机械制造有限公司销售商品一批，增值税专用发票上标明价款为40万元，适用的增值税税率为17%。用银行存款为购买方代垫的运杂费2万元，款项尚未收回，该公司确认的应收账款应该是（　　）万元。

A. 40　　　　B. 42　　　　C. 46.8　　　　D. 48.8

任务分析：企业销售商品形成的应收账款的入账价值包括货款、增值税、代购货单位垫付的包装费、运杂费等，因此，本任务中的应收账款金额＝40＋40×17%＋2＝48.8（万元），答案应为D。

[任务2-6]　重庆机械制造有限公司采用托收承付结算方式向乙公司销售商品一批，增值税发票注明货款500 000元，增值税税额为85 000元，以银行存款代垫运杂费10 000元，已办理托收手续。要求为重庆机械制造有限公司进行账务处理。

任务分析：重庆机械制造有限公司销售商品已办理托收手续，证明销售已实现，应确认销售收入，但款项尚未收回，形成应收账款，应收账款金额为500 000＋85 000＋10 000（元）。因此，账务处理为：

借：应收账款　　595 000
　　贷：主营业务收入　　500 000
　　　　应交税费——应交增值税（销项税额）　　85 000
　　　　银行存款　　10 000

以后实际收回款项时：

借：银行存款　　595 000
　　贷：应收账款　　595 000

教学互动

分组讨论应收账款总账余额与明细账余额的关系及其实质理解。

任务三　核算预付及其他应收款

Mission three

一、核算预付账款

1. 职业规范

预付账款是指企业按照合同规定预付的款项。预付款项情况不多的企业，可以不设置

"预付账款"科目，而直接通过"应付账款"科目核算（记入"应付账款"的借方）。

企业根据购货合同的规定向供应单位预付款项时，应：

借：预付账款

　　贷：银行存款

企业收到所购物资时，应：

借：材料采购（原材料、库存商品）　　　　　　　［按应计入购入物资成本的金额］

　　应交税费——应交增值税（进项税额）

　　贷：预付账款

注意：本分录中，当预付货款小于采购货物所需支付的款项时，应将不足部分补付。

借：预付账款

　　贷：银行存款

当预付货款大于采购货物所需支付的款项时，对收回的多余款项：

借：银行存款

　　贷：预付账款

2. 职业判断与操作

［任务2-7］　预付货款不多的企业，可以不单独设置"预付账款"账户，而将预付的货款直接记入（　　）的借方。

A. "应收账款"账户　　　　　B. "其他应收款"账户

C. "应付账款"账户　　　　　D. "应收票据"账户

任务分析：预付账款科目核算的是企业的购货业务，预付货款不多的企业，可以将预付的货款直接记入"应付账款"账户的借方。因此，本任务的正确答案应为C。

［任务2-8］　重庆机械制造有限公司向乙公司采购材料2 000千克，每千克单价10元，所需支付的货款总额为20 000元。按照合同规定向乙公司预付60%的货款，验收货物后以银行存款补付其余款项。要求为重庆机械制造有限公司进行账务处理。

任务处理：本任务中，预付60%的货款，未包括增值税，因此，企业应增加12 000元的预付账款。而实际采购时需要支付货款的17%的进项税额，即3 400元，实际支付款项为23 400元，原先预付的款项不足，应以银行存款补付，银行存款减少。账务处理如下：

（1）预付60%货款时：

借：预付账款　　　　　　　　12 000

　　贷：银行存款　　　　　　　　12 000

（2）收到采购的原材料时：

借：原材料　　　　　　　　20 000

　　应交税费——应交增值税（进项税额）　　3 400

　　贷：预付账款　　　　　　　　23 400

借：预付账款　　　　　　　　11 400

　　贷：银行存款　　　　　　　　11 400

二、核算其他应收款

1. 职业规范

其他应收款是指企业除应收票据、应收账款、预付账款等以外的其他各种应收及暂付款项。主要包括：

（1）应收的各种赔款、罚款，如因企业财产等遭受损失而应向有关保险公司收取的赔偿款等。

（2）应收的出租包装物租金。

（3）应向职工收取的各种垫付款项，如为职工垫付的水电费、应由职工负担的医药费、房租费等。

（4）存出保证金，如租入包装物支付的押金。

（5）其他各种应收、暂付款项，如拨付内部单位的备用金等。

为了反映和监督其他应收款的增减变动情况和结果，企业应当设置“其他应收款”科目进行核算。“其他应收款”科目借方登记其他应收款的增加，贷方登记其他应收款的收回，期末余额一般在借方，表示企业尚未收回的其他应收款项。其他应收款也应按债权人设置明细科目，进行明细核算。

2. 职业判断与操作

[任务 2-9] 下列项目中应通过“其他应收款”核算的有（ ）。

A. 拨付给企业各内部单位的备用金　　B. 应收的各种罚款

C. 收取的各种押金　　D. 应向职工收取的各种垫付款项

任务分析：收取的各种押金在对方交原资产时应当退回，因此应在“其他应付款”中核算。故，本任务正确答案应为 ABD。

[任务 2-10] 重庆机械制造有限公司在采购中发生材料毁损，按保险合同约定，应由保险公司赔偿损失 10 000 元，赔款尚未收到。要求为重庆机械制造有限公司进行账务处理。

任务分析：保险赔款不属于销售业务应收的货款，因此不能在“应收账款”科目中核算，而应记入“其他应收款”科目，在确认为应收款项时，应借记“其他应收款”科目，以后收回时，应贷记“其他应收款”科目。账务处理如下：

借：其他应收款　　10 000

　　贷：材料采购　　10 000

以后收到上述赔偿款时：

借：银行存款　　10 000

　　贷：其他应收款　　10 000

[任务 2-11] 重庆机械制造有限公司以银行存款替总经理垫付应由其个人负担的医药费共计 3 000 元，于发放工资时扣除。要求为重庆机械制造有限公司进行账务处理。

任务分析：为职工垫付的医药费，企业有权收回，在未收到时，应记入“其他应收款”科目借方。以后收回时，在贷方反映。账务处理如下：

（1）垫付时：

借：其他应收款　　3 000

　　贷：银行存款　　3 000

（2）从工资中扣除时：

借：应付职工薪酬　　3 000

　　贷：其他应收款　　3 000

任务四　核算应收款项减值
Mission four

一、认知应收款项减值准备

企业的各项应收款项，可能会因购货人拒付、破产、死亡等原因而无法收回。这类无法收回的应收款项就是坏账。企业因坏账而遭受的损失为坏账损失。在实际发生坏账损失时，会减少当期利润，特别是在损失金额较大的情况下，甚至会出现当期亏损的假象，容易让投资者、管理者等作出错误决定。因此，按照谨慎性质量要求，企业应当在资产负债表日对应收款项的账面价值进行检查，有客观证据表明该应收款项发生减值的，应当将该应收款项的账面价值减记至预计未来现金流量现值，减记的金额确认减值损失，计提坏账准备。确定应收款项减值有两种方法：直接转销法和备抵法，我国企业会计准则规定采用备抵法确定应收款项的减值。

二、核算坏账准备

1. 职业规范

（1）直接转销法。在直接转销法下，对日常核算中应收款项可能发生的坏账损失不予考虑，只在实际发生坏账损失时，才作为损失计入当期损益，同时冲销应收款项，即：

借：资产减值损失

　　贷：应收账款

这种方法的优点是账务处理简单、实用，缺点是不符合权责发生制和收入与费用相互配比的原则。在这种方法下，只有坏账已经发生时才能将其确认为当期费用，导致各期损益不实；另外，在资产负债表上，应收账款是按其账面余额而不是按净额反映，这在一定程度上歪曲了期末财务状况。所以，一般不采用直接转销法。

（2）备抵法。备抵法是采用一定的方法按期估计坏账损失，计入当期费用，同时建立坏账准备，待坏账实际发生时，冲销已提的坏账准备和相应的应收款项。采用这种方法，坏账损失计入同一期间的损益，体现了配比原则的要求，避免了企业明盈实亏；在报表上列示应收款项净额，使报表使用者能了解企业应收款项的可变现金额。

在备抵法下，企业应当根据实际情况估计当期坏账损失金额。由于企业发生坏账损失带有很大的不确定性，所以只能以过去的经验基础，参照当前的信用政策、市场环境和行业惯例，准确估计每期应收款项未来现金流量现值，从而确定当期减值损失金额，计入当期损益（资产减值损失）。短期应收款项的未来现金流量与其现值相关很小，在确认相关减值损失时，可不对其未来现金流量进行折现；长期应收款项则需要根据折现率对其未来现金流量进行折现后再确认相关减值损失。

企业应当设置“坏账准备”科目，核算应收款项的坏账准备计提、转销等情况。企业当期计提的坏账准备应当记入“资产减值损失”。“坏账准备”科目的贷方登记当期计提的坏账准备金额，借方登记实际发生的坏账损失金额和冲减的坏账准备金额，期末余额一般在贷方，反映企业已计提但尚未转销的坏账准备。

坏账准备可按以下公式计算：

当期应计提的坏账准备＝当期按应收款项计算应提坏账准备金－（或＋）“坏账准备”科目的贷方（或借方）余额

当期按应收款项计算应提坏账准备金＝当期应收款项余额×坏账准备计提比例

企业计提坏账准备时，按应计提的金额，借记“资产减值损失——计提的坏账准备”科目，贷记“坏账准备”科目。冲减多计提的坏账准备时，借记“坏账准备”科目，贷记“资产减值损失——计提的坏账准备”科目。

2. 职业判断与操作

［任务2－12］ 2011年12月31日，重庆机械制造有限公司对应收丙公司的账款进行减值测试。应收账款余额合计为100 000元，重庆机械制造有限公司根据丙公司的资信情况确定按10%计提坏账准备。要求为重庆机械制造有限公司进行账务处理。

任务分析：本任务中，坏账准备没有起初余额，按应收账款余额计算的坏账准备金额就是当期应计提的坏账准备。账务处理如下：

借：资产减值损失——计提的坏账准备　　100 000

　　贷：坏账准备　　100 000

企业确实无法收回的应收款项按管理权限报经批准后作为坏账转销时，应当冲减已计提的坏账准备，借记“坏账准备”科目，贷记“应收账款”、“其他应收款”等科目。已确认并转销的应收款项以后又收回的，应当按照实际收到的金额增加坏账准备的账面余额，借记“银行存款”科目，贷记“坏账准备”科目。

［任务2－13］ 重庆机械制造有限公司2011年对丙公司的应收账款实际发生坏账损失30 000元。要求为重庆机械制造有限公司进行账务处理。

任务分析：本任务中，应收账款发生坏账损失，应用以前计提的坏账准备金予以弥补，因此，应收账款减少的同时，坏账准备也减少。账务处理如下：

借：坏账准备　　30 000

　　贷：应收账款　　30 000

［任务2－14］ 承［任务2－12］和［任务2－13］，重庆机械制造有限公司2012年年末应收丙公司的账款余额为1 200 000元，经减值测试，甲公司决定仍按10%计提坏账准备。要求为重庆机械制造有限公司进行账务处理。

任务分析：根据重庆机械制造有限公司坏账核算方法，其“坏账准备”科目应保持的贷方余额为120 000（1 200 000×10%）元；计提坏账准备前，“坏账准备”科目的实际余额为贷方70 000（100 000—30 000）元，因此本年末应计提的坏账准备金额为50 000（120 000—70 000）元。账务处理如下：

借：资产减值损失——计提的坏账准备　　50 000

　　贷：坏账准备　　50 000

［任务2－15］ 重庆机械制造有限公司2011年9月20日收到2009年已转销的坏账20 000元，已存入银行。要求为重庆机械制造有限公司进行账务处理。

任务分析：已确认并转销的应收款项以后又收回的，应当按照实际收到的金额增加坏账准备的账面余额。已确认并转销的应收款项以后又收回时，借记“应收账款”、“其他应收款”等科目，贷记“坏账准备”科目；同时，借记“银行存款”科目，贷记“应收账款”、“其他应收款”等科目。也可以按照实际收回的金额，借记“银行存款”科目，贷记“坏账准备”科目。账务处理如下：

借：应收账款	20 000
贷：坏账准备	20 000
借：银行存款	20 000
贷：应收账款	20 000

或：

借：银行存款	20 000
贷：坏账准备	20 000

[任务2-16] 2011年年末甲企业应收A公司的账款余额为600万元，已提坏账准备80万元，经单独减值测试，确定该应收账款的未来现金流量现值为550万元，则年末企业应确认的资产减值损失为（ ）万元。

A. 50 B. －50 C. 30 D. －30

任务分析：年末应计提坏账准备＝（600－80）－550＝－30（万元），故应转回坏账准备30万元，减少资产减值损失30万元。正确答案应为D。

教学互动

1. [任务2-14] 中，如果重庆机械制造有限公司2011年年末应收丙公司的账款余额为600 000元，经减值测试，甲公司决定仍按10%计提坏账准备。应如何进行账务处理？

2. 分组讨论备抵法下坏账准备的计提和已确认坏账重新收回的账务处理。

任务五 核算应付账款、应付票据及预收账款

Mission five

一、核算应付账款

1. 职业规范

应付账款是指企业因购买材料、商品或接受劳务供应等经营活动应支付的款项。应付账款，一般应在与所购买物资所有权相关的主要风险和报酬已经转移，或者所购买的劳务已经接受时确认。在实务工作中，为了使所购入物资与合同规定的条款相符，如果因验收时发现所购物资存在质量、数量等问题而对入账物资或应付账款金额进行改动则心有余而力不足，因此在物资和发票账单同时到达的情况下，一般在所购物资验收入库后，再根据发票账单登记入账，确认应付账款；在所购物资已经验收入库，但发票账单未能同时到达的情况下，企业应付物资供应单位的债务已经成立，在会计期末，为了反映企业的负债情况，需要将所购物资和相关的应付账款暂估入账，待下月初再用红字冲回。

为核算应付账款的发生、偿还、转销等情况，企业应设置“应付账款”科目。该科目贷

方登记企业购买材料、商品和接受劳务等而发生的应付账款，借方登记偿还应付账款，或开出商业汇票抵付应付账款的款项，或已冲销的无法支付的应付账款。余额一般在贷方，表示企业尚未支付的应付账款余额。本科目一般应按照债权人设置明细科目进行明细核算。

企业购入材料、商品等验收入库，但货款尚未支付，根据有关凭证（发票账单、随货同行发票上记载的实际价款或暂估价值），借记“材料采购”、“在途物资”等科目，按可抵扣的增值税税额，借记“应交税费——应交增值税（进项税额）”科目，按应付的款项，贷记“应付账款”科目。企业接受供应单位劳务而发生的应付未付款项，根据供应单位的发账单，借记“生产成本”、“管理费用”等科目，贷记“应付账款”科目。

应付账款附有现金折扣的，应按照扣除现金折扣前的应付账款总额入账。因在折扣期限内付款而获得的现金折扣，应在偿付应付账款时冲减财务费用。

2. 职业判断与操作

[任务 2-17] 重庆机械制造有限公司于 2011 年 9 月 2 日从乙公司购入一批家用电器并已验收入库，货款 200 000 元，增值税 34 000 元，按照购货协议规定，甲公司如果在 15 天内付清货款，将获得 1%的现金折扣（假定计算现金折扣时需要考虑增值税）。要求为重庆机械制造有限公司进行账务处理。

任务分析：本任务中，所购电器已验收入库，形成企业的库存商品，应在借方登记“库存商品”科目。因款项未付，形成应付账款，应在贷方登记“应付账款”科目。同时，应付账款附有现金折扣的，应按照扣除现金折扣前的应付账款总额入账。账务处理如下：

借：库存商品	200 000	
应交税费——应交增值税（进项税额）	34 000	
贷：应付账款——乙公司		234 000

[任务 2-18] 根据供电部门的通知，重庆机械制造有限公司本月应付电费 14.8 万元，其中，生产车间的动力用电 10 万元，生产车间的照明用电 3.2 万元，企业行政部门 1.6 万元，款项尚未支付。要求为重庆机械制造有限公司进行账务处理。

任务分析：本任务中，生产车间的动力用电属于生产产品而发生，应记入“生产成本”科目，生产车间的照明用电属于一般耗用，应记入“制造费用”科目，行政部门用电属于管理需要而耗用，应记入“管理费用”，因电费尚未支付，故形成应付账款。账务处理如下：

借：生产成本	100 000	
制造费用	32 000	
管理费用	16 000	
贷：应付账款		148 000

[任务 2-19] 承［任务 2-18］，重庆机械制造有限公司用银行存款支付上述应付账款。要求为重庆机械制造有限公司进行账务处理。

任务分析：企业偿还应付账款或开出商业汇票抵付应付账款时，应付账款减少，借记“应付账款”科目，贷记“银行存款”、“应付票据”等科目。本任务的账务处理如下：

借：应付账款	148 000	
贷：银行存款		148 000

[任务 2-20] 承［任务 2-17］，重庆机械制造有限公司于 2011 年 9 月 17 日按扣除现金折扣后的金额用银行存款付清了所欠乙公司货款。要求为重庆机械制造有限公司进行账

务处理。

任务分析：在［任务2-17］中，已明确说明折扣时需要考虑增值税，且9月17日恰好在协议规定的15天内，所以按应付账款总额的1%享受现金折扣2 340元，因在折扣期限内付款而获得的现金折扣，应在偿付应付账款时冲减财务费用。账务处理如下：

借：应付账款——乙公司　　234 000
　　贷：银行存款　　231 660
　　　　财务费用　　2 340

［任务2-21］　2011年9月30日，重庆机械制造有限公司确定一笔应付丁公司货款5 000元为无法支付的款项，应予转销。要求为重庆机械制造有限公司进行账务处理。

任务分析：企业转销确实无法支付的应付账款（如因债权人撤销、债权人死亡等原因而产生无法支付的应付账款），应按其账面余额计入营业外收入，借记“应付账款”科目，贷记“营业外收入”科目。账务处理如下：

借：应付账款——丁公司　　5 000
　　贷：营业外收入——其他　　5 000

二、核算应付票据

1. 认知应付票据

应付票据是指企业购买材料、商品和接受劳务供应等而开出、承兑的商业汇票，包括商业承兑汇票和银行承兑汇票。企业应当设置“应付票据备查簿”，详细登记商业汇票种类、号数和出票日期、到期日、票面金额、交易合同和收款人姓名或单位名称以及付款日期和金额等资料。应付票据到期结清时，应当在备查簿内予以注销。

商业汇票按照是否带息，分为带息票据和不带息票据。不带息票据，其面值就是企业到期应支付的金额。带息票据的票面金额仅表示本金，票据到期时除按面值支付外，还应另行支付利息。

企业应通过“应付票据”科目核算应付票据的发生、偿付情况。该科目贷方登记开出、承兑汇票的面值及带息票据的预提利息，借方登记支付票据的金额，余额在贷方，表示企业尚未到期的商业汇票的票面金额和应计未付的利息。

2. 核算不带息应付票据

（1）职业规范。

商业汇票的付款期限一般不超过六个月，因此在会计上应作为流动负债管理和核算。同时，由于应付票据的偿付时间较短，在会计实务中，一般均按照开出、承兑的应付票据的面值入账。

企业开出、承兑商业汇票或以承兑商业汇票抵付货款、应付账款等，借记“材料采购”、“库存商品”等科目，贷记“应付票据”科目。涉及增值税进项税额的，还应进行相应的处理。在承兑汇票时，应付票据减少，应在借方登记“应付票据”科目，并相应减少银行存款。已于银行承兑汇票，如果在承兑时企业无足够资金，在银行承兑后，不足部分将转为企业的短期借款。如果是商业汇票到期无力承兑，则转为企业的应付账款。

企业支付银行承兑汇票的手续费，借记“财务费用”科目，贷记“银行存款”科目。

（2）职业判断与操作。

［任务 2－22］ 重庆机械制造有限公司于 2011 年 9 月 3 日开出并承兑一张面值 46 800 元、期限 5 个月的不带息商业承兑汇票，用以采购一批材料。该批材料已验收入库，增值税专用发票上注明材料价款为 40 000 元，增值税税额为 6 800 元。要求为重庆机械制造有限公司进行账务处理。

任务分析：本任务中，实质是材料采购业务，只是因采购而应付的货款和增值税没有支付，而是以商业承兑汇票予以抵付，因此，应在材料采购账的贷方登记“应付票据”。账务处理如下：

借：原材料　　40 000

　　应交税费——应交增值税（进项税额）　　6 800

　贷：应付票据　　46 800

［任务 2－23］ 承［任务 2－22］，2012 年 2 月 3 日，重庆机械制造有限公司进行账务处理通知开户银行以银行存款支付于 2011 年 9 月 3 日开出的商业承兑汇票票款。要求为重庆机械制造有限公司进行账务处理。

任务分析：本任务中，商业承兑汇票于 2011 年 9 月 3 日开出，到 2012 年 2 月 3 日刚好 5 个月，属于到期承兑。由于是无息票据，故应按票面金额承兑。承兑后，企业的银行存款减少，应付票据也减少。账务处理如下：

借：应付票据　　46 800

　贷：银行存款　　46 800

［任务 2－24］ 承［任务 2－22］假设重庆机械制造有限公司开出的是银行承兑汇票，公司为取得银行承兑汇票按面额的万分之五支付了承兑手续费 23.4 万元。要求为重庆机械制造有限公司进行账务处理。

任务分析：本任务中，开出银行承兑汇票时，公司需要支付承兑手续费，因采购应支付款项，现在没有支付而是向银行支付承兑费用取得银行承兑汇票给销售方，相当于公司筹集到了一笔与采购资金相当的款项，因此，承兑费用属于筹资费用，应记入“账务费用”科目。账务处理如下：

借：财务费用　　234 000

　贷：银行存款　　234 000

［任务 2－25］ 承［任务 2－24］，假设该银行承兑汇票到期时重庆机械制造有限公司无力支付票款。要求为重庆机械制造有限公司进行账务处理。

任务分析：本任务中，汇票到期时，公司无力承兑，由于是银行承兑汇票，银行需要无条件地承兑。银行在将票款承兑给收款方后，将把为公司垫付的那部分资金作为公司的短期借款，并按每天万分之五向公司收取利息。即公司应将没有支付的部分票款转为短期借款，并冲销应收票据。账务处理如下：

借：应付票据　　46 800

　贷：短期借款　　46 800

3. 核算带息应付票据

（1）职业规范。

带息票据与不带息票据的会计处理不同之处是，企业开出、承兑带息票据后，应于期末计算应付利息，计入当期财务费用，且在票据到期时，应按票据面值和应计利息之和向收款人承兑。

（2）职业判断与操作。

[任务2-26] 重庆机械制造有限公司于2011年9月1日从乙公司购进原材料一批，取得增值税专用发票，价款100万元，增值税17万元，并向乙公司交付一张由公司签发并承兑的商业汇票，面值为117万元，期限3个月，票面利率为6%。原材料已经验收入库。（假定重庆机械制造有限公司按照实际成本核算）。要求为重庆机械制造有限公司进行账务处理。

任务分析：本任务中，由于采用实际成本核算，且材料已验收入库，可直接借记“原材料”科目，因未付款而开出商业汇票，应在贷方登记“应付票据”科目。同时，因为带息票据，应在每月末计提利息。对于计提的利息，一方面应确认为财务费用在借方登记，另一方面应增加应付票据的账面价值。账务处理如下：

（1）2011年9月1日。

借：原材料　　1 000 000

　　应交税费——应交增值税（进项税额）　　170 000

　　贷：应付票据　　1 170 000

（2）2011年9月末。

借：财务费用　　5 850（1 170 000×6%/12）

　　贷：应付票据　　5 850

（3）2011年10月末、11月末同上。

（4）到期支付货款：

借：应付票据　　1 187 550（1 170 000+5850×3）

　　贷：银行存款　　1 187 550

三、核算预收账款

1. 职业规范

预收账款是指企业按照合同规定向购货单位预收的款项。与应付账款所形成的负债的不同之处在于：不是货币偿付，而是以货物偿付。

“预收账款”账户是负债类账户，用来核算买卖双方按照购销合同的规定，由销售方预先收取购买方部分货款而产生的负债。该账户的借方核算销售企业发出商品或提供劳务的价款和税款以及退还的多余款；贷方核算销售企业收到购买方预付的货款及补付的货款；期末余额一般在贷方，反映预收货款的金额。

“预收账款”账户按照购货单位设置明细账进行明细分类核算。

预收账款情况不多的企业，也可以不设置“预收账款”科目，将预收的款项直接记入“应收账款”科目。

企业向购货单位预收的款项，借记“银行存款”等科目，贷记“预收账款”科目；销售实现时，按实现的收入，借记“预收账款”科目，贷记“主营业务收入”科目。涉及增值税销项税额的，还应进行相应的处理。

2. 职业判断与操作

[任务2-27] 重庆机械制造有限公司于2011年9月10日与乙公司签订购销合同，向

乙公司销售商品，价款 1 000 000 元，增值税 170 000 元，合同规定签订合同当日乙公司预付价款的 10%，剩余款项在交货时付清。重庆机械制造有限公司收到预收款项并于 2011 年 10 月 10 日发出商品并开出增值税专用发票，价款 1 000 000 元，增值税 170 000 元。10 月 10 日通过银行存款结清差额。要求为重庆机械制造有限公司进行账务处理。

任务分析：本任务中，重庆机械制造有限公司 9 月 10 日收到乙公司预付的贷款，应增加银行存款和预收账款。在 10 月 10 日发出商品时，应用预收的款项冲抵货款和税金，在借方登记“预付账款”科目。账务处理如下：

9 月 10 日预收款项时：

借：银行存款　　100 000

　贷：预收账款　　100 000

10 月 10 日发出商品时：

借：预收账款　　1 170 000

　贷：主营业务收入　　1 000 000

　　应交税费——应交增值税（销项税额）　　170 000

收到差额款项时：

借：银行存款　　1 070 000

　贷：预收账款　　1 070 000

教学互动

1. 分组讨论预收账款与应收账款的关系。

2. [任务 2 - 26] 中，如果票据到期时重庆机械制造有限公司没有资金承兑，应如何进行账务处理？

任务六 核算应付职工薪酬

Mission six

一、认知职工薪酬

职工薪酬是指企业为获得职工提供的服务而给予各种形式的报酬以及其他相关支出，包括职工工资、奖金、津贴和补贴，职工福利费，医疗、养老、失业、工伤、生育等社会保险费，住房公积金，工会经费，职工教育经费，非货币性福利等因职工提供服务而应付给职工的报酬费用。

(1) 职工工资、奖金、津贴和补贴，是指按照国家统计局《关于职工工资总额组成的规定》，构成工资总额的计时工资、计件工资、支付给职工的超额劳动报酬和增收节支的劳动报酬、为了补偿职工特殊或额外的劳动消耗和因其他特殊原则支付给职工的津贴，以及为了保证职工工资水平不受物价影响支付给职工的物价补贴等。企业按规定支付给职工的加班加点工资，以及根据国家法律、法规和政策规定，企业在职工因病、工伤、产假、计划生育假、婚丧假、事假、探亲假、定期休假、停工学习、执行国家或社会义务等特殊情况下，按照计时工资或计件工资标准的一定比例支付的工资，也属于职工工资范畴，在职工休假或缺勤时，不应当从工资总额中扣除。

(2) 职工福利费，主要是尚未实行主辅分离、辅业改制的企业，内设医务室、职工浴室、理发室、托儿所等集体福利机构人员的工资、医务经费，职工因公负伤赴外地就医路费、职工生活困难补助，以及按照国家规定开支的其他职工福利支出。

(3) 医疗保险费、养老保险费、失业保险费、工伤保险费和生育保险费等社会保险费，是指企业按照国家规定的基准和比例计算，向社会保险经办机构缴纳的医疗保险金、基本养老保险金、失业保险金、工伤保险费和生育保险费，以及根据《企业年金试行办法》《企业年金基金管理试行办法》等相关规定，向有关单位（企业年金基金账户管理人）缴纳的补充养老保险费。此外，以商业保险形式提供给职工的各种保险待遇也属于企业提供的职工薪酬。

(4) 住房公积金，是指企业按照国家《住房公积金管理条例》规定的基准和比例计算，向住房公积金管理机构缴存的住房公积金。

(5) 工会经费和职工教育经费，是指企业为了改善职工文化生活、提高职工业务素质用于开展工会活动和职工教育及职业技能培训，根据国家规定的基准和比例，从成本费用中提取的金额。

(6) 非货币性福利，包括企业以自己的产品或其他有形资产发放给职工作为福利；企业向职工提供无偿使用自己拥有的资产（如提供给企业高级管理人员的汽车、住房等）；企业为职工无偿提供商品或类似医疗保健的服务等。

(7) 其他职工薪酬。比如因解除与职工的劳动关系给予的补偿（又称辞退福利），即企业在职工劳动合同到期之前解除与职工的劳动关系，或者为鼓励职工自愿接受裁减而提出补偿建议的计划中给予职工的经济补偿。

总之，从薪酬涵盖时间和支付形式来看，职工薪酬包括企业在职工在职期间和离职后给予的所有货币性薪酬和非货币性福利；从薪酬的支付对象来看，职工薪酬包括提供给职工本人和其配偶、子女或其他被赡养人的福利，比如支付给因公伤亡职工的配偶、子女或其他被赡养人的抚恤金。

二、核算货币性职工薪酬

1. 职业规范

职工薪酬核算内容包括：职工“工资”、“非货币性福利”的计算和发放；“职工福利费”、“工会经费”、“职工教育经费”的计提和使用；“社会保险费”、“住房公积金”的计提和缴纳，以及将职工薪酬按照职工提供服务的受益对象，分别计入对应的成本费用项目。

为核算企业根据有关规定应付给职工的各种薪酬，应设置“应付职工薪酬”科目，并可按“工资”、“职工福利费”、“社会保险费”、“住房公积金”、“工会经费”、“职工教育经费”、“非货币性福利”、“辞退福利”等进行明细核算。“应付职工薪酬”科目属于负债类，发生时应在贷方登记，支付时应在借方登记。

(1) 工资。

职工的基本工资水平由企业人力资源管理部门核定，有计时工资、计件工资等形式。不易核定工作量的管理、后勤等部门通常采用计时工资。车间生产工人可以采用计件工资。工资性的奖金、津贴补贴也纳入工资计算。扣除按照企业的管理规定计算的应扣工资，就可以得到职工的应发工资。

在进行工资结算时，企业还要为职工代扣规定的项目。包括按照国家规定的基准和比例计算的，职工个人应向社会保险经办机构缴纳的医疗保险金、基本养老保险金、失业保险金；按照国家《住房公积金管理条例》规定的基准和比例计算的、职工个人应向住房公积金管理机构缴存的住房公积金；按照《个人所得税法》计算的企业应替职工代扣代缴的个人所得税。

应发工资减去代扣项目得到应实际发放给职工的实发工资。

企业应当在职工为其提供服务的会计期间，根据职工提供服务的受益对象，按“谁受益，谁承担”的原则，将应确认的职工薪酬（包括货币性薪酬和非货币性福利）计入相关资产成本或当期损益，同时确认为应付职工薪酬。生产部门人员的职工薪酬，记入“生产成本”、“制造费用”、“劳务成本”等科目；管理部门人员的职工薪酬，记入“管理费用”科目；销售人员的职工薪酬，记入“销售费用”科目；应由在建工程、研发支出负担的职工薪酬，记入“在建工程”、“研发支出”等科目。

(2) 职工福利。

自2007年1月1日起施行新的《企业财务通则》后，财政部于当年颁发了《关于实施修订后的〈企业财务通则〉有关问题的通知》（财企[2007] 48号）。通知规定：关于职工福利费财务制度改革的衔接问题修订后的《企业财务通则》实施后，企业不再按照工资总额14%计提职工福利费。即从2007年起，职工福利费用实际使用情况直接计入当期费用，只不过在年终进行所得税汇算清缴的时候，实际允许抵扣的福利费上限为工资总额的14%，超出部分作为纳税调增项增加当年应纳税所得额。

(3) 养老保险费、医疗保险费、失业保险费、工伤保险费、生育保险费。

养老保险费、医疗保险费、失业保险费、工伤保险费和生育保险费等社会保险费由企业根据规定的基准和计提比例按月计提，根据职工提供服务的受益对象，对应计入相关成本费用项目。

企业按月向社会保险经办机构缴纳养老保险金、医疗保险金、失业保险金、工伤保险费和生育保险费。企业缴纳的医疗保险金、基本养老保险金、失业保险金包括了企业为职工缴纳的部分和职工个人缴纳的部分（在发放工资时已替职工代扣）。

(4) 住房公积金。

住房公积金由企业根据规定的基准和计提比例按月计提，根据职工提供服务的受益对象，对应计入相关成本费用项目。

企业按月向住房公积金管理机构缴纳住房公积金。企业缴纳的住房公积金包括了企业为职工缴纳的部分和职工个人缴纳的部分（在发放工资时已替职工代扣）。

(5) 工会经费和职工教育经费。

工会经费和职工教育经费由企业根据规定的基准和计提比例按月计提，根据职工提供服务的受益对象，对应计入相关成本费用项目。

工会经费企业转交工会组织。职工教育经费用于职工教育、技能培训。

2. 职业判断与操作

［**任务**2－28］　重庆机械制造有限公司从银行提取现金并根据本月工资结算汇总表发放本月职工工资。并按应发工资的8%、2%、1%、7%为职工代扣基本养老保险金、医疗保险金、失业保险金、住房公积金。按规定为代扣人交职工个人所得税。本月工资结算单、本月工资结算汇总表、工资分配表分别如表2－1、表2－2、表2－3所示。要求为重庆机械制造有限公司进行账务处理。

表2－1　重庆机械制造有限公司工资结算单

2011年9月　　元

部门	姓名	计时工资	计件工资	奖金	津贴	补贴	加班加点工资	应扣工资			应付工资	代扣项目						实发工资	签章
								病假	事假	旷工		养老保险	医疗保险	失业保险	住房公积金	个人所得税	代扣合计		
车间	周进		870	240	50	100	150				1 410	112.8	28.2	14.1	98.7		253.8	1 156.2	
车间	赵海		950	240	50	100					1 340	107.2	26.8	13.4	93.8		241.2	1098.8	
车间	王明		970	240	50	100	200				1 560	124.8	31.2	15.6	109.7		281.3	1278.7	
车间	李欣		1 050	240	50	100					1 440	115.2	28.8	14.4	100.8		259.2	1180.8	

会计主管：　　　　复核：　　　　制表：

表2－2　重庆机械制造有限公司工资结算汇总表

2011年9月　　元

岗位	计时工资	计件工资	奖金	津贴	补贴	加班加点工资	应扣工资			应付工资	代扣项目						实发工资	签章
							病假	事假	旷工		养老保险	医疗保险	失业保险	住房公积金	个人所得税	代扣合计		
生产工人		300 000	10 000	3 000	2 000	5 000				320 000	25 600	6 400	3 200	22 400	1 080	58 680	261 320	
车间管理人员	65 000		3 000	1 000	1 000					70 000	5 600	1 400	700	4 900	240	12 840	57 160	
企业管理人员	55 000		2 500	800	1 700	400				60 400	4 832	1 208	604	4 228	210	11 082	49 318	
销售人员	8 000		2 000	400	600	600				11 600	928	232	116	812	60	2 148	9 452	
合计	128 000	300 000	17 500	5 200	5 300	6 000				462 000	36 960	9 240	4 620	32 340	1 590	84 750	377 250	

会计主管：　　　　复核：　　　　制表：

表 2-3 重庆机械制造有限公司工资分配表

2011 年 9 月

应借账户		分配标准（产量）/千克	分配率	分配金额/元
基本生产车间	A 产品	2 000		200 000
	B 产品	1 200		120 000
	小计	3 200	100	320 000
制造费用				70 000
管理费用				60 400
销售费用				11 600
合计				462 000

任务分析：本任务中，提出现金发放工资，在提取时并未实际发放，因在减少银行存款的同时，增加库存现金；在以现金实际发放后，企业的应付职工薪酬减少，应在借方登记，同时减少库存现金；对于应由职工个人交纳而由企业代扣的保险费和公积金，企业应如数支付给相关政府部门，在没有支付时，形成企业的其他应付款，应在贷方登记此科目；代扣的个人所得税，应交给税务部门，未交之前，形成企业的应交税费；对于应发的职工工资，企业还需要按职工的工作性质和部门，分配到相关成本费用中去。账务处理如下：

（1）按照实发工资总额从银行提取现金，备发工资。

借：库存现金　377 250

　　贷：银行存款　377 250

（2）发放工资，支付现金。

借：应付职工薪酬——工资　377 250

　　贷：库存现金　377 250

（3）结转各种代扣款项。

借：应付职工薪酬——工资　84 750

　　贷：其他应付款——应付养老保险　36 960

　　　　　　　　——应付医疗保险　9 240

　　　　　　　　——应付失业保险　4 620

　　　　　　　　——应付住房公积金　32 340

　　　　应交税费——应交个人所得税　1 590

（4）根据工资分配表，将本月工资计入相应成本费用项目。

借：生产成本—基本生产成本——A 产品　200 000

　　　　　　　　　　　　——B 产品　120 000

　　制造费用　70 000

　　管理费用　60 400

　　销售费用　11 600

　　贷：应付职工薪酬——工资　462 000

[**任务** 2-29]　2011 年 9 月，重庆机械制造有限公司以现金支付行政坐班职工张某生

活困难补助 800 元。同时，本公司下设一所职工食堂，每月根据在岗职工数量及岗位分布情况、相关历史经验数据等计算需要补贴食堂的金额，从而确定企业每期因职工食堂而需要承担的福利费金额。本月，企业在岗职工共计 100 人，其中管理部门 20 人，生产车间 80 人。企业的历史经验数据表明，对于每个职工企业每月需补贴食堂 100 元，共计 10 000 元。要求为重庆机械制造有限公司进行账务处理。

任务分析：本任务中，发给职工的生活困难补助和食堂补贴，属于企业的职工福利，应在应付职工薪酬下的职工福利中进行核算。根据财政部《关于实施修订后的〈企业财务通则〉有关问题的通知》的规定，实际使用职工福利费时，直接计入当期成本费用。账务处理如下：

（1）支付职工张某生活困难补助时：

借：管理费用　　800

　　贷：应付职工薪酬——职工福利费　　800

借：应付职工薪酬——职工福利费　　800

　　贷：库存现金　　800

（2）向职工食堂支付补贴时：

借：生产成本　　8 000

　　管理费用　　2 000

　　贷：应付职工薪酬——职工福利费　　10 000

借：应付职工薪酬——职工福利费　　10 000

　　贷：银行存款　　10 000

[任务 2-30]　2011 年 9 月，重庆机械制造有限公司按照职工工资的 20%、6%、2%、0.8%、1%计提养老保险费、医疗保险费、失业保险费、工伤保险费、生育保险费，如表 2-4所示。本月向社会保险经办机构缴纳养老保险金 129 360 元（其中职工个人缴纳 36 960元）、医疗保险金 36 960 元（其中职工个人缴纳 9 240 元）、失业保险金 13 860（其中职工个人缴纳 4 620 元）、工伤保险费 3 696 元和生育保险费 4 620 元。要求为重庆机械制造有限公司进行账务处理。

表 2-4　重庆机械制造有限公司社会保险费计提表

2011 年 9 月　　元

应借账户		基准	养老保险	医疗保险	失业保险	工伤保险	生育保险	合计
基本生产车间	A 产品	200 000	40 000	12 000	4 000	1 600	2 000	59 600
	B 产品	120 000	24 000	7 200	2 400	960	1 200	35 760
	小计	320 000	64 000	19 200	6 400	2 560	3 200	95 360
制造费用		70 000	14 000	4 200	1 400	560	700	20 860
管理费用		60 400	12 080	3 624	1 208	483.2	604	17 999.2
销售费用		11 600	2 320	696	232	92.8	116	3 456.8
合计		462 000	92 400	27 720	9 240	3 696	4 620	137 676

任务分析：本任务中，交纳的五种保险由单位和个人的两部分组成，个人部门已从工资

中扣收，单位部门按工资的一定比例计提，并计入当期成本费用。账务处理如下：

（1）计提社会保险费

借：生产成本—基本生产成本——A产品　59 600

　　　　　　　　　　　　——B产品　35 760

　　制造费用　20 860

　　管理费用　17 999.2

　　销售费用　3 456.8

　　贷：应付职工薪酬——养老保险费　92 400

　　　　　　　　　——医疗保险费　27 720

　　　　　　　　　——失业保险费　9 240

　　　　　　　　　——工伤保险费　3 696

　　　　　　　　　——生育保险费　4 620

（2）向社会保险经办机构缴纳社会保险费。

借：应付职工薪酬——养老保险费　92 400

　　　　　　　——医疗保险费　27 720

　　　　　　　——失业保险费　9 240

　　　　　　　——工伤保险费　3 696

　　　　　　　——生育保险费　4 620

　　其他应付款——应付养老保险　36 960

　　　　　　　——应付医疗保险　9 240

　　　　　　　——应付失业保险　4 620

　　贷：银行存款　188 496

[任务2-31]　2011年9月，重庆机械制造有限公司按照职工工资的7%计提住房公积金，见表2-5所示。本月向住房公积金管理机构缴纳住房公积金64 680元（其中职工个人缴纳32 340元）。要求为重庆机械制造有限公司进行账务处理。

表2-5　重庆机械制造有限公司住房公积金计提表

2011年9月　　　　元

应借账户		基准	住房公积金
基本生产车间	A产品	200 000	14 000
	B产品	120 000	8 400
	小计	320 000	22 400
制造费用		70 000	4 900
管理费用		60 400	4 228
销售费用		11 600	812
合计		462 000	32 340

任务分析：按照规定，住房公积金也是由两部分组成，一是职工个人缴纳的，二是单位为职工缴纳的。单位计提的部分也应计入当期相关成本费用中。账务处理如下：

（1）计提住房公积金。

借：生产成本—基本生产成本——A产品　　14 000
　　　　　　　　　　　　　——B产品　　8 400
　　制造费用　　4 900
　　管理费用　　4 228
　　销售费用　　812
　贷：应付职工薪酬——住房公积金　　32 340

（2）向住房公积金管理机构缴纳住房公积金。

借：应付职工薪酬——住房公积金　　32 340
　　其他应付款——应付住房公积金　　32 340
　贷：银行存款　　64 680

［任务 2－32］　2011 年 9 月，重庆机械制造有限公司按照职工工资的 2%、2.5%分别计提工会经费、职工教育经费，如表 2－6 所示。将工会经费上缴工会组织 9 240 元，同时，还支付职工技能培训费 5 000 元。要求为重庆机械制造有限公司进行账务处理。

表 2－6　工会经费、职工教育经费计提表

2011 年 9 月　　元

应借账户		基准	工会经费	职工教育经费	合计
基本生产车间	A产品	200 000	4 000	5 000	9 000
	B产品	120 000	2 400	3 000	5 400
	小计	320 000	6 400	8 000	14 400
制造费用		70 000	1 400	1 750	3 150
管理费用		60 400	1 208	1 510	2 718
销售费用		11 600	232	290	522
合计		462 000	9 240	11 550	20 790

任务分析：本任务中，重庆机械制造有限公司按职工工资的 2%、2.5%分别计提工会经费、职工教育经费，同保险费一样应计入相关成本费用。账务处理如下：

（1）计提工会经费和职工教育经费时：

借：生产成本—基本生产成本——A产品　　9 000
　　　　　　　　　　　　　——B产品　　5 400
　　制造费用　　3 150
　　管理费用　　2 718
　　销售费用　　522
　贷：应付职工薪酬——工会经费　　9 240
　　　　　　　　　——职工教育经费　　11 550

(2) 上缴工会经费。

借：应付职工薪酬——工会经费　　9 240

　　贷：银行存款　　9 240

(3) 支付职工技能培训费。

借：应付职工薪酬——职工教育经费　　5 000

　　贷：银行存款　　5 000

三、核算非货币性职工薪酬

1. 职业规范

根据《企业会计准则第9号——职工薪酬》及相关解释，非货币性职工薪酬的计量主要分为以自产产品、外购商品或其他有形资产发放给职工作为福利；企业将拥有的房屋等资产无偿提供给职工使用或租赁住房等资产供职工无偿使用等。

企业以自产产品作为非货币性福利发放给职工的，应视同产品销售。在产品实际发放时确认销售收入，并结转销售成本。同时应当根据受益对象，按照产品的销售价格（含税）计入相关资产成本或当期损益，同时确认应付职工薪酬。

企业以外购商品作为非货币性福利发放给职工的，应当根据受益对象，按照该产品的公允价值（含税）计入相关资产成本或当期损益，同时确认应付职工薪酬。

企业以生产用原材料作为非货币性福利发放给职工的，应当根据受益对象，按照该材料的成本与购进时的增值税之和（该增值税不能再抵扣，应作为进项税额转出处理）计入相关资产成本或当期损益，同时确认应付职工薪酬。

企业将自有固定资产无偿提供给职工使用的，固定资产的折旧视作为职工提供的非货币性福利。应当根据受益对象计入相关资产成本或当期损益，同时确认应付职工薪酬。

企业将租入资产无偿提供给职工使用的，企业支付的租金视作为职工提供的非货币性福利。应当根据受益对象计入相关资产成本或当期损益，同时确认应付职工薪酬。

2. 职业判断与操作

[任务2-33]　重庆机械制造有限公司共有职工200名，其中170名为直接参加生产的职工，30名为总部管理人员。2011年9月，公司以其生产的每台成本为900元的电暖器作为春节福利发放给公司每名职工。该型号的电暖器市场售价为每台1 000元，公司适用的增值税税率为17%。要求为重庆机械制造有限公司进行账务处理。

任务分析：本任务中，公司将自产的电暖器发给职工作为春节福利，应作为职工薪酬进行核算，并按受益对象分配计入相关成本费用。同时，按税法规定，应视为商品销售确认收入和结转成本。账务处理如下：

(1) 将电暖器发放职工时：

借：应付职工薪酬——非货币性福利　　234 000

　　贷：主营业务收入　　200 000

　　　　应交税费——应交增值税（销项税额）　　34 000

借：主营业务成本　　180 000

　　贷：库存商品——电暖器　　180 000

B公司应确认的主营业务收入＝200×1 000＝200 000（元）

B公司应确认的增值税销项税额＝200×1 000×17%＝34 000（元）

B公司应结转的销售成本＝200×900＝180 000（元）

（2）根据受益对象计入相应成本费用。

借：生产成本　　198 900

　　管理费用　　35 100

　　贷：应付职工薪酬——非货币性福利　　234 000

本例中，应确认的应付职工薪酬＝200×1 000×17%＋200×1 000＝234 000（元），其中，应记入"生产成本"科目的金额＝170×1 000×17%＋170×1 000＝198 900（元）。应记入"管理费用"科目的金额＝30×1 000×17%＋30×1 000＝35 100（元）。

［任务2-34］　重庆机械制造有限公司为总部各部门经理级别以上职工提供汽车免费使用，同时为副总裁以上高级管理人员每人租赁一套住房。公司总部共有部门经理以上职工20名，每人提供一辆桑塔纳汽车免费使用，假定每辆桑塔纳汽车每月计提折旧1 000元，该公司共有副总裁以上高级管理人员5名，公司为其每人租赁一套面积为200平方米带有家具和电器的公寓，月租金为每套8 000元。要求为重庆机械制造有限公司进行账务处理。

任务分析：本任务中，公司为总部各部门经理级别以上职工提供汽车免费使用，同时为副总裁以上高级管理人员租赁住房使用，根据受益对象，确认的应付职工薪酬应当计入管理费用。应确认的应付职工薪酬＝20×1 000＋5×8 000＝60 000（元），其中，提供企业拥有的汽车供职工使用的非货币性福利＝20×1 000＝20 000（元），租赁住房供职工使用的非货币性福利＝5×8 000＝40 000（元）此外，公司将其拥有的汽车无偿提供给职工使用的，还应当按照该部分非货币性福利20 000元，借记"应付职工薪酬——非货币性福利"科目，贷记"累计折旧"科目。

（1）公司每月支付副总裁以上高级管理人员住房租金时，应进行如下会计处理：

借：应付职工薪酬——非货币性福利　　40 000

　　贷：银行存款　　40 000

（2）桑塔纳汽车每月计提折旧时：

借：应付职工薪酬——非货币性福利　　20 000

　　贷：累计折旧　　20 000

（3）根据受益对象计入相应成本费用。

借：管理费用　　60 000

　　贷：应付职工薪酬——非货币性福利　　60 000

教学互动

职工福利与非货币性福利的区别？

任务七 核算应交税费

Mission seven

一、认知应交税费

应交税费是指企业在生产经营过程中产生的应向国家交纳的各种税费。根据税法规定，企业应交纳的各种税费包括：增值税、消费税、营业税、城市维护建设税、资源税、所得税、土地增值税、房产税、车船使用税、土地使用税、教育费附加、矿产资源补偿费、印花税、耕地占用税等。

为了核算企业的应交税费，企业应设置“应交税费”科目和账户。该账户属于负债类，总括反映各种税费的交纳情况，并按照应交税费项目进行明细核算。该科目贷方登记应交纳的各种税费等，借方登记实际交纳的税费；期末余额一般在贷方，反映企业尚未交纳的税费，期末余额如在借方，反映企业多交或尚未抵扣的税费。企业缴纳的印花税、耕地占用税等不需要预计应交数的税金，不通过“应交税费”科目核算。企业代扣代交的个人所得税等，也通过该科目核算。

为核算企业经营活动发生的营业税、消费税、城市维护建设税、资源税和教育费附加等相关税费，企业还应当设置“营业税金及附加”科目和账户。该账户属于损益类，借方登记企业应交纳的各项税费，贷方登记期末转入本年利润的相关税费，结转后无余额。但除与投资性房地产相关的房产税、土地使用税在“营业税金及附加”科目核算外，企业缴纳的房产税、车船使用税、土地使用税、矿产资源补偿费、印花税在“管理费用”科目核算。

二、核算应交增值税

1. 核算一般纳税人应交增值税

（1）职业规范。

增值税是指对我国境内销售货物、进口货物，或提供加工、修理修配劳务的增值额征收的一种流转税。增值税的纳税人是在我国境内销售货物、进口货物，或提供加工、修理修配劳务的单位和个人。按照纳税人的经营规模及会计核算的健全程度，增值税纳税人分为一般纳税人和小规模纳税人。一般纳税人应纳增值税额，根据当期销项额减去当期进项额计算确定；小规模纳税人应纳增值税额，按照销售额和规定的征收率计算确定。

各国实行的增值税在计算增值额时一般都实行税款抵扣制度。根据允许抵扣已纳税款的扣除项目的范围大小，增值税分为生产型增值税、收入型增值税、消费型增值税三种。它们之间的区别在于对购入固定资产的处理上。生产型增值税在计算增值额时，对购入的固定资产及其折旧均不予扣除。收入型增值税对于购置用于生产、经营用的固定资产，允许将已折旧的价值额予以扣除。消费型增值税允许将用于生产、经营的固定资产价值中已含的税款在购置当期全部一次扣除。我国从 2009 年 1 月 1 日起开始在全国范围内实施消费型增值税。

在税收征管上，从世界各国来看，一般都实行凭购物发票进行抵扣。按照《中华人民共和国增值税暂行条例》规定，企业购入货物或接受应税劳务支付的增值税（即进项税额），可从销售货物或提供劳务按规定收取的增值税（即销项税额）中抵扣。准予从销项税额抵扣的进项税额通常包括：

①从销售方取得的增值税专用发票上注明的增值税额。

②从海关取得的完税凭证上注明的增值税额。

作为一般纳税人，为了核算企业应交增值税的发生、抵扣、缴纳、退税及转出等情况，应在“应交税费”科目下设置“应交增值税”明细科目，并在“应交增值税”明细账内设置“进项税额”、“进项税额转出”、“销项税额”、“出口退税”、“已交税金”、“转出未交增值税”等专栏。

（2）职业判断与操作。

① 进项税额。

［任务 2-35］　重庆机械制造有限公司购入原材料一批，增值税专用发票上注明货款 60 000 元，增值税额 10 200 元，货物尚未到达，货款和进项税款已用银行存款支付。该企业采用计划成本对原材料进行核算。要求为重庆机械制造有限公司进行账务处理。

任务分析：企业从国内采购物资或接受应税劳务等，根据增值税专用发票上记载的应计入采购成本或应计入加工、修理修配等物资成本的金额，借记“材料采购”、“在途物资”、“原材料”、“库存商品”或“生产成本”、“制造费用”、“委托加工物资”、“管理费用”等科目，根据增值税专用发票上注明的可抵扣的增值税税额，借记“应交税费——应交增值税（进项税额）”科目，按照应付或实际支付的总额，贷记“应付账款”、“应付票据”、“银行存款”等科目。购入货物发生的退货，作相反的账务处理。因此，本任务的账务处理如下：

借：材料采购	60 000	
应交税费——应交增值税（进项税额）	10 200	
贷：银行存款		70 200

［任务 2-36］　A 商场购入免税农产品一批，价款 100 000 元，规定的扣除率为 13%，货物尚未到达，货款已用银行存款支付。要求为 A 商场进行账务处理。

任务分析：按照增值税暂行条例，企业购入免征增值税货物，一般不能够抵扣增值税销项税额。但是对于购入的免税农产品，可以按照买价和规定的扣除率计算进项税额，并准予从企业的销项税额中抵扣。企业购入免税农产品，按照买价和规定的扣除率计算进项税额，借记“应交税费——应交增值税（进项税额）”科目，按买价扣除按规定计算的进项税额后的差额，借记“材料采购”、“原材料”、“库存商品”等科目，按照应付或实际支付的价款，贷记“应付账款”、“银行存款”等科目。本任务的账务处理如下：

借：材料采购	87 000	
应交税费——应交增值税（进项税额）	13 000	
贷：银行存款		100 000

进项税额＝购买价款×扣除率＝100 000×13%＝13 000（元）

［任务 2-37］　重庆机械制造有限公司购入不需要安装生产设备一台，价款及运输保险等费用合计 300 000 元，增值税专用发票上注明的增值税额 51 000 元，款项尚未支付。要求为重庆机械制造有限公司进行账务处理。

任务分析：根据修订后的增值税暂行条件，企业购入的生产性固定资产发生的增值税进项税额，允许抵扣；企业购进固定资产所支付的不可抵扣的增值税额，应计入固定资产的成本。本任务的账务处理如下：

借：固定资产　　300 000

应交税费——应交增值税（进项税额）　　51 000

贷：应付账款　　351 000

[任务 2-38]　重庆机械制造有限公司购入基建工程所用物资一批，价款及运输保险等费用合计 100 000 元，增值税专用发票上注明的增值税额 17 000 元，物资已验收入库，款项尚未支付。要求为重庆机械制造有限公司进行账务处理。

任务分析：根据税法规定，企业购进的货物用于非应税项目，其所支付的增值税额也应计入购入货物的成本。本任务中，购入的物资用于基建工程，而基建工程属于非应税项目，因此，购进时发生的增值税额 17 000 元，应计入购入货物的成本。账务处理如下：

借：工程物资　　117 000

贷：应付账款　　117 000

[任务 2-39]　D 企业生产车间委托外单位修理机器设备，对方开来的专用发票上注明修理费用 10 000 元，增值税额 1 700 元，款项已用银行存款支付。要求为 D 企业进行账务处理。

任务分析：

借：制造费用　　10 000

应交税费——应交增值税（进项税额）　　1 700

贷：银行存款　　11 700

②进项税额转出。

[任务 2-40]　重庆机械制造有限公司库存材料因雷击导致火灾毁损一批，有关增值税专用发票确认的成本为 10 000 元，增值税额 1 700 元。要求为重庆机械制造有限公司进行账务处理。

任务分析：企业购进的货物发生非常损失，以及将购进货物改变用途（如用于非应税项目、集体福利或个人消费等），其进项税额应通过"应交税费——应交增值税（进项税额转出）"科目转入有关科目，借记"待处理财产损溢"、"在建工程"、"应付职工薪酬"等科目，贷记"应交税费——应交增值税（进项税额转出）"科目；属于转作待处理财产损失的进项税额，应与遭受非常损失的购进货物、在产品或库存商品的成本一并处理。但 2009 年 1 月 1 日执行的新《增值税暂行条例》及其实施细则，缩小了"非正常损失"的范围，仅限于因管理不善造成的损失。新规实施后，企业因自然灾害损失的外购原材料等，无须再进行"进项税额转出"处理。

购进货物改变用途通常是指购进的货物在没有经过任何加工的情况下，对内改变用途的行为，如在建工程领用原材料、企业下属医务室等福利部门领用原材料等。

本任务中，库存材料因雷击导致火灾而毁损，属于发生自然灾害，原购进时支付的进项税额可以继续抵扣而不需转出。账务处理如下：

借：待处理财产损溢——待处理流动资产损溢　　10 000

贷：原材料　　10 000

[任务 2-41]　重庆机械制造有限公司因火灾毁损库存商品一批，其实际成本 80 000 元，经确认损失外购材料的增值税 13 600 元。要求为重庆机械制造有限公司进行账务处理。

任务分析：非因自然灾害导致的财产损失，属于转作待处理财产损失的进项税额，应与遭受非常损失的购进货物、在产品或库存商品的成本一并处理。

借：待处理财产损溢——待处理流动资产损溢　　93 600
　　贷：库存商品　　80 000
　　　　应交税费——应交增值税（进项税额转出）　　13 600

[任务2-42]　重庆机械制造有限公司建造厂房领用生产用原材料50 000元，原材料购入时支付的增值税为8 500元。要求为重庆机械制造有限公司进行账务处理。

任务分析：本任务中，将生产用原材料用于建造厂房，属于改变用途，应将原先支付的增值税转出。账务处理如下：

借：在建工程　　58 500
　　贷：原材料　　50 000
　　　　应交税费——应交增值税（进项税额转出）　　8 500

[任务2-43]　重庆机械制造有限公司所属的职工医院维修领用原材料5 000元，其购入时支付的增值税为850元。要求为重庆机械制造有限公司进行账务处理。

任务分析：本任务中，职工医院因维修领用原材料，属于原材料改变用途用于职工福利，应转出原来支付的进项税额。账务处理如下：

借：应付职工薪酬——职工福利　　5 850
　　贷：原材料　　5 000
　　　　应交税费——应交增值税（进项税额转出）　　850

③ 销项税额。

[任务2-44]　重庆机械制造有限公司销售产品一批，价款500 000元，按规定应收取增值税额85 000元，提货单和增值税专用发票已交给买方，款项尚未收到。要求为重庆机械制造有限公司进行账务处理。

任务分析：企业销售货物或者提供应税劳务，按照营业收入和应收取的增值税税额，借记“应收账款”、“应收票据”、“银行存款”等科目，按专用发票上注明的增值税税额，贷记“应交税费——应交增值税（销项税额）”科目，按照实现的营业收入，贷记“主营业务收入”、“其他业务收入”等科目。发生的销售退回，作相反的账务处理。本任务属于销售货物业务，账务处理如下：

借：应收账款　　585 000
　　贷：主营业务收入　　500 000
　　　　应交税费——应交增值税（销项税额）　　85 000

[任务2-45]　M企业为外单位代加工电脑桌400个，每个收取加工费100元，适用的增值税税率为17%，加工完成，款项已收到并存入银行。要求为M企业进行账务处理。

任务分析：本任务中，M企业为外单位加工电脑桌，属于对外提供劳务业务，应确认收入并计算销项税额。账务处理如下：

借：银行存款　　46 800
　　贷：主营业务收入　　40 000
　　　　应交税费——应交增值税（销项税额）　　6 800

此外，企业将自产、委托加工或购买的货物分配给股东，应当参照企业销售物资或者提供应税劳务进行会计处理。

[任务2-46] N企业将自己生产的产品用于自行建造职工俱乐部。该批产品的成本为200 000元，计税价格为300 000元。增值税税率为17%。要求为N企业进行账务处理。

任务分析： 企业的有些交易和事项从会计角度看不属于销售行为，不能确认销售收入，但是按照税法规定，应视同对外销售处理，计算应交增值税。视同销售需要交纳增值税的事项如企业将自产或委托加工的货物用于非应税项目、集体福利或个人消费，将自产、委托加工或购买的货物作为投资、分配给股东或投资者、无偿赠送他人等。在这些情况下，企业应当借记“在建工程”、“长期股权投资”、“营业外支出”等科目，贷记“应交税费——应交增值税（销项税额）”科目等。本任务账务处理如下：

借：在建工程　　251 000
　　贷：库存商品　　200 000
　　　　应交税费——应交增值税（销项税额）　　51 000

企业在建工程领用自己生产的产品的销项税额=300 000×17%=51 000（元）

④ 出口退税。

企业出口产品按规定退税的，按应收的出口退税额，借记“其他应收款”科目，贷记“应交税费——应交增值税（出口退税）”科目。

⑤ 已交税金。

[任务2-47] 重庆机械制造有限公司以银行存款交纳本月增值税100 000元。要求为重庆机械制造有限公司进行账务处理。

任务分析： 企业交纳的增值税，借记“应交税费——应交增值税（已交税金）”科目，贷记“银行存款”科目。“应交税费——应交增值税”科目的贷方余额，表示企业应交纳的增值税。本任务账务处理如下：

借：应交税费——应交增值税（已交税金）　　100 000
　　贷：银行存款

⑥ 转出未交增值税。

[任务2-48] C企业本月发生销项税额合计84 770元，进项税额转出24 578元，进项税额20 440元，已交增值税60 000元。要求为C企业进行账务处理。

任务分析： 在实际工作中，企业的增值税实行预交制，即本月预交一次，下月10日前结清。在预交后，下月10日前需要结清的增值税额为：

本期应纳增值税=销项税款+出口退税+进项税额转出数-进项税额-已交税款

该金额在贷方，表示企业尚未交纳的增值税，应于月末将该余额转出至未交增值税。

本任务中，该企业本月“应交税费——应交增值税”科目的余额为：

$$84\ 770+24\ 578-20\ 440-60\ 000=28\ 908\text{（元）}$$

C企业账务处理如下：

借：应交税费——应交增值税（转出未交增值税）　　28 908
　　贷：应交税费——未交增值税　　28 908

在下月规定期限内缴纳时：

借：应交税费——未交增值税　　28 908
　　贷：银行存款　　28 908

2. 核算小规模纳税人应交增值税

(1) 职业规范。

小规模纳税人是指年销售额在规定标准以下，并且会计核算不健全，不能按规定报送有关税务资料的增值税纳税人。所称会计核算不健全是指不能正确核算增值税的销项税额、进项税额和应纳税额。

《增值税暂行条例实施细则》第二十八条对小规模纳税人的界定如下：

①从事货物生产或者提供应税劳务的纳税人，以及以从事货物生产或者提供应税劳务为主，并兼营货物批发或者零售的纳税人，年应征增值税销售额（以下简称应税销售额）在50万元以下（含）(2009年以前为100万)。

②除本条第一款第（一）项规定以外的纳税人，年应税销售额在80万元以下（含）(2009年以前为180万)。

小规模纳税企业应当按照不含税销售额和规定的增值税征收率计算交纳增值税，销售货物或提供应税劳务时只能开具普通发票，不能开具增值税专用发票。小规模纳税企业不享有进项税额的抵扣权，其购进货物或接受应税劳务支付的增值税直接计入有关货物或劳务的成本。因此，小规模纳税企业只需在“应交税费”科目下设置“应交增值税”明细科目，不需要在“应交增值税”明细科目中设置专栏，“应交税费——应交增值税”科目贷方登记应交纳的增值税，借方登记已交纳的增值税；期末贷方余额为尚未交纳的增值税，借方余额为多交纳的增值税。

小规模纳税企业购进货物和接受应税劳务时支付的增值税，直接计入有关货物和劳务的成本，借记“材料采购”、“在途物资”等科目，贷记“银行存款”等科目。

(2) 职业判断与操作。

[任务2-49]　B小规模纳税企业购入材料一批，取得的专用发票中注明货款20 000元，增值税3 400元，款项以银行存款支付，材料已验收入库（该企业按实际成本计价核算）。要求为该企业进行账务处理。

任务分析：本任务中，B企业为小规模纳税人，虽然取得了增值税专用发票，但不能抵扣，应将增值税计入采购材料的成本。账务处理如下：

借：原材料	23 400	
贷：银行存款		23 400

[任务2-50]　B小规模纳税企业销售产品一批，所开出的普通发票中注明的货款（含税）为20 600元，增值税征收率为3%，款项已存入银行。要求为B企业进行账务处理。

任务分析：本任务中，发票中金额为含税金额，应转化为不含税金额再计算应纳增值税，相关计算和账务处理如下：

不含税销售额＝含税销售额÷（1＋征收率）＝20 600÷（1＋3%）＝20 000（元）

应纳增值税＝不含税销售额×征收率＝20 000×3%＝600（元）

借：银行存款	20 600	
贷：主营业务收入		20 000
应交税费——应交增值税		600

实际工作中，小规模纳税人一般是在期末时统一计算应纳税额，而不是每销售一次计算并核算一次，这样可以简化工作量。

[任务 2-51] 承 [任务 2-50]，该小规模纳税企业月末以银行存款上交增值税 600 元。要求为 B 企业进行账务处理。

任务分析： 本任务中，B 企业实际交纳增值税时，“应交税费”负债项目减少，应在借方登记；同时，以银行存款交纳，银行存款也减少，应在贷方登记“银行存款”。因此，账务处理如下：

借：应交税费——应交增值税　　600
　贷：银行存款　　600

此外，企业购入材料不能取得增值税专用发票的，比照小规模纳税企业进行处理，发生的增值税计入材料采购成本，借记“材料采购”、“在途物资”等科目，贷记“银行存款”等科目。

三、核算应交消费税

1. 职业规范

消费税是指在我国境内生产、委托加工和进口应税消费品的单位和个人，按其流转额交纳的一种税。消费税有从价定率和从量定额两种征收方法。采取从价定率方法征收的消费税，以不含增值税的销售额为税基，按照税法规定的税率计算。企业的销售收入包含增值税的；应将其换算为不含增值税的销售额。采取从量定额计征的消费税，根据按税法确定的企业应税消费品的数量和单位应税消费品应缴纳的消费税计算确定。企业应在“应交税费”科目下设置“应交消费税”明细科目，核算应交消费税的发生、缴纳情况。该科目的贷方登记应交纳的消费税，借方登记已交纳的消费税。期末贷方余额为尚未交纳的消费税，借方余额为多交纳的消费税。

2. 职业判断与操作

(1) 销售应税消费品业务。

[任务 2-52] 某企业销售所生产的化妆品，价款 2 000 000 元（不含增值税），适用的消费税税率为 30%。要求为该企业进行账务处理。

任务分析： 本任务属于销售应税消费品业务。企业销售应税消费品应交的消费税，应借记“营业税金及附加”科目，贷记“应交税费——应交消费税”科目。账务处理如下：

借：营业税金及附加　　600 000
　贷：应交税费——应交消费税　　600 000

应交消费税额＝2 000 000×30%＝600 000（元）

(2) 自产自销应税消费品业务。

[任务 2-53] 某企业在建工程领用自产柴油 50 000 元，应交纳增值税 10 200 元，应交纳消费税 6 000 元。要求为该企业进行账务处理。

任务分析： 本任务属于企业自产自销应税消费品业务。企业将生产的应税消费品用于在建工程等非生产业务时，按规定应交纳的消费税，借记“在建工程”等科目，贷记“应交税费——应交消费税”科目。账务处理如下：

借：在建工程　　60 200
　贷：库存商品　　50 000
　　应交税费——应交增值税（销项税额）　　10 200

借：在建工程　　6 000
　　贷：应交税费——应交消费税　　6 000

（3）自产产品提供给职工使用业务。

［任务2-54］　某企业下设的职工食堂享受企业提供的补贴，本月领用自产产品一批，该产品的账面价值40 000元，市场价格60 000元（不含增值税），适用的消费税税率为10%，增值税税率为17%。要求为该企业进行账务处理。

任务分析：本任务属于企业将自产产品提供给职工使用业务，按税法规定应视同销售，由于是消费品，既要确认增值税，还要确认消费税。账务处理如下：

借：应付职工薪酬——职工福利　　76 200
　　贷：主营业务收入　　60 000
　　　　应交税费——应交增值税（销项税额）　　10 200
　　　　应交税费——应交消费税　　6 000
借：主营业务成本　　40 000
　　贷：库存商品　　40 000

（4）委托加工应税消费品业务。

［任务2-55］　甲企业委托乙企业代为加工一批应交消费税的材料（非金银首饰）。甲企业的材料成本为1 000 000元，加工费为200 000元，由乙企业代收代交的消费税为80 000元，（不考虑增值税）材料已经加工完成，并由甲企业收回验收入库，加工费尚未支付。甲企业采用实际成本法进行原材料的核算。要求为甲、乙企业进行账务处理。

任务分析：本任务属于委托加工应税消费品业务。企业如有应交消费税的委托加工物资，一般应由受托方代收代交税款，受托方按照应交税款金额，借记“应收账款”、“银行存款”等科目，贷记“应交税费——应交消费税”科目。受托加工或翻新改制金银首饰按照规定由受托方交纳消费税。

委托加工物资收回后，直接用于销售的，应将受托方代收代交的消费税计入委托加工物资的成本，借记“委托加工物资”等科目，贷记“应付账款”、“银行存款”等科目；委托加工物资收回后用于连续生产应税消费品的，按规定准予抵扣的，应按已由受托方代收代交的消费税，借记“应交税费——应交消费税”科目，贷记“应付账款”、“银行存款”等科目。

①如果甲企业收回的委托加工物资用于继续生产应税消费品，则账务处理如下：

借：委托加工物资　　1 000 000
　　贷：原材料　　1 000 000
借：委托加工物资　　200 000
　　应交税费——应交消费税　　80 000
　　贷：应付账款　　280 000
借：原材料　　1 200 000
　　贷：委托加工物资　　1 200 000

②如果甲企业收回的委托加工物资直接用于对外销售，账务处理如下：

借：委托加工物资　　1 000 000
　　贷：原材料　　1 000 000

借：委托加工物资　　280 000

　　贷：应付账款　　280 000

借：原材料　　1 280 000

　　贷：委托加工物资　　1 280 000

③乙企业对应收取的受托加工代收代交消费税的账务处理如下：

借：应收账款　　80 000

　　贷：应交税费——应交消费税　　80 000

（5）进口应税消费品业务。

[任务2-56]　甲企业从国外进口一批需要交纳消费税的商品，商品价值2 000 000元，进口环节需要交纳的消费税为400 000元（不考虑增值税），采购的商品已经验收入库，货款尚未支付，税款已经用银行存款支付。要求为甲企业进行账务处理。

任务分析：本任务属于企业进口应税消费品业务。企业进口应税物资在进口环节应交的消费税，计入该项物资的成本，借记“材料采购”、“固定资产”等科目，贷记“银行存款”科目。账务处理如下：

借：库存商品　　2 400 000

　　贷：应付账款　　2 000 000

　　　　银行存款　　400 000

四、核算应交营业税

1. 职业规范

营业税是对在我国境内提供应税劳务、转让无形资产或销售不动产的单位和个人征收的流转税。其中，应税劳务是指属于交通运输业、建筑业、金融保险业、邮电通信业、文化体育业、娱乐业、服务业税目征收范围的劳务，不包括加工、修理修配等劳务；转让无形资产，是指转让无形资产的所有权或使用权的行为；销售不动产，是指有偿转让不动产的所有权，转让不动产的有限产权或永久使用权，以及单位将不动产无偿赠与他人等视同销售不动产的行为。

营业税以营业额作为计税依据。营业额是指纳税人提供应税劳务、转让无形资产和销售不动产而向对方收取的全部价款和价外费用。税率从3%到20%不等。

企业应在“应交税费”科目下设置“应交营业税”明细科目，核算应交营业税的发生、交纳情况。该科目贷方登记应交纳的营业税，借方登记已交纳的营业税，期末贷方余额为尚未交纳的营业税。

企业按照营业额及其适用的税率，计算应交的营业税，借记“营业税金及附加”科目，贷记“应交税费——应交营业税”科目；企业出售不动产时，计算应交的营业税，借记“固定资产清理”等科目，贷记“应交税费——应交营业税”科目；实际交纳营业税时，借记“应交税费——应交营业税”科目，贷记“银行存款”科目。

2. 职业判断与操作

[任务2-57]　某运输公司某月运营收入为500 000元，适用的营业税税率为3%。要求为该公司进行账务处理。

任务分析：本任务中，运输公司从事的是运营业务，按税法规定应交纳营业税。营业税是按营业额的一定比例征收，故该运输公司应交纳15 000元营业税。账务处理如下：

借：营业税金及附加　15 000
　贷：应交税费——应交营业税　15 000

[任务2-58]　某企业出售一栋办公楼，出售收入320 000元已存入银行。该办公楼的账面原价为400 000元，已提折旧100 000元，未曾计提减值准备；出售过程用银行存款支付清理费用5 000元。销售该项固定资产适用的营业税税率为5%。要求为该企业进行账务处理。

任务分析：本任务属于销售不动产业务，按税法规定应按销售收入的5%交纳营业税。同时，由于固定资产已出售，应将其账面价值转出，将固定资产净值转入固定资产清理，清理完毕后还要核算清理的净损益，具体核算将在能力单元四中学习。本任务的账务处理如下：

（1）该固定资产转入清理。

借：固定资产清理　300 000
　　累计折旧　100 000
　贷：固定资产　400 000

（2）收到出售收入320 000元。

借：银行存款　320 000
　贷：固定资产清理　320 000

（3）支付清理费用5 000元。

借：固定资产清理　5 000
　贷：银行存款　5 000

（4）计算应交营业税：320 000×5%=16 000（元）。

借：固定资产清理　16 000
　贷：应交税费——应交营业税　16 000

（5）结转销售该固定资产的净损失。

借：营业外支出　1 000
　贷：固定资产清理　1 000

五、核算其他应交税费

1. 职业规范

其他应交税费是指除上述应交税费以外的应交税费，包括应交资源税、应交城市维护建设税、应交土地增值税、应交所得税、应交房产税、应交土地使用税、应交车船使用税、应交教育费附加、应交矿产资源补偿费、应交个人所得税等。企业应当在“应交税费”科目下设置相应的明细科目进行核算，贷方登记应交纳的有关税费，借方登记已交纳的有关税费，期末贷方余额表示尚未交纳的有关税费。

（1）应交资源税。

资源税是对在我国境内开采矿产品或者生产盐的单位和个人征收的税。资源税按照应税产品的课税数量和规定的单位税额计算。纳税人开采或者生产应税产品销售的，以销售数量（或销售额）为课税数量（或课税金额）。开采或生产原油、天然气以外应税产品对外销售的，以销售数量为课税数量实行定额征收；开采或生产应税产品自用的，以自用数量为课税数量实行定额征收；开采或生产原油、天然气则按销售额的5%～10%实行从价征收。

对外销售应税产品应交纳的资源税，借记“营业税金及附加”科目，贷记“应交税费——应交资源税”科目；自产自用应税产品应交纳的资源税，借记“生产成本”、“制造费用”等科目，贷记“应交税费——应交资源税”科目。

（2）应交城市维护建设税。

城市维护建设税是以增值税、消费税、营业税为计税依据征收的一种税。其纳税人为交纳增值税、消费税、营业税的单位和个人，税率因纳税人所在地不同从1%到7%不等。应交的城市维护建设税公式为：

应纳税额＝（应交增值税＋应交消费税＋应交营业税）×适用税率企业

（3）应交教育费附加。

教育费附加是为了发展教育事业而向企业征收的附加费用，企业按应交流转税的一定比例计算交纳。企业应交的教育费附加，借记“营业税金及附加”等科目，贷记“应交税费——应交教育费附加”科目。

（4）应交土地增值税。

土地增值税是指在我国境内有偿转让土地使用权及地上建筑物和其他附着物产权的单位和个人，就其土地增值额征收的一种税。土地增值额是指转让收入减去规定扣除项目金额后的余额。转让收入包括货币收入、实物收入和其他收入。扣除项目主要包括取得土地使用权所支付的金额、开发土地的费用、新建及配套设施的成本、旧房及建筑物的评估价格等。

企业应交的土地增值税视情况记入不同科目。企业转让的土地使用权连同地上建筑物及其附着物一并在“固定资产”等科目核算的，转让时应交的土地增值税，借记“固定资产清理”科目，贷记“应交税费——应交土地增值税”科目。土地使用权在“无形资产”科目核算的，按实际收到的金额，借记“银行存款”科目，按应交的土地增值税，贷记“应交税费——应交土地增值税”科目，同时冲销土地使用权的账面价值，贷记“无形资产”科目，按其差额，借记“营业外支出”科目或贷记“营业外收入”科目。

（5）应交房产税、土地使用税、车船使用税和矿产资源补偿费。

房产税是国家对在城市、县城、建制县和工矿区征收的由产权所有人缴纳的一种税。房产税依照房产原值一次减除10%～30%后的余额计算交纳。没有房产原值作为依据的，由房产所在地税务机关参考同类房产核定；房产出租的，以房产租金收入为房产税的计税依据。

土地使用税是国家为了合理利用城镇土地、调节土地级差收入、提高土地使用效益、加强土地管理而开征的一种税，以纳税人实际占用的土地面积为计税依据，依照规定税额计算征收。

车船使用税由拥有并且使用车船的单位和个人交纳。车船使用税按照适用税额计算交纳。

矿产资源补偿费是对在我国领域和管辖海域开采矿产资源而征收的费用。矿产资源补偿费按照矿产品销售收入的一定比例计征，由采矿人交纳。

企业应交的房产税、土地使用税、车船使用税、矿产资源补偿费，记入“管理费用”科目，借记“管理费用”科目，贷记“应交税费——应交房产税（或应交土地使用税、应交车船使用税、应交矿产资源补偿费)”科目。

印花税是先购买后使用，因此，在发生时直接借记“管理费用”，贷记“银行存款”或“库存现金”。

(6) 应交个人所得税。

企业按规定计算的代扣代交的职工个人所得税，借记“应付职工薪酬”科目，贷记“应交税费——应交个人所得税”科目；企业交纳个人所得税时，借记“应交税费——应交个人所得税”科目，贷记“银行存款”等科目。

2. 职业判断与操作

[任务 2-59]　某企业对外销售某种资源税应税矿产品 2 000 吨，每吨应交资源税 5 元。要求为该企业进行账务处理。

任务分析：本任务中，按税法规定销售矿产品应交纳资源税，所交资源税应计入当期损益。账务处理如下：

借：营业税金及附加　　10 000

　　贷：应交税费——应交资源税　　10 000

[任务 2-60]　某企业将自产的资源税应税矿产品 500 吨用于企业的产品生产，每吨应交资源税 5 元。要求为该企业进行账务处理。

任务分析：本任务中，企业将应税矿产品用于生产产品，按税法规定，应将所交纳的资源税计入产品成本。账务处理如下：

借：生产成本　　2 500

　　贷：应交税费——应交资源税　　2 500

[任务 2-61]　某企业本期实际应上交增值税 400 000 元，消费税 241 000 元，营业税 159 000 元。该企业适用的城市维护建设税税率为 7%。要求为该企业计算城建税并进行账务处理。

任务分析：本任务中，已知企业上交的增值税、消费税、营业税，按税法规定，应按这三税之和计算交纳城市维护建设税，并计入当期损益。账务处理如下：

(1) 计算应交的城市维护建设税。

借：营业税金及附加　　56 000

　　贷：应交税费——应交城市维护建设税　　56 000

(2) 用银行存款上交城市维护建设税时：

借：应交税费——应交城市维护建设税　　56 000

　　贷：银行存款　　56 000

[任务 2-62]　某企业按税法规定计算，20×7 年度第 4 季度应交纳教育费附加 300 000 元。款项已经用银行存款支付。要求为该企业进行账务处理。

任务分析：根据税法规定，企业应按实际交纳增值税、营业税、消费税之和的 3%计算交纳教育费附加，并计入当期损益。本任务的账务处理如下：

借：营业税金及附加　　300 000

　　贷：应交税费——应交教育费附加　　300 000

借：应交税费——应交教育费附加　　300 000

　　贷：银行存款　　300 000

[任务2-63] 某企业对外转让一栋厂房，根据税法规定计算的应交土地增值税为27 000元。要求为该企业进行账务处理。

任务分析：根据税法规定，企业有偿转让土地使用权及地上建筑物和其他附着物产权应交纳土地增值税，并计入固定资产清理，在最后转让完毕时，转入当期损益。账务处理如下：

(1) 计算应交纳的土地增值税

借：固定资产清理　27 000

　贷：应交税费——应交土地增值税　27 000

(2) 用银行存款交纳应交土地增值税税款：

借：应交税费——应交土地增值税　27 000

　贷：银行存款　27 000

[任务2-64] 某企业结算本月应付职工工资总额200 000元，代扣职工个人所得税共计2 000元，实发工资198 000元。要求为该企业进行账务处理。

任务分析：实际工作中，个人所得税是由企业代扣代交，即在发放工资时扣除职工个人所得税，再由单位统一上交税务部门，扣除个人所得税后，企业应付给职工的工资减少。账务处理如下：

借：应付职工薪酬——工资　2 000

　贷：应交税费——应交个人所得税　2 000

教学互动

1. 不通过“应交税费”科目核算的税费有哪些？
2. 流转税类与收益税类包括的主要税种有哪些？如何理解价内税与价外税？
3. 委托加工应税消费品所交纳的消费税，应如何处理？

重要相关能力

营业税改增值税

2011年11月17日，财政部、国家税务总局17日正式公布《营业税改征增值税试点方案》。2012年1月1日起，上海市首先进行了试点，取得了成功。国务院常务会议决定扩大营业税改征增值税试点范围。自2012年8月1日起至年底，将交通运输业和部分现代服务业“营改增”试点范围由上海市分批扩大至北京、天津、江苏、浙江、安徽、福建、湖北、广东和厦门、深圳10个省、直辖市和计划单列市。相信不久的将来，营业税改增值税将在全国推广。

至于营业税改增值税后的账务处理，财政部于2012年7月5日出台了《营业税改征增值税试点有关企业会计处理规定》。

请同学们利用课余时间去学习、领会财政部的上述两个文件精神。

关键词

应收账款（Accounts Receivable）　应收票据（Notes Receivable）
预付账款（Prepayments）　坏账准备（Allowance for Doubtful Account）
应付账款（Accounts Payable）　应付票据（Notes Payable）
预收账款（Advance Receivable）　应交税费（Taxes Payable）

能力训练

一、单项选择题

1. 长江公司 2007 年 2 月 10 日销售商品应收大海公司的一笔应收账款 1 200 万元，2007 年 6 月 30 日计提坏账准备 150 万元，2007 年 12 月 31 日，该笔应收账款的未来现金流量现值为 950 万元。在此之前未计提坏账准备，2007 年 12 月 31 日，该笔应收账款应计提的坏账准备为（　　）万元

A. 300　　B. 100　　C. 250　　D. 0

2. 某企业销售一批商品，增值税专用发票上注明的价款为 60 万元，适用的增值税税率为 17%，为购买方代垫运杂费 2 万元，款项尚未收回。该企业确认的应收账款为（　　）万元。

A. 60　　B. 62　　C. 70. 2　　D. 72. 2

3. 票据贴现期即从（　　）。

A. 票据开出日到贴现日　　B. 票据开出日到到期日
C. 票据贴现日到到期日　　D. 票据贴现日到实际收款日

4. 企业按规定计算缴纳的下列税金中，应当计入相关资产成本的是（　　）。

A. 车船税　　B. 土地使用税
C. 城市维护建设税　　D. 车辆购置税

5. 委托加工的应税消费品收回后用于连续生产应税消费品的，由受托方代收代交的消费税，委托方应借记的会计科目是（　　　　）。

A. 在途物资　　B. 委托加工物资
C. 应交税费——应交消费税　　D. 营业税金及附加

6. 小规模纳税企业购入原材料取得的增值税专用发票上注明：货款 200 万元，增值税 34 万元，在购入材料的过程中另支付运杂费 5 万元。则该企业原材料的入账价值为（　　）万元。

A. 195　　B. 205　　C. 233　　D. 239

7. 某增值税一般纳税人因地震毁损库存材料一批，该批原材料实际成本为 20 000 元，收回残料价值 800 元，保险公司赔偿 11 600 元。该批毁损原材料造成的非常损失净额是（　　）元。

A. 7 600　　B. 18 800　　C. 8 400　　D. 11 000

8. 企业作为福利为高管人员配备汽车。计提这些汽车折旧时，应编制的会计分录是（　　）。

A. 借记“管理费用”科目，贷记“累计折旧”科目

B. 借记“管理费用”科目，贷记“固定资产”科目

C. 借记“管理费用”科目，贷记“应付职工薪酬”科目；同时借记“应付职工薪酬”科目，贷记“累计折旧”科目

D. 借记“制造费用”科目，贷记“累计折旧”科目

9. 预收货款业务不多的企业，可以不设置“预收账款”科目，其所发生的预收货款，可以通过（　　）核算。

A. “应收账款”科目借方　　B. “应付账款”科目借方

C. “应收账款”科目贷方　　D. “应付账款”科目贷方

10. 某企业为增值税一般纳税人，2010 年应交各种税金为：增值税 350 万元，消费税 150 万元，城市维护建设税 35 万元，房产税 10 万元，车船税 5 万元，所得税 250 万元。上述各项税金应计入管理费用的金额为（　　）万元。

A. 5　　B. 15　　C. 50　　D. 185

二、多项选择题

1. 下列项目中应通过“其他应收款”核算的有（　　）。

A. 拨付给企业各内部单位的备用金　　B. 应收的各种罚款

C. 收取的各种押金　　D. 应向职工收取的各种垫付款项

2. 关于“预付账款”账户，下列说法正确的有（　　）。

A. “预付账款”属于资产性质的账户

B. 预付货款不多的企业，可以不单独设置“预付账款”账户，将预付的货款记入“应付账款”账户的借方

C. “预付账款”账户贷方余额反映的是应付供应单位的款项

D. “预付账款”账户核算企业因销售业务产生的往来款项

3. 下列各种情况，进行会计处理时，应记入“坏账准备”科目贷方的是（　　）。

A. 首次按“应收账款”账户期末余额计算坏账准备

B. 收回过去已确认并转销的坏账

C. 期末“坏账准备”账户余额为贷方，且大于计提前坏账准备余额

D. 发生坏账

4. 按现行准则规定，通过“应收票据”及“应付票据”核算的票据包括（　　）。

A. 银行汇票　　B. 银行承兑汇票

C. 银行本票　　D. 商业承兑汇票

5. 下列各项，会引起期末应收账款账面价值发生变化的有（　　）。

A. 收回应收账款　　B. 收回已转销的坏账

C. 计提应收账款坏账准备　　D. 结转到期不能收回的应收票据

6. 下列经济业务对于一般纳税企业而言要计算增值税销项税额的有（　　）。

A. 将自产产品用于集体福利设施建设　　B. 将自产产品对外捐赠

C. 原材料发生自然灾害损失　　D. 以自产产品对外投资

7. 下列各项中，应记入“营业税金及附加”的有（　　）。

A. 处置无形资产应交的营业税　　B. 销售商品应交的增值税

C. 销售应税产品的资源税　　D. 销售应税消费品应交的消费税

8. 下列项目中，属于职工薪酬的有（　　）。

A. 业务招待费

B. 工伤保险费

C. 养老保险费

D. 因解除与职工的劳动关系给予的补偿

9. 用备抵法核算坏账损失的特点是（　　）。

A. 账务处理较简单　　B. 防止虚增企业资产

C. 符合权责发生制原则　　D. 不符合配比原则

10. 企业缴纳的下列税金，应通过“应交税费”科目核算的有（　　）。

A. 印花税　　B. 耕地占用税

C. 所得税　　D. 土地增值税

三、判断题

1. 在备抵法下，已确认并已转销的坏账损失，以后又回收的，仍然应通过“应收账款”账户核算，并贷记“资产减值损失”账户。（　　）

2. 企业按规定计算的代扣代交的职工个人所得税，借记“管理费用”等科目，贷记“其他应付款”科目。（　　）

3. 企业只有在对外销售消费税应税产品时才应交纳消费税。（　　）

4. 企业为职工缴纳的基本养老保险金、补充养老保险费，以及为职工购买的商业养老保险，均属于企业提供的职工薪酬。（　　）

5. 应付账款附有现金折扣的，应按照扣除现金折扣前的应付账款总额入账。因在折扣期限内付款而获得的现金折扣，应在偿付应付账款时冲减财务费用。（　　）

四、计算分析题

广州公司 2011 年期初“坏账准备”科目余额 2 000 元，本期实际发生坏账损失 3 000 元，年末应收账款余额 800 000 元，2012 年实际发生坏账损失 1 000 元，年末应收账款余额 400 000 元。企业坏账准备的计提比例一直保持为 0.5%。

要求：计算各期应确认的坏账准备并编制相关会计分录。

五、综合题

1. 某企业向 M 公司采购材料 3 000 千克，单价 100 元，货款总额 300 000 元，按照合同规定向 M 公司预付货款的 50%，验收货物后补付其余款项。收到 M 公司发来的 3 000 千克材料，经验收无误，有关发票记载的货款为 300 000 元，增值税额为 51 000 元，据此以银行存款补付不足款项 201 000 元。

要求：编制相关分录。

2. 甲公司为增值税一般纳税人，适用的增值税税率为 17%。2011 年 10 月的交易或事项如下：

（1）对行政管理部门使用的设备进行日常维修，应付企业内部维修人员工资 6 万元。

（2）为公司总部下属 25 位部门经理每人配备汽车一辆免费使用，假定每辆汽车每月计提折旧 0.4 万元。

(3) 月末，分配职工工资 850 万元，其中直接生产产品人员工资 625 万元，车间管理人员工资 75 万元，企业行政管理人员工资 100 万元，专设销售机构人员工资 50 万元。

(4) 将本公司生产的液晶电视作为福利发放给职工，其中生产工人 100 名，行政、管理人员 20 名，销售人员 50 名。每台电视的市场销售价格为 1 万元，实际成本为 0.7 万元。

(5) 按规定计算代扣代交职工个人所得税 4 万元。

(6) 以现金支付职工王某生活困难补助 5 万元。

(7) 从应付李经理的工资中，扣回上月代垫的应由其本人负担的医疗费 4 万元。

要求：编制甲公司 2011 年 10 月上述交易或事项的会计分录。(“应交税费”科目要求写出明细科目和专栏名称，金额单位用万元表示)

3. 甲公司为增值税一般纳税人，适用的增值税税率为 17%，原材料采用实际成本法进行日常核算。2010 年 6 月份，该企业发生如下涉及增值税的经济业务或事项：

(1) 购入无须安装的生产经营用设备一台，增值税专用发票上注明的价款为 40 万元，增值税额为 6.8 万元（增值税允许抵扣）。货款尚未支付。

(2) 建造办公楼领用生产用库存原材料 5 万元，应由该批原材料负担的增值税额为 0.85 万元。

(3) 销售商品一批，增值税专用发票上注明的价款为 100 万元，增值税额为 17 万元，提货单和增值税专用发票已交购货方，并收到购货方开出并承兑的商业承兑汇票。该批商品的实际成本是 80 万元。

(4) 由于管理不善被盗原材料一批，价值 2 万元，应由该批原材料负担的增值税额为 0.34 万元，尚未经批准处理。

(5) 用银行存款 15 万元缴纳当期应交增值税。

要求：编制上述业务的会计分录。(“应交税费”科目要求写出明细科目及专栏名称，金额单位用万元表示)

4. A 公司根据历史经验，按应收账款 2%的比例计提坏账准备。有关资料如下：

(1) 2010 年 12 月应收账款期初余额为 100 万元，坏账准备贷方余额为 2 万元。

(2) 12 月 7 日，向 B 公司销售产品 210 件，单价 1 万元，增值税率 17%，单位销售成本 0.6 万元，销售货款未收到。

(3) 12 月 20 日，因产品质量问题，B 公司退回 10 件商品，A 公司同意退货，并办理了退货手续和开具红字专用发票。

(4) 12 月 24 日发生坏账损失 3 万元。

(5) 12 月 29 日收回前期已确认的坏账 2 万元，并存入银行。

(6) 2010 年 12 月计提坏账准备。

要求：根据以上业务进行账务处理。

能力单元三
核算存货

学习目标

1. 能正确认识存货；
2. 掌握存货成本的确定；
3. 掌握原材料实际成本计价与计划成本计价的核算；
4. 掌握发出存货的成本计算方法；
5. 掌握周转材料、委托加工物资的核算；
6. 掌握库存商品的核算；
7. 掌握存货清查的方法与核算；
8. 会正确运用会计职业判断。

教学重难点

重点：原材料、委托加工物资、库存商品、存货清查的核算。

难点：发出存货成本计算、原材料按计划成本核算、委托加工物资核算。

教学时数

建议教学时数20学时，其中讲授12学时，实践8学时。

教学导航

教学指引：

1. 准备记账凭证、存货总账及其明细分类账、资产负债表等多种教学材料；
2. 准备多媒体教学设备与网络教学资源；
3. 准备与存货核算相关的准则、制度；
4. 联系供学生认知实习的中小型工业企业/公司。

学习引导：

1. 阅读《企业会计准则》及其应用指南中关于存货的规定；
2. 学习税法中有关购入存货的相关税费的规定；
3. 了解企业存货的生产、流通环节；
4. 了解、阅读国际会计准则中对存货的相关规定。

任务一 认知存货
Mission one

一、存货的本质

在资产负债表中，有一个指标是“存货”，而我们平时的账务处理过程中，没有设置存货科目和账户。那么，什么是存货？资产负债表中的“存货”金额如何填写呢？下面，我们就来认识一下存货。

《企业会计准则第1号——存货》（财会［2006］3号）第三条指出：存货是指企业在日常活动中持有以备出售的产成品或商品、处在生产过程中的在产品、在生产过程或提供劳务过程中耗用的材料或物料等。存货区别于固定资产等非流动资产的最基本特征是，企业持有存货的最终目的是为了出售，无论是可供直接出售的产成品、商品等，还是需经过进一步加工后才能出售的原材料等，最终都要出售。

同时，上述准则第四条规定，存货同时满足下列条件的，才能予以确认：

（1）与该存货有关的经济利益很可能流入企业。

（2）该存货的成本能够可靠地计量。

通常，拥有存货的所有权是与该存货有关的经济利益很可能流入本企业的一个重要标志。企业在判断与该存货有关的经济利益能否流入企业时，通常应结合考虑该存货所有权的归属，而不应当仅仅看其存放的地点等。例如，企业根据销售合同已经售出（取得现金或收取现金的权利）、所有权已经转移的存货，即使该存货尚未运离企业，因其所含未来经济利益已不能流入本企业，不能再作为企业的存货进行核算。

存货的成本能够可靠地计量必须以取得的确凿证据为依据，并且具有可验证性。如果存货成本不能可靠地计量，不能可靠确定其成本，就不能确认为企业的存货。比如，其他单位或个人寄存在本企业的商品，企业既无所有权，又没有取得该商品的发票等予以证明商品成本的证据，即成本不能可靠计量，因此，不能作为本企业的存货进行核算。

二、存货的内容

根据存货的概念和确认条件，企业的存货通常包括以下内容：

（1）原材料，是指企业在生产过程中经加工改变其形态或性质并构成产品主要实体的各种原料及主要材料、辅助材料、燃料、修理用备件（备品、备件）、包装材料、外购半成品（外购件）等。

（2）在产品，是指企业正在制造尚未完工的生产物，包括正在各个生产工序加工的产品和已加工完毕但尚未检验或已检验但尚未办理入库手续的产品，期末这部分存货的价值反映在“生产成本”账户中。

（3）半成品，是指经过一定生产过程并已检验合格交付半成品仓库保管，但尚未制造完工成为产成品，仍需进一步加工的中间产品。

（4）产成品，是指工业企业已经完成全部生产过程并已验收入库，可以按照合同规定的条件送交订货单位，或者可以作为商品对外销售的产品。企业接受来料加工制造的代制品和为外单位加工修理的代修品，制造和修理完成验收入库后，应视同企业的产成品。

（5）库存商品，是指商品流通企业外购或委托加工完成验收入库用于销售的各种商品。

（6）周转材料，是指企业能够多次使用、逐渐转移其价值但仍保持原有形态但不能确认为固定资产的材料，如包装物和低值易耗品。其中，包装物是指为了包装本企业的商品而储备的各种包装容器，如桶、箱、瓶、坛、袋等。其主要作用是盛装、装潢产品或商品。低值易耗品是指不符合固定资产确认条件的各种用具物品，如工具、管理用具、玻璃器皿、劳动保护用品，以及在经营过程中周转使用的容器等。

（7）委托代销商品，是指企业委托其他单位代销的商品。要注意与受托代销商品的区别。

三、存货的初始计量

前述会计准则第五条规定："存货应当按照成本进行初始计量。存货成本包括采购成本、加工成本和其他成本。"但存货的来源不同，其成本构成也不完全相同。企业存货的取得主要是通过外购、自制、委托加工三个途径，实务中具体按照以下原则进行成本确定与计量。

1. 外购存货的成本

原材料、商品、包装物、低值易耗品等通过购买而取得的存货的采购成本，包括购买价款、相关税费、运杂费（包括运输费、装卸费、保险费、包装费、仓储费等）、运输途中合理损耗、入库前的挑选整理费（包括挑选整理中发生的工费支出和挑选整理过程中发生的数量损耗，并扣除回收的下脚废料价值）以及其他可归属于存货采购成本的费用。

存货的购买价款是指企业购入的材料或商品的发票账单上列明的价款，但不包括按规定可以抵扣的增值税额。

存货的相关税费是指企业购买、自制或委托加工存货发生的进口关税、消费税、资源税和不能抵扣的增值税进项税额以及相应的教育费附加等应计入存货采购成本的税费。

在《企业会计准则第 1 号——存货》中，对于商品采购成本的计量没有作具体说明，但在其《应用指南》中规定："企业（商品流通）在采购商品过程中发生的运输费、装卸费、保险费以及其他可归属于存货采购成本的费用等进货费用，应当计入存货采购成本，也可以先进行归集，期末根据所购商品的存销情况进行分摊。对于已售商品的进货费用，计入当期损益；对于未售商品的进货费用，计入期末存货成本。企业采购商品的进货费用金额较小的，可以在发生时直接计入当期损益。"至于是采取直接计入存货采购成本，还是先进行归集期末再分摊，则由企业根据实际情况自行确定。如果采用先归集期末再分摊，对于已售商品的进货费用，应记入"主营业务成本"科目。如果是金额较小的进货费用直接计入当期损益，则应记入"销售费用"科目。

2. 自制存货的成本

企业自己制造的存货，包括自制原材料、自制包装物、自制低值易耗品、自制半成品及库存商品等，其成本包括直接材料、直接人工、制造费用等的各项实际支出。

3. 委托加工取得存货的成本

企业通过委托外单位加工取得的存货，主要包括加工后的产成品、半成品、原材料、包装物、低值易耗品等，其成本由实际耗用的原材料或半成品成本、加工成本构成。存货的加工成本是指在进一步加工存货的过程中的追加费用，包括加工费、装卸费、保险费、委托加工的往返运输费等费用以及按规定应计入成本的税费。

4. 其他方式取得的存货的成本

（1）投资者投入的存货的成本，应当按照投资合同或协议约定的价值确定，但投资合同或协议约定价值不公允的除外。

（2）通过非货币性资产交换、债务重组和企业合并等方式取得的存货的成本，应当按相关准则的规定确定。

（3）盘盈存货的成本，应按其重置成本作为入账价值，通过“待处理财产损溢”科目进行核算，按管理权限报经批准后，冲减当期管理费用。

但是，下列费用不应计入存货成本，而应在其发生时计入当期损益。

（1）非正常消耗的直接材料、直接人工和制造费用，应在发生时计入当期损益，不应计入存货成本。如由于自然灾害而发生的直接材料、直接人工和制造费用，由于这些费用的发生无助于使该存货达到目前场所和状态，不应计入存货成本，而应确认为当期损益。

（2）仓储费用，指企业在存货采购入库后发生的储存费用，应在发生时计入当期损益。但是，在生产过程中为达到下一个生产阶段所必需的仓储费用应计入存货成本。如某种酒类产品生产企业为使生产的酒达到规定的产品质量标准，而必须发生的仓储费用，应计入酒的成本，而不应计入当期损益。

（3）不能归属于使存货达到目前场所和状态的其他支出，应在发生时计入当期损益，不得计入存货成本。

任务二 核算原材料

Mission two

一、认知原材料

原材料是指企业在生产过程中经过加工改变其形态或性质并构成产品主要实体的各种原料、主要材料和外购半成品，以及不构成产品实体但有助于产品形成的辅助材料。原材料具体包括原料及主要材料、辅助材料、外购半成品（外购件）、修理用备件（备品备件）、包装材料、燃料等。

原材料的流通主要涉及采购、入库、发出过程。采购过程中将发生材料买价、运杂费、相关税费等货币资金的支付，采购结束入库后，货币资金转化为材料资金，而购买材料的目的是为了满足生产经营的需要，因此，库存材料还得根据不同部门的需要而发出，从而材料资金转化为生产经营资金。同时，材料发出后的结存数量，既影响到生活经营能否得以持续保障，又影响到下次材料购进的时间和数量。因此，材料流通过程既涉及货币资金，又涉及实物资产，企业需要选择一定的方法加强核算。

原材料的采购、收发及结存，可以采用实际成本法核算，也可以采用计划成本法核算。下面，我们将具体分别采用两种方法对原材料进行核算，并比较其异同。

二、采用实际成本法核算原材料

1. 职业规范

材料按实际成本计价核算时，材料的收发及结存，无论总分类核算还是明细分类核算，均按照实际成本计价。使用的会计科目有“原材料”、“在途物资”等，“原材料”科目的借方、贷方及余额均以实际成本计价，不存在成本差异的计算与结转问题。但采用实际成本核算，日常反映不出材料成本是节约还是超支，从而不能反映和考核物资采购业务的经营成果。因此这种方法通常适用于材料收发业务较少的企业。

原材料在采用实际成本法核算时，需要设置的账户主要有以下几种：

（1）“在途物资”账户。该账户属于资产类账户，用来核算企业采用实际成本（进价）发生的材料、商品等物资的日常费用，货款已付尚未验收入库的各种物资（即在途物资）的采购成本。借方登记企业购入的在途物资的实际成本，贷方登记验收入库的在途物资的实际成本，期末余额在借方，反映企业在途物资的采购成本。企业应按供应单位和物资品种进行明细核算。实际工作中，如果结算凭证与材料同时到达，也可不通过“在途物资”账户核算，直接记入“原材料”账户。

（2）“原材料”账户。该账户属于资产类账户，用来核算库存各种材料的收发与结存情况。在原材料按实际成本核算时，借方登记入库材料的实际成本，贷方登记发出材料的实际成本，期末余额在借方，反映企业库存材料的实际成本。企业可按材料的保管地点（仓库）、材料的类别、品种和规格等进行明细核算。

（3）“应付账款”账户。该账户属于负债类，用来核算企业因购买材料、商品和接受劳务等经营活动应支付的款项。贷方登记企业因购买材料、商品和接受劳务等应支付的款项，借方登记偿还的应付账款，期末余额一般在贷方，反映企业尚未支付的应付账款。在实际工作中，应按收款对象设置明细账，进行明细核算。

（4）“预付账款”账户。该账户属于资产类，用于核算企业按照合同规定预付的款项。借方登记预付的款项及补付的款项，贷方登记收到所购物资时根据有关发票账单记入“原材料”等科目的金额及收回多付款项的金额，期末余额在借方，反映企业实际预付的款项；如期末余额在贷方，则反映企业尚未预付的款项。预付款项不多的企业，可以不设置“预付账款”科目，而将此业务在“应付账款”科目中核算。

2. 职业判断与操作

（1）核算购入材料。

由于支付方式不同，原材料入库的时间与付款的时间可能一致，也可能不一致，在会计处理上也有所不同。下面，根据结算方式不同，入库时间与付款时间相同或不同的情况，分别说明其账务处理。

①结算单证和材料同到。

[任务 3－1]　重庆机械制造有限公司于 2011 年 9 月 6 日购入 C 材料 62 750 千克，增值税专用发票上记载的货款为 500 000 元，增值税额 85 000 元，另对方代垫包装费 2 000 元，全部款项已用转账支票付讫，材料已验收入库。要求为该公司进行账务处理。

任务分析：本任务中，重庆机械制造有限公司购入 C 材料一批属于发票账单与材料同时到达的采购业务。企业材料已验收入库，因此可直接通过“原材料”账户核算，对于增值税专用发票上注明的可抵扣的进项税额，应借记“应交税费——应交增值税（进项税额）”科目。因此，重庆机械制造有限公司根据有关原始凭证进行如下账务处理：

借：原材料——C材料	502 000	
应交税费——应交增值税（进项税额）	85 000	
贷：银行存款		587 000

②结算单证已到，款已付，材料未到。

[任务3-2] 重庆机械制造有限公司2011年9月6日采用汇兑结算方式购入F材料一批，发票及账单已收到，增值税专用发票上记载的货款为20 000元，增值税额3 400元。支付保险费3 000元，材料尚未到达。要求为该公司进行账务处理。

任务分析：本任务中，重庆机械制造有限公司采用汇兑结算方式购入F材料，属于已经付款或已开出、承兑商业汇票，相当于结算单证已到，但材料尚未到达或尚未验收入库的采购业务，应通过“在途物资”科目核算；待材料到达、入库后，再根据收料单，由“在途物资”科目转入“原材料”科目核算。因此，重庆机械制造有限公司根据有关原始凭证进行如下账务处理：

借：在途物资——F材料	23 000	
应交税费——应交增值税（进项税额）	3 400	
贷：银行存款		26 400

以后材料到达时，应进行如下账务处理：

借：原材料——F材料	23 000	
贷：在途物资——F材料		23 000

③材料和结算单证已到，款未付。

[任务3-3] 重庆机械制造有限公司2011年9月8日采用托收承付结算方式购入C材料5 200千克，增值税专用发票上记载的货款为50 000元，增值税额8 500元，对方代垫运杂费2 000元，银行转来的结算凭证已到，款项尚未支付，材料已验收入库。要求为该公司进行账务处理。

任务分析：本任务中，重庆机械制造有限公司采用托收承付结算方式购入C材料一批，属于材料先到，发票账单也已经到达，但货款尚未支付，即为通常所说的赊购情况。结算账单已到，说明采购业务已发生，且材料已入库，则应增加“原材料”。由于款项未支付，形成单位的负债，“应付账款”增加。因此，重庆机械制造有限公司根据有关原始凭证进行如下账务处理：

借：原材料——C材料	52 000	
应交税费——应交增值税（进项税额）	8 500	
贷：应付账款		60 500

④材料已到，结算单证未到且款未付。

[任务3-4] 重庆机械制造有限公司2011年9月8日采用委托收款结算方式购入F材料一批，材料已验收入库，月末发票账单尚未收到也无法确定其实际成本，暂估价值为30 000元。要求为该公司进行账务处理。

任务分析：本任务中，重庆机械制造有限公司采用委托收款结算方式购入F材料一批，属于材料已到，发票账单尚未到，因而货款暂时未支付，也就无法进入账务处理，只有等到有关的发票账单到达时再支付货款，并按单到货到款已付的情况进行账务处理。

假设［任务 3-4］中的结算单证于 9 月 12 日到达，并已付款 35 100 元（含税）。则 12 日的账务处理为：

借：原材料——F 材料 30 000
　　应交税费——应交增值税（进项税额） 5 100
　贷：银行存款 35 100

如果到期末发票账单仍未到，根据客观性原则要求，应按照暂估价值先入账，以客观地反映材料和应付账款的存在；下期初作相反的会计分录予以冲回，以便付款或开出、承兑商业汇票后，按正常程序登记原材料、应交税费、银行存款或应付票据等。因此，重庆机械制造有限公司购买的上述材料的结算单据，如在 9 月 30 日仍未到达，则应作如下账务处理：

借：原材料——F 材料 30 000
　贷：应付账款——暂估应付账款 30 000

10 月 1 日应作相反的会计分录予以冲回：

借：应付账款——暂估应付账款 30 000
　贷：原材料 30 000

⑤预付货款。

［任务 3-5］ 根据与 A 钢厂的购销合同规定，重庆机械制造有限公司为购买 F 材料，于 2011 年 9 月 8 日向 A 钢厂预付 100 000 元货款的 80%，计 80 000 元，已通过汇兑方式汇出。2011 年 9 月 10 日，重庆机械制造有限公司收到该钢厂发运来的 F 材料，已验收入库。增值税专用发票记载，该批材料的货款 100 000 元，增值税额 17 000 元，对方代垫包装费 3 000元，所欠款项以银行存款付讫。要求为该公司进行账务处理。

任务分析：本任务中，重庆机械制造有限公司为购买 F 材料预付 80 000 元，企业应根据合同及付款单据等单证反映预付的货款，借记"预付账款"科目。已通过汇兑方式汇出，应贷记"银行存款"科目。实际收到材料和结算凭证时，在借方登记原材料和应交税费，并用预付款项冲抵应付款项，多退少补。因此，重庆机械制造有限公司根据有关原始凭证进行如下账务处理：

8 日预付款项时：

借：预付账款——A 钢厂 80 000
　贷：银行存款 80 000

10 日材料验收入库时：

借：原材料——F 材料 103 000
　　应交税费——应交增值税（进项税额） 17 000
　贷：预付账款 120 000

补付货款时：

借：预付账款 40 000
　贷：银行存款 40 000

实际工作中，如果材料验收入库与补付货款在 10 日同时完成，上述两个会计分录可以合并。

（2）核算发出材料成本。

［任务 3-6］ 重庆机械制造有限公司 2011 年 9 月 1 日结存 C 材料 3 000 千克，每千克

实际成本为10元。9月6日购入C材料62 750千克，单价8元，金额502 000元；8日购入C材料5 200千克，单价10元，金额52 000元。9月7日和9月10日分别发出该材料10 500千克和6 000千克，假定本月不再发出C材料。要求计算发出材料的实际成本，并进行账务处理。

任务分析：本任务中，期初有库存材料，6日和8日有购进材料，而7日和10日分别发出了材料，但我们并不知道7月和10日发出材料是期初的还是6日购进的，那么，如何才能计算出发出材料的成本呢？

企业在生产过程中，要不断地领用库存材料、半成品等存货，而且材料或半成品构成产品的实体，材料或半成品成本是产品的主要成本。因此，企业应当根据各类存货的实物流转方式、企业管理要求、存货性质等实际情况，合理确定发出存货成本的计算方法以及当期发出存货的实际成本。《企业会计准则第1号——存货》第十四条规定：企业应当采用先进先出法、加权平均法或者个别计价法确定发出存货的实际成本；对于性质和用途相似的存货，应当采用相同的成本计算方法确定发出存货的成本；对于不能替代使用的存货、为特定项目专门购入或制造的存货以及提供的劳务，通常采用个别计价法确定发出存货的成本；对于已售存货，应当将其成本结转为当期损益，相应的存货跌价准备也应当予以结转。

在实际工作中，加权平均法又分为全月一次加权平均法和移动加权平均法。

①个别计价法。

个别计价法亦称个别认定法、具体辨认法、分批实际法。采用这一方法是假设存货具体项目的实物流转与成本流转相一致，按照各种存货逐一辨认各批发出存货和期末存货所属的购进批别或生产批别，分别按其购入或生产时所确定的单位成本计算各批发出存货和期末存货成本的方法。在这种方法下，是把每一种存货的实际成本作为计算发出存货成本和期末存货成本的基础。

[任务3-6] 中，假定7日发出的材料中，有2 000千克是期初的，有8 500千克是6日购进的，10日发出的材料中有3 000千克是6日购进的，另3 000千克是8日购进的，那么，本月发出材料的成本应为：

$$2\,000\times10+(8\,500+3\,000)\times8+3\,000\times10=142\,000\text{（元）}$$

期末结存C材料成本=（30 000+50 2000+52 000）−142 000=442 000（元）

个别计价法的成本计算准确，符合实际情况，但在存货收发频繁情况下，其发出成本分辨的工作量较大。因此，这种方法适用于一般不能替代使用的存货、为特定项目专门购入或制造的存货以及提供的劳务，如珠宝、名画等贵重物品。

②先进先出法。

先进先出法是指以先购入的存货应先发出（销售或耗用）这样一种存货实物流动假设为前提，对发出存货进行计价的一种方法。采用这种方法，先购入的存货成本在后购入存货成本之前转出，据此确定发出存货和期末存货的成本。具体方法是：收入存货时，逐笔登记收入存货的数量、单价和金额；发出存货时，按照先进先出的原则逐笔登记存货的发出成本和结存金额。

[任务3-6] 中，如采用先进先出法，则7日发出的10 500千克C材料中，有3 000千克是期初的，另外7 500千克应是6日购进的；在7日发出后，期初结存的材料已为零，6日购进的材料还剩余55 250千克，那么，10日发出的6 000千克应全是6日购进的。本月发出材料成本为：

$$3\,000\times10+(7\,500+6\,000)\times8=138\,000\text{（元）}$$

期末结存C材料成本为＝30 000＋502 000＋52 000－138 000＝446 000（元）

具体成本计算过程如表3－1所示。

先进先出法可以随时结转存货发出成本，但较烦琐。如果存货收发业务较多、且存货单价不稳定时，其工作量较大。在物价持续上升时，期末存货成本接近于市价，而发出成本偏低，会高估企业当期利润和库存存货价值；反之，会低估企业存货价值和当期利润。

③全月一次加权平均法。

表3－1　发出材料成本计算表

2011年 月	2011年 日	凭证号	摘要	收入 数量/千克	收入 单价/千克	收入 金额/元	发出 数量/千克	发出 单价/千克	发出 金额/元	结存 数量/千克	结存 单价/千克	结存 金额/元
9	1	略	期初结存							3 000	10	30 000
	6		购入	62 750	8	502 000				3 000 62 750	10 8	30 000 502 000
	7		发出				3 000 7 500	10 8	30 000 60 000	55 250	8	442 000
	8		购入	5 200	10	52 000				55 250 5 200	8 10	442 000 52 000
	10		发出				6 000	8	48 000	49 250 5 200	8 10	394 000 52 000
	31		合计	67 950		554 000	16 500		138 000	49 250 5 200	8 10	394 000 52 000

全月一次加权平均法是指以本月全部进货数量加上月初存货数量作为权数，去除本月全部进货成本加上月初存货成本，计算出存货的加权平均单位成本，以此为基础计算本月发出存货成本和期末存货成本的一种方法。计算公式如下：

$$存货单位成本=\frac{月初库存存货实际成本+\sum\left(\begin{array}{l}本月各批进货实际单位\\成本\times本月各批进货数量\end{array}\right)}{月初库存存货数量+本月各批进货数量之和}$$

本月发出存货成本＝本月发出存货的数量×存货单位成本

本月月末库存存货成本＝月末库存存货的数量×存货单位成本

或本月月末库存存货成本＝月初库存存货实际成本＋本月收入存货实际成本－本月发出存货实际成本

[任务3－6] 如采用全月一次加权平均法，则本月发出材料的成本为：

$$C材料平均单位成本=\frac{30\ 000+554\ 000}{3\ 000+67\ 950}=8.23（元）$$

本月发出C材料的成本＝16 500×8.23＝135 795（元）

月末库存存货的成本＝30 000＋554 000－135 795＝448 205（元）

采用全月一次加权平均法只在月末一次计算加权平均单价，比较简单，有利于简化成本计算工作，但由于平时无法从账上提供发出和结存存货的单价及金额，因此不利于存货成本的日常管理与控制。

④移动加权平均法。

移动加权平均法是指以每次进货的成本加上原有库存存货的成本，除以每次进货数量加上原有库存存货的数量，据以计算加权平均单位成本，作为在下次进货前计算各次发出存货成本依据的一种方法。移动加权平均法与全月一次加权平均法的计算原理基本相同，不同的是全月一次加权平均法一个月只计算一次单位成本，而移动加权平均法每购进一次存货，就要计算一次加权平均单位成本。计算公式如下：

$$存货单位成本=\frac{原有库存存货的实际成本+本次进货的实际成本}{原有库存存货数量+本次进货数量}$$

本次发出存货的成本=本次发出存货数量×本次发货前存货的单位成本

本月月末库存存货成本=月末库存存货的数量×本月月末存货单位成本

[任务 3-6] 如采用移动加权平均法，本月发出材料的成本为：

第一批收货后的平均单位成本=（30 000+502 000）/（3 000+62 750）=8.09（元）

第一批发货的存货成本=10 500×8.09=84 945（元）

当时结存的存货成本=30 000+502 000−84 945=44 7055（元）

第二批收货后的平均单位成本=（447 055+52 000）/（55 250+5 200）=8.26（元）

第二批发货的存货成本=6 000×8.26=49 560（元）

当月结存的存货成本=447 055+52 000−49 560=449 495（元）

C材料月末结存 544 500 千克，月末库存C材料成本为 449 495 元；本月发出C材料成本合计为 447 055+49 560=134 505（元）。

具体成本计算过程见表 3-2。

采用移动平均法能够使企业管理当局及时了解存货的结存情况，计算的平均单位成本以及发出和结存的存货成本比较客观。但由于每次收货都要计算一次平均单价，计算工作量较大，对收发货较频繁的企业不适用。

从以上几种方法可以看出，不同方法计算的发出材料成本不一定相同，而发出材料的成本直接影响到企业的利润，因此，企业应科学确定发出材料成本的计算方法。

表 3-2　发出材料成本计算表

2011年		凭证号	摘要	收入			发出			结存		
月	日			数量/千克	单价/千克	金额/元	数量/千克	单价/千克	金额/元	数量/千克	单价/千克	金额/元
9	1	略	期初结存							3 000	10	30 000
	6		购入	62 750	8	502 000				65 750	8.09	532 000
	7		发出				10 500	8.09	84 945	55 250	8.09	447 055
	8		购入	5 200	10	52 000				60 450	8.26	499 055
	10		发出				6 000	8.26	49 560	54 450	8.26	449 495
	31		合计	67 950		554 000	16 500		134 505	54 450		449 495

企业各生产单位及有关部门领用的材料种类多、业务频繁。为了简化核算，可以在月末根据“领料单”或“限额领料单”中有关领料的单位、部门等加以归类，编制“发料凭证汇总表”，据以编制记账凭证、登记入账。发出材料实际成本的确定，可以由企业从上述个别计价法、先进先出法、月末一次加权平均法、移动加权平均法等方法中选择。计价方法一经确定，不得随意变更。如确有变更，应在报表附注中予以说明。

(3) 核算发出材料。

企业不同部门领用材料的用途不同，应按照谁受益谁承担的原则，在计算出发出材料成本之后，按领用部门和用途的不同，将发出材料的成本分别计入相关成本或费用。其基本原则是：生产产品领用的材料成本计入生产成本（生产成本下设基本生产成本和辅助生产成本明细账），车间管理部门领用材料成本计入制造费用，行政管理部门领用的材料成本计入管理费用，销售部门领用的材料成本计入销售费用，修建工程领用的材料成本计入在建工程，同时减少原材料。

[任务3-7]　重庆机械制造有限公司根据9月10日“发料凭证汇总表”的记录，基本生产车间领用C材料400 000元，辅助生产车间领用C材料40 000元，车间管理部门领用C材料6 000元，企业行政管理部门领用J材料4 000元，共计450 000元。要求为该公司进行账务处理。

任务分析：本任务中，基本生产车间领用的材料构成产品的主要成本，应计入生产成本下的基本生产成本，辅助生产车间领用的材料成本应先计入生产成本下的辅助生产成本，到月末采用直接分配法、交互分配法等方法分配到基本生产成本或相关费用中去。因此，结合上述基本原则，本任务的账务处理为：

借：生产成本——基本生产成本	400 000	
——辅助生产成本	40 000	
制造费用	6 000	
管理费用	4 000	
贷：原材料——C材料		446 000
——J材料		4 000

工业企业在日常的生产过程中领用、发出材料业务比较频繁，平时可只登记材料明细分类账，以反映各种材料的收发和结存情况。月末根据按实际成本计价的发料凭证，按领用部门和用途汇总编制“发料凭证汇总表”，据以登记总分类账，进行材料发出的总分类核算。这样就可以简化大量的记账工作。

三、采用计划成本核算原材料

1. 职业规范

材料采用计划成本核算时，材料的收发及结存，无论总分类核算还是明细分类核算，均按照计划成本计价。在实务工作中，对于材料收发业务较多并且计划成本资料较为健全、准确的企业，一般可以采用计划成本进行材料收发的核算。月末，计算本月发出材料应负担的成本差异并进行分摊，根据领用材料的用途计入相关资产的成本或者当期损益，从而将发出材料的计划成本调整为实际成本。

在采用计划成本核算材料时，需要设置的账户主要有：

（1）“材料采购”账户。该账户属于资产类账户，用来核算企业采用计划成本发生的材料、商品等物资的日常核算，货款已付尚未验收入库的各种物资的采购成本。借方登记企业购入的存货的计划成本，贷方登记验收入库的存货的实际成本，期末余额在借方，反映企业采购但尚未入库的存货的采购成本。企业应按供应单位和物资品种进行明细核算。在计划成本法下，不论结算单证和材料是否同时到达，均应通过“材料采购”账户进行核算。注意该账户与实际成本法下“在途物资”账户的异同。

（2）“原材料”账户。该账户属于资产类账户，用来核算库存各种材料的收发与结存情况。在原材料按计划成本核算时，借方登记入库材料的计划成本，贷方登记发出材料的计划成本，期末余额在借方，反映企业库存材料的计划成本。企业可按材料的保管地点（仓库）、材料的类别、品种和规格等进行明细核算。请注意该账户在实际成本与计划成本核算法下的异同。

（3）“材料成本差异”账户。该账户属于资产类账户，反映企业已入库各种材料的实际成本与计划成本的差异，借方登记超支差异及发出材料应负担的节约差异，贷方登记节约差异及发出材料应负担的超支差异。期末如为借方余额，反映企业库存材料的实际成本大于计划成本的差异（即超支差异）；如为贷方余额，反映企业库存材料实际成本小于计划成本的差异（即节约差异）。

2. 职业判断与操作

（1）核算购入材料。

在计划成本法下，购入材料的核算同样存在实际成本法下的几种情况。

①结算单证和材料同到

[任务3-8] 重庆机械制造有限公司2011年9月6日购入C材料62 750千克，增值税专用发票上记载的货款为500 000元，增值税额85 000元，另对方代垫包装费2 000元，计划成本为510 000元。全部款项已用转账支票付讫，材料已验收入库。要求为该公司进行账务处理。

任务分析：本任务中，实际采购成本为500 000元，而计划成本为510 000元，节约了10 000元，节约的金额应记入“材料成本差异”账户。虽然结算单证和材料都已到达并已付款，但为了反映计划完成情况，必须通过“材料采购”账户核算采购成本。账务处理为：

借：材料采购——C材料　　500 000
　　应交税费——应交增值税（进项税额）　　85 000
　　贷：银行存款　　585 000
借：原材料——C材料　　510 000
　　贷：材料采购——C材料　　500 000
　　　　材料成本差异——C材料　　10 000

②结算单证已到，款已付，材料未到

[任务3-9] 重庆机械制造有限公司2011年9月6日采用汇兑结算方式购入F材料一批，发票及账单已收到，增值税专用发票上记载的货款为20 000元，增值税额3 400元。支付保险费3 000元，计划成本为25 000元。9月15日材料到达并验收入库。要求为该公司进行账务处理。

任务分析：本任务中，重庆机械制造有限公司9月6日采用汇兑结算方式购入F材料，属于结算单证已到，但材料尚未到达或尚未验收入库的采购业务，应通过“材料采购”账户核算采购成本；9月15日材料到达、入库后，应根据收料单，由“材料采购”转入“原材料”核算。因此，重庆机械制造有限公司根据有关原始凭证进行如下账务处理：

借：材料采购——F材料	23 000	
应交税费——应交增值税（进项税额）	3 400	
贷：银行存款		26 400

9月15日材料到达入库时，应进行如下账务处理：

借：原材料——F材料	25 000	
贷：材料采购——F材料		23 000
材料成本差异——F材料		2 000

③材料和结算单证已到，款未付。

[任务3-10] 重庆机械制造有限公司2011年9月8日采用托收承付结算方式购入C材料5 200千克，增值税专用发票上记载的货款为50 000元，增值税额8 500元，对方代垫运杂费2 000元，计划成本为50 000元。银行转来的结算凭证已到，款项尚未支付，材料已验收入库。要求为该公司进行账务处理。

任务分析：本任务中，重庆机械制造有限公司采用托收承付结算方式购入C材料一批，属于材料先到，发票账单也已经到达，但货款尚未支付的采购情况。结算单证已到材料也已到达入库，说明采购业务已发生，就应通过“材料采购”账户进行核算采购成本，但款项未付，就形成了企业的负债，因采购而形成的应付未付款项应通过“应付账款”核算。因此，重庆机械制造有限公司根据有关原始凭证进行如下账务处理：

借：材料采购——C材料	52 000	
应交税费——应交增值税（进项税额）	8 500	
贷：应付账款		60 500
借：原材料——C材料	50 000	
材料成本差异——C材料	2 000	
贷：材料采购——C材料		52 000

④材料已到，结算单证未到且款未付。

[任务3-11] 重庆机械制造有限公司2011年9月8日采用委托收款结算方式购入F材料一批，材料已验收入库，月末发票账单尚未收到。计划成本为30 000元。要求为该公司进行账务处理。

任务分析：本任务中，重庆机械制造有限公司采用委托收款结算方式购入F材料一批，属于材料已到，发票账单尚未到达，因而款项暂时未支付的采购业务，应等到有关的发票账单到达时再支付货款，并按单到货到款已付的情况进行账务处理。如果到期末发票账单仍未到达，根据会计信息可靠性质量要求，应按照暂估价值或计划成本先入账，以客观地反映材料和应付账款的存在；下月初作相反的会计分录予以冲回，以便付款或开出、承兑商业汇票后，按正常程序登记原材料、应交税费、银行存款或应付票据等。因此，重庆机械制造有限公司9月30日应根据有关原始凭证进行如下账务处理：

借：原材料——F材料	30 000	
贷：应付账款——暂估应付账款		30 000

10月1日，应作上述相反的会计分录予以冲回

借：应付账款——暂估应付账款　　30 000

　贷：原材料　　30 000

⑤预付货款。

[任务3-12]　根据与A钢厂的购销合同规定，重庆机械制造有限公司为购买C材料，于2011年9月8日向A钢厂预付货款80 000元，已通过汇兑方式汇出。2011年9月10日，重庆机械制造有限公司收到该钢厂发运来的F材料，已验收入库。增值税专用发票记载，该批材料的货款100 000元，增值税额17 000元，对方代垫包装费3 000元，计划成本为100 000元。所欠款项以银行存款付讫。要求为该公司进行账务处理。

任务分析：本任务中，重庆机械制造有限公司为购买C材料预付80 000元，企业应根据合同及付款单据等凭证反映预付的货款，借记"预付账款"科目。已通过汇兑方式汇出，应贷记"银行存款"科目。实际收到材料和结算凭证时，在借方登记原材料和应交税费，并用预付款项冲抵应付款项，多退少补。因此，重庆机械制造有限公司根据有关原始凭证进行如下账务处理：

8日预付款项时：

借：预付账款——A钢厂　　80 000

　贷：银行存款　　80 000

10日材料验收入库时：

借：材料采购——C材料　　103 000

　　应交税费——应交增值税（进项税额）　　17 000

　贷：预付账款　　120 000

借：原材料——C材料　　100 000

　　材料成本差异——C材料　　3 000

　贷：材料采购——C材料　　103 000

补付货款时：

借：预付账款　　40 000

　贷：银行存款　　40 000

值得注意的是，在实际工作中，为简化工作量，一般是在月末统一汇总本月已付款或已开出并承兑商业汇票的入库材料的计划成本，并编制材料入库的记账凭证，借记"原材料"，贷记"材料采购"，借或贷记"材料成本差异"，而不是像前面的案例处理那样每入库一批就核算一次。

(2) 核算发出材料。

在计划成本核算法下，发出材料的核算原则与实际成本核算法相同，只是需要把发出材料的计划成本通过分配材料成本差异调整成实际成本。这就涉及材料成本差异如何分配的问题。

根据《企业会计准则第1号——存货》的规定，企业日常采用计划成本核算的，发出的材料成本应由计划成本调整为实际成本，通过"材料成本差异"科目进行结转，按照所发出材料的用途，分别记入"生产成本"、"制造费用"、"销售费用"、"管理费用"等科目。发出材料应负担的成本差异应当按期（月）分摊，不得在季末或年末一次计算。

$$本期材料成本差异率=\frac{期初结存材料的成本差异+本期验收入库材料的成本差异}{期初结存材料的计划成本+本期验收入库材料的计划成本}\times 100\%$$

发出材料应负担的成本差异＝发出材料的计划成本×材料成本差异率

从前面的任务中可以看到，有时购入的材料是超支差异，入库时在借方登记的，有时购入的材料是节约差异，入库时在贷方登记的，那么在计算材料成本差异率时，如何区别超支差和节约差呢？为了解决这一问题，正确计算材料成本差异，不妨记住下面一句话：

超支为正，节约为负；或者是借正贷负

也就是说，在计算材料成本差异率时，分子上的成本差异如果是超支差异，前面就用"＋"号，如果是节约差异，前面就用"－"号。

[任务 3－13]　重庆机械制造有限公司根据 9 月 10 日"发料凭证汇总表"的记录，基本生产车间领用 C 材料 400 000 元，辅助生产车间领用 C 材料 40 000 元，车间管理部门领用 C 材料 6 000 元，企业行政管理部门领用 C 材料 4 000 元，计 450 000 元。已知 9 月初结存 C 材料的计划成本为 60 000 元，成本差异为借方余额 500 元。结合前面［任务 3－8］到［任务 3－12］的资料，要求计算发出 C 材料的实际成本，并进行相关账务处理。

任务分析：月末，企业根据领料单等编制"发料凭证汇总表"结转发出材料的计划成本，应当根据所发出材料的用途，按计划成本分别记入"生产成本"、"制造费用"、"销售费用"、"管理费用"等科目，具体原则同前面实际成本核算。同时，应对发出材料分摊材料成本差异，将其计划成本调整为实际成本。

本任务中，重庆机械制造有限公司截至 9 月 10 日的 C 材料成本差异率为：

$$C材料成本差异率=\frac{500-10\ 000+2\ 000+3\ 000}{60\ 000+510\ 000+50\ 000+100\ 000}\times 100\%=-0.625\%$$

基本生产车间领用材料应负担的差异＝400 000×（－0.625%）＝－2 500（元）

辅助生产车间领用材料应负担的差异＝40 000×（－0.625%）＝－250（元）

车间管理部门领用材料应负担的差异＝6 000×（－0.625%）＝－37.5（元）

行政管理部门领用材料应负担的差异＝4 000×（－0.625%）＝－25（元）

计算出来的差异率为负，说明是节约差，那么，实际成本就应比计划成本少。通过分摊后，节约差异应减少。入库时，节约差是记在贷方的，现在分摊后要使其减少，就应在借方登记分摊额。

各部门领用材料的账务处理为：

借：生产成本——基本生产成本	400 000	
——辅助生产成本	40 000	
制造费用	6 000	
管理费用	4 000	
贷：原材料——C 材料		450 000

结转发出材料的成本差异：

借：材料成本差异——C 材料	2 812.5	
贷：生产成本——基本生产成本		2 500
——辅助生产成本		250
制造费用		37.5

管理费用	25

期末结存C材料的计划成本为270 000元，材料成本差异为1 687.5元。

教学互动

[任务3-11] 中10月份收到结算凭证并支付款项时应如何进行账务处理?

任务三 核算周转材料

Mission three

一、认知周转材料

周转材料是指企业能够多次使用、逐渐转移其价值但仍保持原有形态但不确认为固定资产的材料，如包装物和低值易耗品等。在生产经营过程中，周转材料的价值逐渐转移到相关资产成本或当期损益中，因此，企业应根据周转材料的具体使用情况，采取合适的摊销方法进行价值摊销。根据企业会计准则及其指南的规定，可以选用一次转销法、分次摊销法等进行摊销。

一次转销法是指在领用周转材料时，将其全部价值一次计入成本、费用的方法。这种方法适用于易腐、易糟的周转材料，如安全网等。

分次摊销法是根据周转材料的预计使用次数计算单次平均摊销额，在领用时将单次平均摊销额摊入成本、费用。这种方法一般适用于可供多次反复使用的周转材料，如预制钢筋混凝土构件所使用的定型模板和土方工程使用的挡板。其计算公式如下：

周转材料平均每次摊销额=周转材料成本×（1－净残值率）/预计使用次数

周转材料本期摊销额=本期使用次数×周转材料平均每次摊销额

如果分摊次数只有两次，即在领用和报废时分摊，又称为五五摊销法；如果经常使用或使用次数很多，也可按预计使用期限分摊，即分期摊销法。实际工作中，还可按定额进行摊销。

二、核算包装物

1. 职业规范

包装物是指为了包装本企业商品而储备的各种包装容器，如桶、箱、瓶、坛、袋等。其核算内容包括：

（1）生产过程中用于包装产品作为产品组成部分的包装物。

（2）随同商品出售而不单独计价的包装物。

（3）随同商品出售而单独计价的包装物。

（4）出租或出借给购买单位使用的包装物。

包装物可以采用实际成本计价核算，也可以采用计划成本计价核算，企业购入、自制、委托外单位加工完成并已验收入库的包装物，比照“原材料”科目相关规定进行处理。在此重点介绍发出包装物的核算。

发出包装物的成本，应当选用一次摊销法或分次摊销法进行摊销，并按照原材料发出的核算原则，分别计入生产成本、销售费用、管理费用、在建工程等，如果包装物按计划成本核算，还应当结转其应负担的材料成本差异。

为了核算包装物的收入、发出、结存等情况，应当设置“周转材料——包装物”账户。该账户属于资产类账户，用来核算包装物的增减变动及其价值损耗、结存等情况，借方登记验收入库包装物的成本，贷方登记发出包装物的结转成本，期末余额在借方，反映结存包装物成本。可按包装物的种类，可分别“在库”、“在用”、“出租”、“出借”和“摊销”进行明细核算。

(1) 核算生产领用包装物。

[任务 3-14]　重庆机械制造有限公司对包装物采用计划成本核算，9 月 10 日累计生产产品领用包装物的计划成本为 1 000 元，材料成本差异率为－2%。要求为该公司进行账务处理。

任务分析： 本任务中，重庆机械制造有限公司生产领用包装物，应按照领用包装物的实际成本，借记“生产成本”科目，按照领用包装物的计划成本，贷记“周转材料——包装物”科目，按照其差额，借记或贷记“材料成本差异”科目。则重庆机械制造有限公司的账务处理为：

借：生产成本　　1 000
　　贷：周转材料——包装物　　1 000
借：材料成本差异　　20
　　贷：生产成本　　20

实际工作中，上面两个会计分录也可合并成一个会计分录，只编一张记账凭证。

(2) 核算随同商品出售不单独计价包装物。

[任务 3-15]　重庆机械制造有限公司 9 月 10 销售商品领用不单独计价包装物的计划成本为 5 000 元，材料成本差异率为－2%。要求为该公司进行账务处理。

任务分析： 本任务中，重庆机械制造有限公司销售商品领用包装物，随同商品出售而不单独计价的包装物，应按其实际成本计入销售费用，借记“销售费用”科目，按其计划成本，贷记“周转材料——包装物”科目，按其差额，借记或贷记“材料成本差异”科目。则重庆机械制造有限公司的账务处理为：

借：销售费用　　4 900
　　材料成本差异　　100
　　贷：周转材料——包装物　　5 000

(3) 随同商品出售单独计价包装物。

[任务 3-16]　重庆机械制造有限公司 9 月 10 日销售商品领用单独计价包装物的计划成本为 8 000 元，销售收入为 10 000 元，增值税额为 1 700 元，款项已存入银行。材料成本差异率为－2%。要求为该公司进行账务处理。

任务分析： 本任务中，重庆机械制造有限公司销售商品领用包装物，随同商品出售且单独计价的包装物，一方面应反映其销售收入，记入“其他业务收入”；另一方面应反映其实际销售成本，记入“其他业务成本”。则重庆机械制造有限公司账务处理如下：

出售单独计价包装物

借：银行存款 11 700

贷：其他业务收入 10 000

应交税费——应交增值税（销项税额） 1 700

结转所售单独计价包装物的成本：

借：其他业务成本 7 840

材料成本差异 160

贷：周转材料——包装物 8 000

（4）核算出租、出借包装物。

在实际工作中，包装物还可能出租或出借给其他单位或个人，在出租或出借时将收取租金或押金，需要进行账务处理。同时，包装物出租或出借给其他单位或个人使用后，其成本应采用一次摊销法或分次摊销法摊入相关成本或费用中去。

收到出租包装物的租金：

借：库存现金（或银行存款）

贷：其他业务收入

收到出租、出借包装物的押金：

借：库存现金（或银行存款）

贷：其他应付款

出租、出借包装物发生修理费用：

借：其他业务成本（出租包装物）

销售费用（出借包装物）

贷：原材料、银行存款、生产成本等

逾期未退包装物没收的押金：

借：其他应付款

贷：其他业务收入

应交税费——应交增值税（销项税）

（5）摊销出租、出借包装物成本。

一次摊销法：

借：其他业务成本（出租包装物）

销售费用（出借包装物）

贷：周转材料——包装物

分次摊销法：

在第一次领用新包装物时：

借：周转材料——包装物——出租、出借

贷：周转材料——包装物——在库

分次摊销时：

借：其他业务成本（出租包装物）

销售费用（出借包装物）

贷：周转材料——包装物——摊销

摊销完毕：

借：周转材料——包装物——摊销

贷：周转材料——包装物——出租、出借

（6）出租、出借包装物报废或出租、出借包装物租赁期满收不回。

借：原材料等（残料价值）

贷：周转材料——包装物——出租、出借

借：其他业务成本（出租包装物：未摊销额减去残值后的金额）

销售费用（出借包装物：未摊销额减去残值后的金额）

贷：周转材料——包装物——摊销

借：周转材料——包装物——摊销

贷：周转材料——包装物——出租、出借

三、核算低值易耗品

1. 职业规范

低值易耗品和固定资产一样，都属于企业的劳动资料，但由于低值易耗品单位价值较低，使用期限较短，需要经常补充和更换，所以将低值易耗品划为存货一类，作为流动资产进行核算和管理。一般将低值易耗品划分为一般工具、专用工具、替换设备、管理用具、劳动保护用品、其他用具等。

低值易耗品的核算与原材料核算相似，下面重点介绍发出低值易耗品的核算。

为了反映和监督低值易耗品的增减变动及其结存情况，企业应当设置"周转材料——低值易耗品"账户。该账户属于资产类账户，用来核算低值易耗品的增减变动及其结存情况，本账户的借方登记低值易耗品的增加，贷方登记低值易耗品的减少，期末余额在借方，通常反映企业期末结存低值易耗品的金额。可按低值易耗品的种类，分别"在库"、"在用"和"摊销"进行明细核算。

2. 职业判断与操作

（1）一次摊销法。

[任务 3－17] 重庆机械制造有限公司的基本生产车间于 7 月 11 日领用一般工具一批，计划成本为 5 000 元，全部计入当期制造费用。材料成本差异率为 0。要求为该公司进行账务处理。

任务分析：本任务中，采用一次转销法摊销低值易耗品，在领用低值易耗品时，将其价值一次、全部计入有关资产成本或者当期损益，主要适用于价值较低或极易损坏的低值易耗品的摊销。则重庆机械制造有限公司账务处理如下：

借：制造费用　　5 000

贷：周转材料——低值易耗品　　5 000

（2）分次摊销法。

[任务 3－18] 重庆机械制造有限公司的基本生产车间于 7 月 11 日领用专用工具一批，计划成本为 10 000 元，不符合固定资产定义，采用分次摊销法进行摊销。该专用工具估计使用次数为 2 次。材料成本差异率为 0。要求为该公司进行账务处理。

任务分析：本任务中，采用分次摊销法摊销低值易耗品，低值易耗品在领用时摊销其账面价值的单次平均摊销额。分次摊销法适用于可供多次反复使用的低值易耗品。在采用分次摊销法的情况下，需要单独设置“低值易耗品——在用”、“低值易耗品——在库”和“低值易耗品——摊销”明细科目。本任务中，该专用工具可使用两次，因此，其成本也应分两次摊销，即在第一次领用时摊销一半，第二次领用时再摊销另一半。则重庆机械制造有限公司账务处理如下：

领用专用工具：

借：周转材料——低值易耗品——在用　　10 000

　贷：周转材料——低值易耗品——在库　　10 000

第一次领用时摊销其价值的一半：

借：制造费用　　5 000

　贷：周转材料——低值易耗品——摊销　　5 000

第二次领用时摊销其价值的一半：

借：制造费用　　50 000

　贷：周转材料——低值易耗品——摊销　　5 000

同时

借：周转材料——低值易耗品——摊销　　10 000

　贷：周转材料——低值易耗品——在用　　10 000

教学互动

1. 如果［任务 3—16］中的材料成本差异率为 2%时，应如何进行账务处理？

2. 如果［任务 3—17］、［任务 3—18］中的材料成本差异率为 1%或－1%时，应如何进行账务处理？

任务四　核算委托加工物资

Mission four

一、认知委托加工物资

委托加工物资是指企业将原材料、库存商品等委托外单位加工成新的各种材料、商品、或包装物、低值易耗品等物资。企业委托外单位加工物资的成本包括加工中实际耗用物资的成本、支付的加工费用及应负担的运杂费、支付的税金等，其中支付的税金，包括委托加工物资所应负担的增值税和消费税（指属于消费税应税范围的加工物资）等。

凡属加工物资用于应交增值税项目并取得了增值税专用发票的一般纳税企业，其加工物资所应负担的增值税可作为进项税，不计入加工物资成本；凡属加工物资用于非应纳增值税项目或免征增值税项目，以及未取得增值税专用发票的一般纳税企业和小规模纳税企业的加工物资，应将这部分增值税计入加工物资成本。

凡属加工物资收回后直接用于销售的，其所负担的消费税应计入加工物资成本；如果收回的加工物资用于连续生产的，应将所负担的消费税先记入“应交税费——应交消费税”的借方，按规定用以抵扣加工的消费品销售后所负担的消费税。如果加工的是非应税消费品，则不需要交纳消费税，也不存在消费税的处理。

二、核算委托加工物资

1. 职业规范

委托加工物资可以按实际成本法核算，也可按计划成本法核算，还可按售价进行核算。按计划成本核算时，其核算原理与原材料相同，按售价核算时，其核算原理与库存商品相似。

为了反映和监督委托加工物资增减变动及其结存情况，企业应当设置“委托加工物资”科目与账户。该账户属于资产类账户，借方登记委托加工物资的实际成本，贷方登记加工完成验收入库的物资的实际成本和剩余物资的实际成本，期末余额在借方，反映企业尚未完工的委托加工物资的实际成本和发出加工物资的运杂费等。本账户可按加工合同、受托单位以及加工物资的品种等进行明细核算。如果委托加工所发出的物资是按计划成本核算的，在转入委托加工物资时，应结转其负担的材料成本差异。

如果委托加工物资按计划成本核算，还应设置“材料成本差异”账户；如果按售价核算，还应设置“商品进销差价”账户，具体见后面库存商品的核算。

2. 职业判断与操作

[任务 3－19]　重庆机械制造有限公司委托丁公司加工商品一批（属于应税消费品）100 000 件。要求根据下列业务进行账务处理。

（1）7 月 11 日，发出 F 材料一批，计划成本为 6 000 000 元，材料成本差异率为－3%。

（2）7 月 20 日，支付商品加工费 120 000 元，支付应当交纳的消费税 660 000 元，该商品收回后用于连续生产，消费税可抵扣，重庆机械制造有限公司和丁公司均为一般纳税人，适用增值税税率为 17%。

（3）8 月 4 日，用银行存款支付往返运杂费 10 000 元。

（4）8 月 5 日，上述商品 100 000 件（每件计划成本为 65 元）加工完毕，已办理验收入库手续。

任务分析：本任务中，重庆机械制造有限公司将 F 材料发给丁公司加工成新的商品，F 材料按计划成本核算。为了反映委托加工物资的实际成本，发出 F 材料时，应将其所负担的材料成本差异转出到委托加工物资；双方都是一般纳税人，所负担的增值税应在增值税下面的“进项税额”中核算，而不能列入加工物资的成本；委托加工成应税商品后，还将继续加工，因此，加工过程中负担的消费税应记入“应交税费——应交消费税”科目的借方，按规定用以抵扣加工的消费品销售后所负担的消费税。同时，任务中告诉了每件商品的计划成本，说明加工收回后的库存商品是按计划成本法核算。所以，重庆机械制造有限公司的账务处理如下：

7 月 11 日发出委托加工材料时：

借：委托加工物资——丁公司	5 820 000
材料成本差异	180 000
贷：原材料——F 材料	6 000 000

7 月 20 日支付加工费和消费税时：

借：委托加工物资——丁公司	120 000	
应交税费——应交消费税	660 000	
——应交增值税（进项税额）	20 400	
贷：银行存款		800 400

8 月 4 日用银行存款支付往返运杂费时：

借：委托加工物资——丁公司	10 000	
贷：银行存款		10 000

8 月 5 日收回加工物资时：

借：库存商品	6 500 000	
贷：委托加工物资——丁公司		5 950 000
材料成本差异		550 000

教学互动

1. 如果［任务 3－19］中重庆机械制造有限公司加工收回后的商品直接对外出售，应如何进行账务处理？

2. 如果［任务 3－19］中加工的是非应税消费品，没有支付消费税，应如何进行账务处理？

任务五 核算库存商品

Mission five

一、认知库存商品

库存商品是指企业已完成全部生产过程并已验收入库、合乎标准规格和技术条件，可以按照合同规定的条件送交订货单位，或可以作为商品对外销售的产品以及外购或委托加工完成验收入库用于销售的各种商品。库存商品具体包括库存产成品、外购商品、存放在门市部准备出售的商品、发出展览的商品、寄存在外的商品、接受来料加工制造的代制品和为外单位加工修理的代修品等。

根据资产的定义，已完成销售手续、但购买单位在月末未提取的产品，不应作为企业的库存商品，而应作为代管商品处理，单独设置代管商品备查簿进行登记。

在工业企业中，库存商品主要是指产成品；在商品流通企业中，库存商品主要是指外购或委托加工并验收入库准备销售的各种商品。产成品又称完工产品，是指已经完成全部生产过程并已验收入库符合标准规格和条件，可以作为商品对外销售的产品。

不同的企业，在对库存商品进行核算时，可以根据自身实际选用不同的核算方法。

二、核算工业企业自制库存商品

1. 职业规范

工业企业的库存商品主要来源于自己生产的完工产品，即自制库存商品，也叫产成品。

工业企业的产成品一般按实际成本进行核算。在这种情况下，产成品的收入、发出和销售，平时只记数量不记金额；月份终了，计算入库产成品的实际成本；对发出和销售的产成品，可以采用先进先出法、加权平均法、移动加权平均法或者个别计价法等确定其实际成本。

为了反映和监督库存商品的增减变动及其结存情况，企业应当设置“库存商品”科目和账户。该账户属于资产类账户，借方登记验收入库的库存商品成本，贷方登记发出的库存商品成本，期末余额在借方，反映各种库存商品的实际成本或计划成本。本账户可按库存商品的种类、品种和规格等进行明细核算。

在此，只讲述产品完工入库形成库存商品的核算。

2. 职业判断与操作

[任务3-20]　重庆机械制造有限公司“商品入库汇总表”记载，9月已验收入库甲产品604件，实际生产成本204 388元，分摊制造费用6 914.2元；乙产品200台，实际生产成本940 000元，分摊制造费用60 000元，计1 211 302.2元。要求为该公司进行账务处理。

任务分析：实际工作中，对于自行生产的库存商品，在生产过程中将耗用材料、人工、制造费用等，平常经过“生产成本”、“制造费用”进行归集，月末将制造费用按一定方法分配到相关产品成本中，产品完工后再将生产成本结转到库存商品。成本、费用的归集与分配将在企业成本核算课程中进行学习。本任务中，生产成本和制造费用已告之，只需要将分摊的制造费用转入生产成本，再将完工产品的成本转入库存商品即可。因此，账务处理如下：

借：生产成本——甲产品	6 914.2	
——乙产品	60 000	
贷：制造费用		66 914.2
借：库存商品——甲产品	211 302.2	
——乙产品	1 000 000	
贷：生产成本——甲产品		211 302.2
——乙产品		1 000 000

自制库存商品也可采用计划成本核算。对于库存商品实际成本与计划成本的差异，可单独设置“产品成本差异”科目核算。产品入库时确认差异、销售时分摊差异的核算，与原材料按计划成本核算时的“材料成本差异”相同。

三、核算商品流通企业外购库存商品

1. 职业规范

商业企业的库存商品主要来源于外购，可以采用进价金额核算法、售价金额核算法、毛利率法等方法进行核算。

（1）进价金额核算法。

库存商品采用进价核算时，购入的商品在到达验收入库后，按商品进价，借记“库存商品”科目，按专用发票上注明的增值税额，借记“应交税费——应交增值税（进项税额）”科目，按实际应付款项，贷记“银行存款”、“应付账款”、“应付票据”等科目。结转已销商品的成本时，借记“主营业务成本”科目，贷记“库存商品”科目。其核算原理类似于原材料按实际成本核算。

（2）售价金额核算法。

售价金额核算法是指平时商品购入、加工收回、销售均按售价记账，售价与进价的差额通过“商品进销差价”科目核算，期末计算进销差价率和本期已销商品应分摊的进销差价，并据以调整本期销售成本的一种方法。

库存商品采用售价核算的，企业应设置“商品进销差价”科目核算进价与售价的差额。购入的商品到达验收入库后，按商品售价，借记“库存商品”科目，按专用发票上注明的增值税额，借记“应交税金——应交增值税（进项税额）”科目，按商品进价和增值税进项税额的合计金额，贷记“银行存款”或“应付账款”等科目，按商品售价与进价的差额，贷记“商品进销差价”科目，具体账务处理与原材料按计划成本核算相似，只是原材料按计划成本核算时，存在节约和超支问题，但商品的售价一般都要高于进价。

销售发出的商品，平时可按商品售价结转销售成本，借记“主营业务成本”科目，贷记“库存商品”科目。月末，应按商品进销差价率计算分摊本月已销商品应分摊的进销差价，借记“商品进销差价”科目，贷记“主营业务成本”科目。

售价金额核算法的有关计算公式如下：

$$商品进销差价率=\frac{期初库存商品进销差价+本期购入商品进销差价}{期初库存商品售价+本期购入商品售价}\times 100\%$$

本期销售商品应分摊的商品进销差价＝本期商品销售收入×商品进销差价率

本期销售商品的成本＝本期商品销售收入－本期销售商品应分摊的商品进销差价

期末结存商品的成本＝期初库存商品的进价成本＋本期购进商品的进价成本－本期销售商品的成本

企业的商品进销差价率各期之间是比较均衡的，因此，也可以采用上期商品进销差价率计算分摊本期的商品进销差价。年度终了，应对商品进销差价进行核实调整。

对于从事商业零售业务的企业（如百货公司、超市等），由于经营商品种类、品种、规格等繁多，而且要求按商品零售价格标价，采用其他成本计算结转方法均较困难，因此广泛采用这一方法。

（3）毛利率法。

毛利率法是指根据本期销售净额乘以上期实际（或本期计划）毛利率匡算本期销售毛利，并据以计算发出存货和期末存货成本的一种方法。

计算公式如下：

$$毛利率=销售毛利/销售净额\times 100\%$$

$$销售净额=商品销售收入-销售退回与折让$$

$$销售毛利=销售净额\times 毛利率$$

$$销售成本=销售净额-销售毛利$$

$$期末存货成本=期初存货成本+本期购货成本-本期销售成本$$

这一方法是商品流通企业，尤其是商业批发企业常用的计算本期商品销售成本和期末库存商品成本的方法。商品流通企业由于经营商品的品种繁多，如果分品种计算商品成本，工作量将大大增加，而且，一般来讲，商品流通企业同类商品的毛利率大致相同，采用这种存货计价方法既能减轻工作量，也能满足对存货管理的需要。

2. 职业规范与操作

[任务 3-21]　某商场 2011 年 9 月期初库存商品的进价成本为 100 万元，售价总额为 110 万元，本月购进该商品的进价成本为 75 万元，售价总额为 90 万元，本月销售收入为 120 万元。要求计算本期销售商品的实际成本及期末结存商品的实际成本，并进行账务处理。

任务分析： 本任务中，告诉我们了商品的进价和售价，应按售价金额法核算。

商品进销差价率＝（10＋15）/（110＋90）×100%＝12.5%

已销商品应分摊的商品进销差价＝120×12.5%＝15（万元）

本期销售商品的实际成本＝120－15＝105（万元）

期末结存商品的实际成本＝100＋75－105＝70（万元）

购进商品时：

借：库存商品	900 000	
贷：银行存款		750 000
商品进销差价		150 000

销售商品时：

借：银行存款	1 404 000	
贷：主营业务收入		1 200 000
应交税费——应交增值税（销项税额）		204 000
借：主营业务成本	1 200 000	
贷：库存商品		1 200 000

期末结转应分摊的进销差价：

借：商品进销差价	150 000	
贷：主营业务成本		150 000

[任务 3-22]　某商场 2011 年 9 月 1 日针织品存货 1 800 万元，本月购进 3 000 万元。本月销售收入 3 400 万元，上季度该类商品毛利率为 25%。要求计算本月已销商品和月末库存商品的成本。

任务分析： 本任务中，根据任务描述应采用毛利率法核算库存商品。相关计算如下：

本月销售收入＝3 400（万元）

销售毛利＝3 400×25%＝850（万元）

本月销售成本＝3 400－850＝2 550（万元）

月末库存商品成本＝1 800＋3 000－2 550＝2 250（万元）

任务六 核算盘亏及毁损存货

Mission six

一、认知存货清查

实际工作中，为了掌握存货的实际情况，需要定期或不定期地对存货进行清查。存货清查是指通过对存货的实地盘点，确定存货的实有数量，并与账面结存数核对，从而确定存货实存数与账面结存数是否相符的一种专门方法。按照不同标准，存货清查可分为不同种类。

按清查范围可分为全面清查和局部清查。全面清查，是在年终结账前和企业关停并转、开展清产核资时，对企业全部存货所进行的盘点和核对；局部清查，是根据需要对企业的部分存货所进行的盘点和核对。

按清查时间可分为定期清查和不定期清查。定期清查，是指按预先确定的或制度要求的时间对存货所进行的盘点和核对；不定期清查，是指根据需要对存货所进行的临时性的盘点和核对。

由于存货种类繁多、收发频繁，在日常收发过程中可能发生计量错误、计算错误、自然损耗，还可能发生损坏变质以及贪污、盗窃等情况，造成账实不符，形成存货的盘盈或盘亏。对于存货的盘盈或盘亏，应填写存货盘点报告（如实存账存对比表），及时查明原因，按照规定程序报批处理。

为了核算和监督存货盘盈、盘亏的发生及处理情况，需要专设“待处理财产损溢”账户，其明细账户为“待处理流动资产损溢”。该账户借方反映流动资产盘亏、毁损或按照规定程序批准转销的盘盈数额，贷方反映流动资产的盘盈和按照规定转销的盘亏数额；期末余额若在借方，表示尚未处理的流动资产的净损失，若在贷方，表示尚未处理的流动资产的净溢余。年终报经批准后，本科目一般应无余额。

二、核算盘盈的存货

1. 职业规范

存货盘盈，意味着实物数量比账面数量多，按照可靠性质量要求，应将多余的数量和金额反映到账簿中去。因此，应增加“原材料”、“库存商品”、“周转材料”等。但还得查明原因进行处理，在没有处理时，先对应地增加“待处理财产损溢——待处理流动资产损溢”，待查明原因后，再从该账户中转出。如果是多收客户的，则应退回；如果是少发，则应补发给客户；如果是自然升溢、收发计量误差或无法查明原因，在按管理权限批准后，冲减当期“管理费用”。

2. 职业判断与操作

[任务 3-23] 重庆机械制造有限公司 9 月 12 日盘盈 C 材料 50 千克，计划成本为 558 元，材料成本差异率为－1.43%。当日查明原因，属于材料收发计量方面的错误。要求为该公司进行账务处理。

任务分析：本任务中，企业盘盈存货，应先借记“原材料”科目，贷记“待处理财产损溢”科目，由于原材料是按计划成本核算的，还应结转其材料成本差异；同时，盘盈的存货系收发计量错误，因此，应将其用来冲减当期管理费用。重庆机械制造有限公司的账务处理为：

批准处理前：

借：原材料　　558

　　贷：待处理财产损溢——待处理流动资产损溢　　550.02

　　　　材料成本差异　　7.98

批准处理后：

借：待处理财产损溢——待处理流动资产损溢　　550.02

　　贷：管理费用　　550.02

三、核算盘亏及毁损的存货

1. 职业规范

企业发生存货盘亏及损毁时，存货实物数量和金额都将小于账存数量和金额，按可靠性质量要求，应从账面上减少相应的存货。因此，应借记“待处理财产损溢”科目，贷记“原材料”、“库存商品”、“周转材料”等科目。在按管理权限报经批准后应做如下会计处理：对于入库的残料价值，记入“原材料”等科目；对于应由保险公司和过失人的赔款，记入“其他应收款”科目；扣除残料价值和应由保险公司、过失人赔款后的净损失，属于一般经营损失的部分，记入“管理费用”科目，属于非常损失的部分，记入“营业外支出”科目。

2. 职业判断与操作

[任务 3－24]　重庆机械制造有限公司在财产清查中发现盘亏 K 材料 500 千克，实际单位成本 200 元，经查属于一般经营损失。要求进行账务处理。

任务分析：本任务中，K 材料盘亏，应先减少“原材料”，并在处理之前对应记入“待处理财产损溢”账户借方。由于现已查明原因系一般经营损失，因此，应将“待处理财产损溢”转入“管理费用”的借方。重庆机械制造有限公司账务处理为：

批准处理前：

借：待处理财产损溢　　100 000

　　贷：原材料　　100 000

批准处理后：

借：管理费用　　100 000

　　贷：待处理财产损溢　　100 000

[任务 3－25]　重庆机械制造有限公司在财产清查中发现毁损 L 材料 300 千克，实际单位成本 100 元，经查属于材料保管员的过失造成的，按规定由其个人赔偿 20 000 元，残料已办理入库手续，价值 2 000 元。要求为该公司进行账务处理。

任务分析：本任务中，L 材料被毁损，应将其价值转出并查明原因进行处理。处理之前，先减少“原材料”，并对应记入“待处理财产损溢”账户借方。由于查明原因系保管员过失造成，则应由其赔偿。赔偿款项在收到之前，形成单位的“其他应收款”，残料已入库，则应增加新的“原材料”。扣除赔偿和残料价值后的差额，按照前述基本原理，应记入“管理费用”。重庆机械制造有限公司账务处理为：

批准处理前：

借：待处理财产损溢　30 000

　　贷：原材料　30 000

批准处理后：

（1）由过失人赔款部分：

借：其他应收款　20 000

　　贷：待处理财产损溢　20 000

（2）残料入库：

借：原材料　2 000

　　贷：待处理财产损溢　2 000

（3）材料毁损净损失：

借：管理费用　8 000

　　贷：待处理财产损溢　8 000

教学互动

1. 如果［任务 3—25］中材料毁损系自然灾害所致，应由保险公司赔偿 20 000 元，其他条件不变，重庆机械制造有限公司应如何进行账务处理？

2. 如果入库的残料按计划成本核算，重庆机械制造有限公司应如何进行账务处理？

任务七　核算存货减值

Mission seven

一、认知存货减值

《企业会计准则第 1 号——存货》第十九条规定：资产负债表日，企业应当确定存货的可变现净值。可变现净值的特征表现为存货的预计未来净现金流量，而不是存货的售价或合同价。

资产负债表日，存货应当按照成本与可变现净值孰低计量。其中，成本是指期末存货的实际成本，如企业在存货成本的日常核算中采用计划成本法、售价金额核算法等简化核算方法，则成本为经调整后的实际成本。

存货成本高于其可变现净值的，应当确认存货减值，计提存货跌价准备，计入当期损益。以前减记存货价值的影响因素已经消失的，减记的金额应当予以恢复，并在原已计提的存货跌价准备金额内转回，转回的金额计入当期损益。

二、核算存货减值

1. 职业规范

为了核算存货发生的跌价准备，企业应当设置“存货跌价准备”和“资产减值损失”科目和账户，核算存货的跌价准备和计入当期的损益。“存货跌价准备”账户属于资产类账户，贷方登记计提的存货跌价准备金额；借方登记实际发生的存货跌价损失金额和冲减的存货跌价准备金额，期末余额一般在贷方，反映企业已计提但尚未转销的存货跌价准备。“资产减值损失”账户属于损益类，用来核算因资产减值给企业带来的损失。借方登记因跌价发生的损失，贷方登记因转回跌价准备而减少的损失，或期末结转损益类账户时转入“本年利润”的净损失。

2. 职业判断与操作

[任务 3-26]　2011 年 9 月 30 日，重庆机械制造有限公司 F 材料的账面金额为 100 000元，由于市场价格下跌，预计可变现净值为 80 000 元。要求为该公司进行账务处理。

任务分析：本任务中，企业存货成本高于其可变现净值，企业应当按照存货可变现净值低于成本的差额 20 000 元计提存货跌价准备，借记“资产减值损失——计提的存货跌价准备”科目，贷记“存货跌价准备”科目。重庆机械制造有限公司的账务处理为：

借：资产减值损失——计提的存货跌价准备　　20 000
　贷：存货跌价准备　　20 000

转回已计提的存货跌价准备时，按恢复增加的金额，作与计提跌价准备相反的账务处理。但转回的跌价准备，最多只能是以前计提的跌价准备。

企业结转存货销售成本时，对于已计提的存货跌价准备应予以结转，借记“存货跌价准备”科目，贷记“主营业务成本”、“其他业务成本”等科目。

假设由于市场价格回升，使得 F 材料 2011 年 10 月 31 日的预计可变现净值为 95 000 元，应转回的存货跌价准备为 15 000 元。甲公司的账务处理为：

借：存货跌价准备　　15 000
　贷：资产减值损失——计提的存货跌价准备　　15 000

教学互动

如果 2010 年 6 月 30 日甲公司 F 材料的预计可变现净值为 100 500 元，甲公司应如何进行账务处理？

关 键 词

存货（Stock）　　原材料（Raw Material）
周转材料（Turnover Materials）　　库存商品（Merchandise Inventory）
实际成本（Actual Cost）　　计划成本（Planned Cost）
待处理财产损益（The Property Income）　　跌价准备（Depreciation Reserve）
委托加工物资（Commissioned by the Processing of Materials）

能力训练

一、单项选择题

1. 下列各项支出中，一般纳税企业不计入存货成本的是（　　）。

A. 购入货物时支付的增值税进项税额

B. 入库前的挑选整理费用

C. 购买货物而发生的运输费用

D. 从国外购买货物支付的关税

2. 某小规模纳税人购入某种原材料 200 千克，每千克单价 1 000 元（含税），发生运杂费 1 000 元，同时在运输途中发生合理损耗 5 千克，这批材料的入账价值为（　　）元。

A. 196 000　　B. 201 000　　C. 206 000　　D. 220 000

3. 企业进行材料清查时，对于盘亏的材料，应先记入“待处理财产损溢”账户，待期末或报批准后，对于应由过失人赔偿的损失记入（　　）科目。

A. 管理费用　　B. 其他应收款

C. 营业外支出　　D. 销售费用

4. 某企业为增值税一般纳税人，购入材料一批，增值税专用发票上标明的价款为 25 万元，增值税为 4.25 万元，另支付材料的保险费 2 万元、包装物押金 2 万元。该批材料的采购成本为（　　）万元。

A. 27　　B. 29　　C. 29.25　　D. 31.25

5. 某企业发出材料采用先进先出法进行核算，1 月初某种材料库存 60 件，每件 1 000 元，1 月又购进两批，第一批 200 件，单价 960 元，第二批 100 件，每件 980 元，1 月没有发出该种材料，2 月 5 日发出该种材料 100 件，那么发出材料的成本为（　　）。

A. 100 000　　B. 98 400　　C. 96 000　　D. 97 222

6. 某企业月初结存材料的计划成本为 30 000 元，成本差异为超支 200 元，本月入库材料的计划成本为 70 000 元，成本差异为节约 700 元，当月领用材料的计划成本为 60 000 元，那么领用材料负担的材料成本差异为（　　）。

A. －300　　B. 300　　C. －460　　D. 460

7. 某企业采用计划成本进行材料的日常核算。月初结存材料的计划成本为 80 万元，成本差异为超支 20 万元。当月购入材料一批，实际成本为 110 万元，计划成本为 120 万元。当月领用材料的计划成本为 100 万元，当月领用材料实际成本为（　　）万元。

A. 105　　B. 95　　C. 115　　D. 85

8. 某企业采用月末一次加权平均计算发出原材料的成本。20×7 年 2 月 1 日，甲材料结存 200 千克，每千克实际成本为 100 元；2 月 10 日购入甲材料 300 千克，每千克实际成本为 110 元；2 月 25 日发出甲材料 400 千克。2 月末，甲材料的库存余额为（　　）元。

A. 10 000　　B. 10 500　　C. 10 600　　D. 11 000

9. 随同产品出售但不单独计价的包装物，应该在发出时将其实际成本记入（　　）科目。

A. 营业费用　　B. 销售费用　　C. 管理费用　　D. 主营业务成本

10. 某一般纳税企业委托外单位加工一批消费税应税消费品，材料成本 50 万元，加工费 5 万元（不含税），受托方增值税率为 17%，受托方代扣代交消费税 1 万元，该批材料加工后委托方直接出售，那么该批材料加工完毕入库时的成本为（　　）万元。

A. 63.5　　B. 56　　C. 58.5　　D. 56.85

11. 企业在材料收入的核算中，需在月末暂估入账并于下月初红字冲回的是（　　）。

A. 月末购货发票账单未到，但已入库的材料

B. 月末购货发票账单已到，货款未付但已入库的材料

C. 月末购货发票账单已到，货款已付且已入库的材料

D. 月末购货发票账单已到，货款已付但未入库的材料

12. 某企业因火灾原因盘亏一批材料 16 000 元，该批材料的进项税为 2 720 元。收到保险赔款 1 000 元，责任人赔偿 500，残料入库 100 元。报经批准后，应记入“营业外支出”科目的金额为（　　）元。

A. 17 120　　B. 18 720　　C. 14 400　　D. 14 500

13. 一般纳税人委托其他单位加工材料收回后直接对外销售的，其发生的下列支出中，不应计入委托加工材料成本的是（　　）。

A. 发出材料的实际成本　　B. 支付给受托方的加工费

C. 支付给受托方的增值税　　D. 受托方代收代缴的消费税

14. 某百货商场年初商品的成本为 28 万元，售价总额为 35 万元，当年购入商品的成本为 20 万元，售价总额为 25 万元，当年实现的销售收入为 42 万元，在采用售价金额核算法的情况下，该商场年末库存商品的成本为（　　）万元。

A. 18　　B. 14.4　　C. 12　　D. 9.6

15. 某商场采用售价金额核算法对库存商品进行核算。本月月初库存商品进价成本总额 30 万元，售价总额 46 万元；本月购进商品进价成本总额 40 万元，售价总额 54 万元；本月销售商品售价总额 80 万元。假设不考虑相关税费，该商场本月销售商品的实际成本为（　　）万元。

A、46　　B. 56　　C. 70　　D. 80

16. 存货采用先进先出法计价的情况下，如果物价上涨，将会使企业（　　）。

A. 期末存货升高，当期利润减少　　B. 期末存货升高，当期利润增加

C. 期末存货降低，当期利润增加　　D. 期末存货降低，当期利润减少

17. 某商场采用毛利率法对商品的发出和结存进行日常核算，2006 年 10 月，A 类商品期初余额为 20 万元，该类商品本月购进 60 万元，本月销售收入 92 万元，本月销售折让为 2 万元。上月该类商品按扣除销售折让后计算的毛利率为 30%。2006 年 10 月该库存商品的月末库存成本为（　　）万元。

A. 15.6　　B. 17　　C. 52.4　　D. 53

18. 某一般纳税企业因火灾盘亏一批材料，其成本为 16 000 元，增值税率为 17%，收到保险公司赔款 1 500 元，残料收入 200 元，批准后记入营业外支出的金额为（　　）。

A. 17 020　　B. 18 620　　C. 14 300　　D. 14 400

19. 材料采购过程中，运输途中发生的合理损耗在工业企业应直接计入（　　）

A. 存货成本　　B. 主营业务成本

C. 营业外支出　　D. 当期损益

20. 企业对随同商品出售而单独计价的包装物进行会计处理时，该包装物的实际成本应结转到（　　）科目。

A. 制造费用　　B. 销售费用

C. 营业外支出　　D. 其他业务成本

二、多项选择题

1. 存货的计价方法有实际成本法和计划成本法，在实际成本法下，发出存货的计价方法包括（　　）。

A. 个别计价法　　B. 先进先出法

C. 后进先出法　　D. 一次加权平均法

2. 下列各种物资中，应该作为企业存货核算的有（　　）。

A. 委托加工物资　　B. 分期收款发出商品

C. 低值易耗品　　D. 在途物资

3. “材料成本差异”账户贷方可以用来登记（　　）。

A. 购进材料实际成本小于计划成本的差额

B. 发出材料应负担的超支差异

C. 发出材料应负担的节约差异

D. 购进材料实际成本大于计划成本的差额

4. 下列项目中，应计入存货成本的有（　　）。

A. 挑选整理费用　　B. 进口关税

C. 运输途中的合理损耗　　D. 一般纳税人购入材料支付的增值税

5. 企业进行存货清查进，对于盘亏的存货，要先记入“待处理财产损溢”，经过批准后根据不同的原因可以分别记入（　　）科目。

A. 管理费用　　B. 其他应付款　　C. 营业外支出　　D. 其他应收款

6. 商品流通企业发出存货，采用的核算方法有（　　）。

A. 毛利率法　　B. 售价金额核算法

C. 加权平均法　　D. 先进先出法

7. 下列各项中，属于存货采购成本的有（　　）。

A. 采购价格　　B. 入库前的挑选整理费

C. 运输途中的合理损耗　　D. 运输途中的因遭受灾害发生的损耗

8. “材料成本差异”账户借方可以用来登记（　　）。

A. 购进材料实际成本小于计划成本的差额

B. 发出材料应负担的超支差异

C. 发出材料应负担的节约差异

D. 购进材料实际成本大于计划成本的差额

9. “材料成本差异”科目贷方核算的内容有（　　）。

A. 入库材料成本超支差异

B. 入库材料成本节约差异

C. 结转发出材料应负担的超支差异

D. 结转发出材料应负担的节约差异

10. 小规模纳税企业委托其他单位加工材料收回后用于直接对外出售的，其发生的下列支出中，应记入委托加工物资成本的有（　　）。

A. 加工费　　B. 增值税

C. 发出材料的实际成本　　D. 受托方代收代交的消费税

三、判断题（正确的划“√”，错误的划“×”）

1. 企业用计划成本进行材料日常核算时，月末分摊材料成本差异时，超支差异记入“材料成本差异”的借方，节约差异记入“材料成本差异”的贷方。（　　）

2. 存货的成本是指存货的采购成本。（　　）

3. 存货发生减值时，要提取存货跌价准备，提取存货跌价准备后，当存货的价值又得到恢复时，不能将提取的存货跌价准备转回。（　　）

4. 因遭受意外灾害发生的损失和尚待查明原因的途中损耗，应计入物资的采购成本。（　　）

5. 发出包装物和低值易耗品的核算方法有一次转销法、分次摊销法和五五摊销法。（　　）

6. 企业应采用后进先出法、加权平均法或者个别计价法确定发出存货的实际成本。（　　）

7. 企业采用月末一次加权平均法计量发出材料的成本，在本月有材料入库的情况下，在物价上涨时，当月月初发出材料的单位成本小于月末发出的材料的单位成本。（　　）

8. 对于委托外单位加工的物资，不涉及材料成本差异和商品进销差价的问题。（　　）

9. 材料按实际成本法核算，其特点是十分简单，容易计算，所以对于材料收发业务较多的企业应该使用这种方法（　　）。

10. 在购买原材料时，如果期末原材料已到达且已验收入库，但发票账单未到，那么企业可以先不进行会计处理，等到下月发票账单到达以后再进行会计处理。（　　）

11. 企业在采用先进先出法计算发出材料的成本时，对于购进和发出的材料都要进行逐笔登记。（　　）

12. 对材料实行计划成本法进行核算时，材料的收发结存，无论总分类核算还是明细分类核算，都按照计划成本进行。（　　）

13. 在计划成本法核算材料的情况下，对于发出材料应负担的成本差异，可以在季末或年末一次进行计算。（　　）

14. 委托加工物资，由受托方代扣代交的消费税应记入成本即“委托加工物资”科目。（　　）

15. 对低值易耗品进行摊销时，对于价值较低、使用期较短的低值易耗品可以使用五五摊销法，对于每期领用数量和报废数量大致相等的低值易耗品，也可以采用五五摊销法。（　　）

16. 采用售价金额核算法核算库存商品时，期末结存商品的实际成本为本期商品销售收入乘以进销差价率。（　　）

四、计算分析题

1. 某企业 2009 年 5 月初结存原材料的计划成本为 100 000 元；本月购入材料的计划成本为 200 000 元，实际成本为 204 000 元，本月发出材料的计划成本为 200 000 元，其中生产车间直接耗用 120 000 元，管理部门耗用 80 000 元。材料成本差异的月初数为 2 000 元（超支）。

要求：

（1）计算材料成本差异率。

（2）计算发出材料应负担的成本差异。

（3）计算发出材料的实际成本。

（4）计算结存材料的实际成本。

（5）作为材料领用以及期末分摊材料成本差异的会计分录。

2. 某企业 A 材料采用计划成本进行计算，材料的计划成本为 10 元/千克，期初结存 A 材料的成本差异分配率按本月全部材料到月末计算。企业适用的增值税率为 17%。2009 年 5 月发生如下相关业务：

（1）月初，A 材料期初结存 1 000 千克，材料成本差异为节约 1 500 元。

（2）2 日购买 A 材料 1 000 千克，发票账单上注明价款为 10 000 元，增值税税额为 1 700元，材料尚未入库，款项已支付。

（3）3 日向乙公司销售商品一批，价款 200 000 元，货款尚未收到。

（4）5 日拨付给外单位委托加工 A 材料 1 000 千克。

（5）10 日购入 A 材料一批 5 000 千克，计划成本 50 000 元，材料已经运到，并验收入库，但发票等结算凭证至月末尚未达到，货款尚未支付。

（6）15 日购入 A 材料一批 3 000 千克，发票账单上注明价款为 25 000 元，增值税税额为 4 250 元，该批材料计划成本为 30 000 元，材料已验收入库，货款已通过银行存款支付；

（7）20 日投资者转入一批 A 材料，双方按评估确认其公允价值为 20 000 元，投资方增值税率为 17%。

要求：编制上述业务相关的会计分录。

3. 某公司于 2007 年年末对库存材料进行清查，发现以下情况：

（1）盘盈甲材料 20 吨，单位成本 500 元/吨。

（2）盘亏乙材料 200 千克，单位成本 10 元/千克。

（3）盘亏丙材料 400 米，单位成本 30 元/米。

（4）盘亏丁材料 50 吨，单位成本 1 000 元/吨。

经过调查，以上盘盈盘亏的原因如下：甲材料是由于收发计量造成的，乙材料属于一般经营损失，丙材料是由于保管员王某的过失造成的，判定由其赔偿 800 元，其余的作为企业的损失，丁材料是由于企业失火造成的，由保险公司赔偿 35 000 元，残料价值 2 000 元，其余由公司承担。

要求：写出以上材料清查的会计分录（不考虑税金）。

4. 某公司材料存货采用计划成本记账，2006 年 1 月份“原材料”甲材料的期初余额为 40 000 元，“材料成本差异”期初借方余额为 4 000 元，原材料计划成本 10 元/千克。运费可按 7%抵扣进项税额。1 月份发生下列业务：

（1）1 月 10 日进货 1 000 千克，支付货款 9 500 元，增值税进项税 1 615 元，运费 400 元，材料已验收入库。

（2）1 月 15 日车间生产产品领用材料 100 千克。

（3）1月20日进货2 000千克，增值税发票上价税合计为22 464元（增值税率17%），款项用银行存款支付，另支付运费1 000元。材料已验收入库。

（4）1月25日车间生产产品领用材料2 500千克。

要求：做出上述业务的会计分录；计算材料成本差异率并计算发出材料应负担的材料成本差异并编制相应会计分录；计算月末原材料的实际成本。

5. 某商场为增值税一般纳税人，采用售价金额核算法进行核算。该商场2006年2月份期初库存日用百货的进价成本30万元，售价40万元，本期购入日用百货的进价成本270万元，售价360万元，本期销售收入340万元。试计算该商场2月份的：

（1）商品的进销差价率。

（2）已销日用百货的实际成本。

（3）期末库存日用百货的实际成本。

6. 某商场为增值税一般纳税人，采用毛利率法进行核算。该商场2006年2月份期初库存日用百货的进价成本30万元，售价40万元，本期购入日用百货的进价成本270万元，本期销售收入340万元（含销售折让10万元）。试计算该商场2月份的：

（1）商品的销售毛利率。

（2）已销日用百货的实际成本。

（3）期末库存日用百货的实际成本。

能力单元四

核算固定资产及投资性房地产

学习目标

1. 熟悉固定资产的概念、特征及分类；

2. 掌握固定资产的取得方式及固定资产初始计量的账务处理流程和核算方法，固定资产折旧方法及计提折旧的账务处理流程和核算方法，固定资产后续支出的账务处理流程和核算方法，固定资产处置的内容及处置固定资产的账务处理流程和核算方法，固定资产清查及期末计价的账务处理流程和核算方法；

3. 熟悉在建工程的核算内容；

4. 掌握自营、出包建造工程的账务处理流程和核算方法，在建工程减值的账务处理和核算方法；

5. 熟悉投资性房地产的概念、特征、范围及确认条件；

6. 掌握成本模式和计量的投资性房地产取得、后续计量、处置的账务处理流程和核算方法；公允价值模式

7. 能熟练地识别和填制固定资产、在建工程及投资性房地产核算业务的各种原始凭证，并能根据原始凭证编制记账凭证；

8. 能根据固定资产、在建工程及投资性房地产核算业务的相关科目开设账户，并进行总分类和明细分类核算。

教学重难点

重点：固定资产取得、折旧、后续支出、处置、清查、减值等业务的核算；在建工程相关业务的核算；投资性房地产不同计量模式下相关业务的核算。

教学时数

建议教学时数 10 学时，其中讲授 6 时，实践 4 学时。

教学导航

教学指引：

1. 了解学生基本信息；

2. 准备记账凭证、总账账簿、三栏式明细账、固定资产登记簿、固定资产卡片等教学材料；

3. 设计一个较好的教学引入情景，如固定资产清查工作场景视频等；

4. 准备《企业会计准则》《增值税暂行条例实施细则》等阅读材料；

5. 设计会计信息的主要记录内容。

学习引导：

1. 展示固定资产、在建工程及投资性房地产的相关图片，引导学生思考在企业在经营活动中它们的用途；

2. 收集生活中有关固定资产、在建工程及投资性房地产的经济业务案例；

3. 收集企业实务中与固定资产、在建工程及投资性房地产管理相关的审计案例；

4. 阅读、了解固定资产准则及投资性房地产准则的相关规定。

任务一 核算固定资产
Mission one

一、认知固定资产

企业从事生产经营活动离不开一项重要的资产，它是企业非流动资产中的重要内容，在企业中表现为房屋、建筑屋、设备、机器、工具等，这项在资产负债表中占重要地位的有形资产就是固定资产。按最新企业会计准则的规定，固定资产应同时具有下列特征：为生产商品、提供劳务、出租或经营管理而持有的；使用寿命超过一个会计年度。从这两个特征可以看出，固定资产区别于商品等流动资产，企业持有的目的不是为了销售，而是为了满足商品生产、提供劳务、出租或经营管理的需要。而且企业使用固定资产的期限较长，该资产能在一年以上的时间内为企业创造经济利益。

固定资产在同时满足以下两个条件时，才能予以确认：

（1）与该固定资产有关的经济利益很可能流入企业。资产的最基本特征就是预期能给企业带来经济利益，如果某项固定资产包含的经济利益不是很可能流入企业，即使满足固定资产确认的其他条件，企业也不能将其确认为固定资产。在实务中，判断固定资产包含的经济利益是否很可能流入企业，主要依据与该固定资产所有权相关的风险和报酬是否转移给了企业。通常，只要取得了固定资产的所有权，就认为与该固定资产相关的风险和报酬转移给了企业，企业不论是否收到或持有该固定资产，都可作为企业的固定资产。如没有取得所有权，即使存放在企业，也不能作为企业的固定资产。但有时某项固定资产的所有权虽然不属于企业，企业却对该固定资产包含的经济利益实施控制，也可以作为企业的固定资产加以确认，如融资租入固定资产，这是实质重于形式的体现。

（2）该固定资产的成本能够可靠地计量。固定资产作为企业资产的重要组成部分，要予以确认，为取得该固定资产而发生的支出必须能够可靠地计量，否则，企业不应加以确认。在实务中，对于固定资产的确认，还需要注意以下两点：一是固定资产的各组成部分具有不同使用寿命或者以不同方式为企业提供经济利益，适用不同折旧率或折旧方法的，应当分别将各组成部分确认为单项固定资产。二是与固定资产有关的后续支出，满足固定资产确认条件的，应计入固定资产成本；不满足固定资产确认条件的，应在发生时计入当期损益。

企业的固定资产种类很多，按不同的分类标准，可以分成不同的类别。企业为了规范经济管理，便于组织会计核算，需要将固定资产按适当的分类标准进行分类，固定资产主要有以下几种分类方法。

1. 按经济经用途分类

固定资产按经济用途分类，可以分为生产经营用固定资产和非生产经营用固定资产，按此分类能反映固定资产的组成和变化情况，促使合理配备固定资产。生产经营用固定资产是直接服务于企业生产、经营过程的各种固定资产，如生产经营用的房屋、建筑物、机器、设备等。非生产经营用固定资产是不直接服务于生产、经营过程的各种固定资产，如职工食堂等使用的房屋、设备等。

2. 按固定资产使用情况分类

固定资产按使用情况分类，可以分为使用中的固定资产、未使用的固定资产和不需用的固定资产。按此分类能使企业掌握固定资产的使用情况和利用效率，促使固定资产的合理使用。使用中的固定资产是正在使用过程中的经营性和非经营性固定资产，包括由于季节性或大修理等原因而暂时停用的固定资产、经营性出租给其他单位使用的固定资产、在内部替换使用的固定资产等；未使用的固定资产是已完工或已构建但尚未交付使用的新增固定资产及因改扩建等原因暂停使用的固定资产；不需用的固定资产是本企业多余或不适用的各种固定资产。

3. 综合分类

按固定资产的经济用途和使用情况等综合分类，可把企业的固定资产划分为七大类：

（1）生产经营用固定资产。

（2）非生产经营用固定资产。

（3）租出固定资产（指在经营租赁方式下出租给外单位使用的固定资产）。

（4）不需用固定资产。

（5）未使用固定资产。

（6）土地（指过去已经估价单独入账的土地。因征地而支付的补偿费，应计入与土地有关的房屋、建筑物的价值内，不单独作为土地价值入账。企业取得的土地使用权，应作为无形资产管理，不作为固定资产管理）。

（7）融资租入固定资产（指企业以融资租赁方式租入的固定资产，在租赁期内，应视同自有固定资产进行管理）。

由于企业的经营性质不同，经营规模各异，对固定资产的分类不可能完全一致。但实际工作中，企业大多采用综合分类的方法作为编制固定资产目录、进行固定资产核算的依据。

二、核算固定资产的取得

1. 职业规范

为了加强对企业固定资产取得的核算，企业需要设置“固定资产”账户，对固定资产进行总分类核算和明细分类核算。

（1）固定资产总分类核算。

为了总括反映企业固定资产的初始成本、累计折旧额、累计提取的减值准备，企业应分别设置“固定资产”、“累计折旧”、“固定资产减值准备”等总分类账，由负责总账的财会人员进行总分类核算。

企业外购固定资产符合确认条件的，应按实际支付的购买价款、相关税费、使固定资产达到预定可使用状态前所发生的归属于该项资产的运输费、装卸费、安装费和专业人员服务费等，作为固定资产的初始计量成本。

购入固定资产根据是否需要安装在业务处理上有所不同。购入不需安装的固定资产，通过设置“固定资产”科目进行原价核算，该科目借方按实际支付的购买价款、相关税费、使固定资产达到预定可使用状态前所发生的归属于该项资产的运输费、装卸费和专业人员服务费等登记企业增加的固定资产原价，贷方登记企业减少的固定资产原价，期末借方余额，反映企业期末固定资产的原价。购入时，借记“固定资产”，贷记“银行存款”等科目。购入需要安装的固定资产，先通过设置“在建工程”科目核算，在购入固定资产取得成本的基础上加上安装调试费用等，作为购入固定资产的成本，待安装完毕达到预定可使用状态时，再从“在建工程”科目转入“固定资产”科目。购入和支付安装调试费用时，借记“在建工程”，贷记“银行存款”等科目；安装完毕达到预定可使用状态时，按其实际成本，借记“固定资产”，贷记“在建工程”科目。

由于价格原因，企业可能以一笔款项购入多项没有单独标价的固定资产，在满足确认条件时，应按各项固定资产公允价值的比例对总成本进行分配，分别确定各项固定资产的成本。

(2) 固定资产明细分类核算。

为了加强对固定资产类别、使用情况的管理，详细反映固定资产的各项信息，企业应当设置“固定资产登记簿”和“固定资产卡片”，按固定资产的类别、使用部门和每项固定资产进行明细核算。

2. 职业判断与操作

[任务 4-1] 2011 年 9 月 1 日，重庆机械制造有限公司购入一台不需要安装即可投入使用的设备，取得的增值税专用发票上注明的设备价款为 60 000 元，增值税税额为 10 200 元，另支付运费 400 元、包装费 500 元，款项以银行存款支付。要求为重庆机械制造有限公司进行账务处理。

任务分析：本任务中，公司购入的设备不需要安装，在达到预定可使用状态时直接通过“固定资产”科目核算，其成本应包括设备价款、运费和包装费用三项共计 60 900 元，记入“固定资产”科目的借方，反映固定资产的增加。根据《中华人民共和国增值税暂行条例》和《中华人民共和国增值税暂行条例实施细则》的有关规定，一般纳税人购入的固定资产发生的增值税额，可凭增值税专用发票或海关进口增值税专用缴款书从销项税额中抵扣，因此购入设备的 10 200 元进项税额应当记入“应交税费——应交增值税（进项税额）”科目。款项以银行存款支付，记入“银行存款”科目的贷方。账务处理如下：

借：固定资产	60 900	
应交税费——应交增值税（进项税额）	10 200	
贷：银行存款		71 100

[任务 4-2] 2011 年 9 月 2 日，重庆机械制造有限公司用银行存款购入一条需要安装的生产线，增值税专用发票上注明的生产线买价为 300 000 元，增值税税额为 51 000 元，支付运输费用 10 000 元，支付安装费 40 000 元。款项均以银行存款支付。要求为重庆机械制造有限公司进行账务处理。

任务分析：公司购入的该条生产线需要进行安装，应先通过“在建工程”科目核算固定资产在达到预定可使用状态之前发生的成本。购入时发生的实际成本，即生产线买价、运输费用二项总计 310 000 元，记入“在建工程”科目的借方；安装过程中支付安装费时，将安装成本 40 000 元，也记入“在建工程”科目的借方，待生产线安装完毕交付使用时，按该生产线的实际总成本（310 000＋40 000＝350 000 元）从“在建工程”转入“固定资产”科目的借方。账务处理如下：

购买进行安装

借：在建工程	310 000	
应交税费——应交增值税（进项税额）	51 000	
贷：银行存款		361 000

支付安装费：

借：在建工程 40 000

　　贷：银行存款 40 000

安装完毕交付使用：

借：固定资产 350 000

　　贷：在建工程 350 000

知识拓展1

固定资产进项税额抵扣的规定

根据2008年12月15日，财政部、国家税务总局以财政部和国家税务总局令第50号公布的，修订后的《增值税暂行条例实施细则》第二十条规定：固定资产包括动产和不动产，动产包括机器、机械、运输工具以及其他与生产、经营有关的设备、工具和器具；不动产有房屋、建筑物、构建物。转型改革后允许进项税额抵扣的“固定资产”主要是指动产，但与企业技术更新和改造无关，且容易混为个人消费的应征消费税的小汽车、摩托车和游艇排除在动产之外，不能抵扣。房屋、建筑物等不动产不纳入增值税的抵扣范围。2009年增值税转型后，允许扣除固定资产进项税额的只限定于增值税一般纳税人，且只针对转型改革后发生的业务。

增值税一般纳税人购进或者自制固定资产发生的进项税额，符合抵扣范围规定的，可凭增值税专用发票、海关进口增值税专用缴款书和运输费用结算单据从销项税额中抵扣，其进项税额应当记入“应交税费——应交增值税（进项税额）”科目。

知识拓展2

取得固定资产的其他方式

除购入外，固定资产还可通过建造、融资租赁、接受投资、接受捐赠、债务重组、非货币性交易等方式获得。建造方式取得固定资产，属于在建工程核算的项目，将在下一节中学习，这里不再赘述。

融资租赁，是指实质上转移了与资产所有权有关的全部风险和报酬的租赁。融资租入的固定资产，在法律形式上资产所有权属于出租人，但从实质上判断其主要经济利益和风险是由承租人承担的，所以应由租入方作为一项固定资产入账。在融资租赁方式下，承租人应于租赁开始日将租赁开始日租入固定资产公允价值与最低租赁付款额现值两者中较低者作为租入固定资产入账价值，将最低租赁付款额作为长期应付款的入账价值，其差额作为未确认融资费用。

接受投资的固定资产，应当按照投资合同或协议约定的价值或者固定资产的公允价值确定投入账面价值，同时确认投资者的所有者权益。

接受捐赠的固定资产，按以下规定确定其入账价值：

（1）捐赠方提供了有关凭据的，按凭据上标明的金额加上应当支付的相关税费，作为入账价值。

（2）捐赠方没有提供有关凭据的，按以下顺序确定其入账价值。

同类或类似固定资产存在活跃市场的，按同类或类似固定资产的市场价格估计的金额，加上应当支付的相关税费，作为入账价值；同类或类似固定资产不存在活跃市场的，按接受捐赠的固定资产的预计未来现金流量现值，作为入账价值。如接受捐赠的系旧的固定资产，依据上述方法确定的新固定资产价值减去按该项资产的新旧程度估计的价值损耗后的余额，作为入账价值。

债务重组中取得的固定资产，其入账价值按《企业会计准则——债务重组》的规定确定。

非货币性交易中取得的固定资产，其入账价值按《企业会计准则——非货币性交易》的规定确定。

三、核算固定资产的折旧

1. 职业规范

企业的固定资产在使用过程中由于磨损和技术进步等原因，会发生有形和无形的损耗，为了真实地反映固定资产的账面价值，弥补固定资产的损耗，应在固定资产使用寿命内，按照确定的方法对应计折旧额进行系统的分摊。应计折旧额，是指应当折旧的固定资产原价扣除其预计净残值后的金额，已计提减值准备的固定资产，还应扣除已计提的固定资产减值准备累计金额。计提折旧应当根据固定资产的性质和使用情况，合理确定固定资产的使用寿命和预计净残值，除符合《企业会计准则第 4 号——固定资产》第十九条规定的以外，一经确定不得随意变更。并需在报经股东大会或董事会、经理（厂长）会议或类似机构批准后，作为提取折旧的依据，并按规定报送有关各方面备案。

为了更好地认识固定资产的折旧，我们需要来了解影响折旧的几个要素：

①固定资产原价，是指取得固定资产的成本。

②预计净残值，是指假定固定资产预计使用寿命已满并处于使用寿命终了时的预期状态，企业日前从该项资产处置中获得的扣除预计处置费用后的金额。

③固定资产减值准备，是指固定资产已计提的固定资产减值准备累计金额。

④固定资产的使用寿命，是指企业使用固定资产的预计期间，或者该固定资产所能生产产品或提供劳务的数量。

为了准确而真实地计提固定资产折旧，按权责发生制原则，应合理划分固定资产计提折旧的空间范围和时间范围。

（1）空间范围。

空间范围是指按准则规定应计提固定资产折旧的固定资产范围，除以下情况外，企业应当对所有固定资产计提折旧：

①已提足折旧仍继续使用的固定资产。

②单独计价入账的土地。

（2）时间范围。

固定资产应当按月计提折旧，当月增加的固定资产，当月不计提折旧，从下月起计提折旧；当月减少的固定资产，当月仍计提折旧，从下月起不计提折旧。

在确定计提折旧的范围时，还应注意以下几点：

①固定资产提足折旧后，不论能否继续使用，均不再计提折旧；提前报废的固定资产，

也不再补提折旧。所谓提足折旧，是指已经提足该项固定资产的应计折旧额。

②已达到预定可使用状态但尚未办理竣工决算的固定资产，应当按照估计价值确定其成本，并计提折旧；待办理竣工决算后，再按实际成本调整原来的暂估价值，但不需要调整原已计提的折旧额。

在具体的企业固定资产经济利益的预期实现方式会有所不同，为了使固定资产的折旧更符合核算的要求，应合理选择固定资产的折旧方法。常用的折旧方法包括年限平均法、工作量法、双倍余额递减法和年数总和法等。年限平均法和工作量法在计提折旧额时按时期或工作量均匀提取，属于直线折旧法，双倍余额递减法和年数总和法，计提折旧时加速递减，前期多提，后期少提，使固定资产成本加快得到补偿，属于加速折旧法。

固定资产在具体核算时，应按月计提折旧并记入“累计折旧”科目贷方，并根据固定资产的使用部门计入相关的成本或当期损益科目借方。企业自行建造固定资产过程中，使用的固定资产的折旧额就计入在建工程的成本；基本车间使用的固定资产，其计提的折旧应记入“制造费用”科目借方；管理部门使用的固定资产，其计提的折旧应记入“管理费用”科目的借方；销售部门使用的固定资产，其计提的折旧应记入“销售费用”科目的借方；经营性租出的固定资产，其应提的折旧额应记入“其他业务成本”科目的借方。折旧时的分录为，借记“制造费用”、“管理费用”、“销售费用”等科目，贷记“累计折旧”科目。

2. 职业判断与操作

（1）年限平均法。

年限平均法是指固定资产按使用年限等额计提折旧的一种方法，适用于使用年限内各期使用情况大致相同的固定资产。采用这种方法计提折旧，将固定资产的应计折旧额均匀地分摊到固定资产预计使用寿命内，各期折旧额相等。

年限平均法的计算公式如下：

年折旧率＝（1－预计净残值率）/预计使用寿命（年）×100％

月折旧率＝年折旧率/12

月折旧额＝固定资产原价×月折旧率

［任务 4－3］　重庆机械制造有限公司有一幢仓库，原价为 6 000 000 元，预计可使用 20 年，预计报废时的净残值率为 3％。要求计算该厂房的折旧率和折旧额。

任务分析：因为仓库在固定资产的使用寿命内，各期的使用情况基本相同，因此采用年限平均法计提固定资产折旧，将应计折旧额均衡地分摊到预计使用寿命内。计算如下：

年折旧率＝（1－3％）/20＝4.85％

月折旧率＝4.85％/12＝0.40％

月折旧额＝6 000 000×0.40％＝24 000（元）

（2）工作量法。

工作量法是指按固定资产的实际工作量计算每期折旧额的一种方法，适用于在使用期间各期耗用情况差异很大，提供经济效益十分不均衡的固定资产。

工作量法的计算公式如下：

单位工作量折旧额＝固定资产原价×（1－预计净残值率）/预计总工作量

某项固定资产月折旧额＝该项固定资产当月工作量×单位工作量折旧额

［任务 4－4］　重庆机械制造有限公司有一辆运货卡车，原价为 600 000 元，预计总行

驶里程为400 000千米，预计报废时的净残值率为4%，本月行驶5 000千米。要求计算该卡车的月折旧额。

任务分析：因为运货卡车受企业采购和销售任务的季节性变动影响，各期的行驶情况差异较大，在销售旺季行驶里程数较大，而在销售淡季行驶里程数较少，故对该项固定资产应采用工作量法计提折旧。

单位里程折旧额＝600 000×（1－4%）/400 000＝1.44（元/千米）

本月折旧额＝5 000×1.44＝7 200（元）

（3）双倍余额递减法。

双倍余额递减法是指在不考虑固定资产净残值的情况下，根据每期期初固定资产原价减去累计折旧后的余额和双倍的直线法折旧率计算固定资产折旧的一种加速折旧方法。这种方法在折旧年限到期以前的两年内，应改变折旧方法将固定资产账面净值扣除预计净残值后的余额平均摊销。此方法适用于技术进步、更新换代较快的固定资产，用这种方法计提折旧折旧额逐年递减。

双倍余额递减法的计算公式如下：

年折旧率＝2/预计使用寿命（年）×100%

月折旧率＝年折旧率/12

月折旧额＝每月月初固定资产账面净值×月折旧率

最后两年年折旧额＝（到期以前两年年初账面净值－预计净残值）/2

[任务4－5] 重庆机械制造有限公司有一台电子设备，属于更新换代较快、需要加速折旧的固定资产，该项设备的原价为2 000 000元，预计使用年限为5年，预计净残值为6 000元。要求计算该设备的年折旧额。

任务分析：因为该项电子设备属于更新换代较快的固定资产，按新《企业所得税法》第三十二条规定，可以缩短折旧年限或采用加速折旧的方法计提折旧，因此采用双倍余额递减法来计提年折旧额。

年折旧率＝2/5＝40%

第1年应提的折旧额＝2 000 000×40%＝1 200 000（元）

第2年应提的折旧额＝（2 000 000－1 200 000）×40%＝320 000（元）

第3年应提的折旧额＝（800 000－320 000）×40%＝192 000（元）

第4、5年的年折旧额＝（480 000－192 000－6 000）/2＝141 000（元）

（4）年数总和法。

年数总和法是指固定资产原价减去预计净残值后的余额，乘以一个逐年递减的折旧率计算每年折旧额的一种加速折旧方法。使用的折旧率以分数的形式表示，分子代表固定资产尚可使用寿命，分母代表预计使用寿命年数总和。

年数总和法的计算公式如下：

年折旧率＝尚可使用年限/预计使用寿命的年数总和×100%

月折旧率＝年折旧率/12

月折旧额＝（固定资产原值－预计净残值）×月折旧率

[任务4－6] 重庆机械制造有限公司有一项因技术原因更新较快的固定资产，固定资产原价为1 000 000元，预计使用年限为5年，预计净残值为4 000元。要求计算该设备的

年折旧额。

任务分析：对于符合税法规定允许加速折旧的固定资产，经税务部门批准后，可以选择使用年数总和法对固定资产计提折旧，对该项设备采用此方法计提折旧，将固定资产的原价减去预计净残值后的余额，乘以一个逐年递减的折旧率，计算年折旧额。计算如表4-1所示。

表4-1 年折旧额计算表

年份	尚可使用年限/年	原价－净残值/元	变动折旧率	年折旧额/元	累计折旧/元
1	5	996 000	5/15	332 000	332 000
2	4	996 000	4/15	265 000	597 000
3	3	996 000	3/15	199 200	796 800
4	2	996 000	2/15	132 800	929 600
5	1	996 000	1/15	66 400	996 000

[任务4-7] 重庆机械制造有限公司2011年9月份根据“固定资产折旧计算表”，确定的各车间、厂部管理部门和销售部门应分配的折旧额为：一车间1 700 000元，二车间3 100 000元，厂部管理部门700 000元，销售部门400 000元。该企业新购置一台设备，价值为4 200 000元，预计使用寿命为10年，该企业同类设备计提折旧采用年限平均法。要求为该企业进行折旧的账务处理。

任务分析：按固定资产折旧的核算范围规定，当月增加的固定资产，当月不计提折旧，从下月开始提取折旧，因此本月新购置的设备从10月才开始计提折旧，本月应核算的折旧额为9月末折旧计算表中各部门应分配的折旧额，计提的折旧额按部门使用情况，需分别记入相关成本费用科目借方，并按应计提的总额记入“累计折旧”的贷方进行核算。账务处理如下：

借：制造费用——一车间	1 700 000	
——二车间	3 100 000	
管理费用	700 000	
销售费用	400 000	
贷：累计折旧		5 900 000

四、核算固定资产的后续支出

1. 职业规范

企业的固定资产在使用过程中，各组成部分耐用情况不同或使用条件不同，会导致固定资产局部出现损坏，为了保持固定资产的运行效能，使其能正常地运转和使用，就必须对固定资产损坏的部分进行维护和修理，进行必要的后续支出。

固定资产的后续支出包括在使用过程中发生的更新改造和修理费用等。更新改造等后续支出，符合固定资产确认条件的应当予以资本化，称为固定资产资本化后续支出，计入固定资产成本，因这部分核算需要通过“在建工程”科目来进行，将在任务二中专门介绍。各部门发生的固定资产修理费用等后续支出，不予以资本化，称为固定资产费用化后续支出，应在发生时计入当期损益，按固定资产的使用部门，将企业生产车间（部门）和行政管理部门等发生的固定资产修理费用等后续支出借记“管理费用”科目，贷记“银行存款”等科目；企业发生的与专设销售机构相关的固定资产修理费用等后续支出借记“销售费用”科目，贷记“银行存款”等科目。

2. 职业判断与操作

[任务 4-8] 重庆机械制造有限公司对现有的一台生产设备、一台管理部门使用的设备进行修理，修理过程中领用A材料价值15 000元用于生产设备和管理用设备的修理，另发生维修人员工资为6 000元。要求为该企业进行账务处理。

任务分析：公司对设备的修理没有满足资本化条件，该项固定资产后续支出在其发生时计入当期损益，而由于生产设备和管理部门使用的设备按规定进项允许抵扣，领用材料用于其修理，进项税额不用转出，故按核算要求该业务应将材料成本和维修人员工资作为修理支出，借记入“管理费用”，贷记“原材料”和“应付职工薪酬”科目。

借：管理费用　　21 000
　贷：原材料——A　　15 000
　　应付职工薪酬　　6 000

[任务 4-9] 重庆机械制造有限公司对销售部门一辆货运卡车进行维修，通过银行向福安修理厂转账支付车辆维修费用共计3 000元。要求为该企业进行账务处理。

任务分析：公司货运卡车的修理没有满足资本化条件，该项固定资产后续支出在其发生时计入当期损益，货运卡车属于销售部门的固定资产，则该笔修理费用应借记“销售费用”科目，贷记“银行存款”科目。

借：销售费用　　3 000
　贷：银行存款　　3 000

五、核算固定资产的处置

1. 职业规范

企业在生产经营的过程中，可能由于生产转型等原因，使部分固定资产不再适用或不再需要，也可能因为磨损和技术进步等原因使固定资产报废，或因自然灾害等原因使固定资产毁损，这时需对这些固定资产进行处置。固定资产的处置包括固定资产的出售、报废、毁损、对外投资、非货币性资产交换、债务重组等。对固定资产处置进行核算时，应按规定程序办理相关手续，设置“固定资产清理”账户，结转固定资产的账面价值，计算有关的清理收入、费用及残料价值等。

“固定资产清理”账户属于资产类账户，借方核算处置固定资产时的固定资产账面价值和清理固定资产的相关税费，贷方核算处置固定资产的收益、固定资产损失的赔偿，该账户借贷方的差额即清理固定资产的净损益，在固定资产清理完成后，通过该账户反向结转入当期损益，结转后该账户没有余额。

固定资产进行清理时涉及以下五个环节的处理：

（1）转入固定资产清理。

企业出售、报废、毁损、对外投资、非货币性资产交换、债务重组固定资产时，需要先将固定资产净值即还未得到补偿的部分价值转入固定资产清理，借记“固定资产清理”科目；将已计提的累计折旧和减值准备转出，借记“累计折旧”和“固定资产减值准备”科目；按固定资产账面原价转出固定资产，贷记“固定资产”科目。

（2）核算发生的清理税费。

在固定资产的清理过程中，支付的相关税费和其他费用，作为清理环节付出的代价，借记“固定资产清理”科目，按实际支付的费用额贷记“银行存款”，根据清理的固定资产类型不同，按规定在清理环节需要交纳的税种是不同的，如清理的是房屋建筑物等不动产，需交纳营业税，则按应纳税额贷记“应交税费——应交营业税”；如清理的是机器设备等动产，则需交纳增值税，则按应纳税额贷记“应交税费——应交增值税（销项税额）”。

（3）核算固定资产处置的各项收入。

清理固定资产时，可能因为出售、残料及残值变价等产生各项收入，作为清理的收益用于抵扣清理的损失，并按收益的实际形式，在发生时借记“银行存款”、“原材料”等科目，贷记“固定资产清理”科目。

（4）处理损失赔偿。

企业清理的固定资产如参加了财产保险，可获得保险公司赔偿，如由于毁损是由过失人引起的，则需由过失人进行损失赔偿，在确认赔偿款时，按应收到的赔偿金额借记“其他应收款”科目，贷记“固定资产清理”科目。

（5）处理清理净损益。

固定资产清理完成后，账户的差额在借方，反映为清理净损失，根据损失的性质，如为生产经营期间正常的处理损失，将净损失从“固定资产清理”科目的贷方，转入“营业外支出——非流动资产处置损失”科目的借方；如为自然灾害等非正常原因造成的损失，则将净损失从“固定资产清理”科目的贷方，转入“营业外支出——非常损失”科目的借方。账户的差额在贷方，反映清理净收益，从“固定资产清理”科目的借方，转入“营业外收入——非流动资产处置利得”科目的贷方。

2. 职业判断与操作

［任务 4-10］ 重庆机械制造有限公司出售一座建筑物，原价为 3 000 000 元，已计提折旧 2 000 000 元，未计提减值准备，实际出售价格为 1 300 000 元，已通过银行收回价款。要求为该公司进行账务处理。

任务分析：出售建筑物应转入固定资产清理进行核算，分别核算该建筑物清理的账面价值、应付的税费和出售收益，并核算清理的净损益，需注意的是公司出售的建筑物为公司不动产，该项出售业务需按出售价格计算交纳营业税。账务处理如下：

转入清理：

借：固定资产清理	1 000 000	
累计折旧	2 000 000	
贷：固定资产		3 000 000

出售建筑物：

借：银行存款	1 300 000	
贷：固定资产清理		1 300 000

计算应纳营业税额（按规定适用的税率为 5%）：

借：固定资产清理	65 000	

贷：应交税费——应交营业税　　65 000

结转清理净损益：

借：固定资产清理　　235 000

贷：营业外收入——非流动资产处置利得　　235 000

[任务 4-11] 重庆机械制造有限公司现有一台设备由于性能等原因决定提前报废，原价为 600 000 元，已计提折旧 520 000 元，未计提减值准备。报废时的残值变价收入为 15 000，报废清理过程中发生清理费用 4 000 元。有关收入、支出均通过银行办理结算。要求为该公司进行账务处理。

任务分析：设备因性能原因提前报废应转入固定资产清理，核算尚未补偿的设备账面价值、清理的费用和残值变价收入，并处理清理净损益。需要注意的是，设备的净损失属于生产经营期正常的损失，应记入"营业外支出——非流动资产处置损失"科目。账务处理如下：

转入清理：

借：固定资产清理　　80 000

累计折旧　　520 000

贷：固定资产　　600 000

残值变价收入：

借：银行存款　　15 000

贷：固定资产清理　　15 000

支付清理费用：

借：固定资产清理　　4 000

贷：银行存款　　4 000

结转清理净损益：

借：营业外支出—— 非流动资产处置损失　　69 000

贷：固定资产清理　　69 000

[任务 4-12] 重庆机械制造有限公司因水灾而毁损了一座仓库，该仓库原价为 3 000 000 元，已计提折旧 1 000 000 元，未计提减值准备。其残料估计价值为 40 000 元，残料已办理入库。发生的清理费用为 15 000 元，以现金支付。经保险公司核定应赔偿的损失为 1 000 000 元，尚未收到赔款。要求为该公司进行账务处理。

任务分析：因水灾毁损的仓库应转入固定资产清理，核算其清理净损益，需注意的是如为净损失，处理时应转入"营业外支出——非常损失"科目核算。账务处理如下：

将仓库转入清理：

借：固定资产清理　　2 000 000

累计折旧　　1 000 000

贷：固定资产　　3000 000

残料入库：

借：原材料　　40 000

贷：固定资产清理　　40 000

支付清理费用：

借：固定资产清理　　15 000
　　贷：银行存款　　15 000

确定保险公司赔偿损失：

借：其他应收款　　1 000 000
　　贷：固定资产清理　　1 000 000

结转清理净损益：

借：营业外支出——非常损失　　975 000
　　贷：固定资产清理　　975 000

知识拓展3

报废、毁损固定资产损失认定规定

据国资评价［2003］72号第四十八条的规定：对报废、毁损的固定资产，将其账面净值扣除残值、保险赔偿和责任人赔偿后的差额部分，依据下列证据，认定为损失：

（1）企业内部有关部门出具的鉴定证明。

（2）单项或批量金额较大的固定资产报废、毁损，由企业作出专项说明，应当委托有技术鉴定资格的机构进行鉴定，出具鉴定证明。

（3）不可抗力原因（自然灾害、意外事故）造成固定资产毁损、报废的，应当有相关职能部门出具的鉴定报告。如消防部门出具的受灾证明，公安部门出具的事故现场处理报告、车辆报损证明，房管部门的房屋拆除证明，锅炉、电梯等安检部门的检验报告等。

（4）企业固定资产报废、毁损情况说明及内部核批文件。

（5）涉及保险索赔的，应当有保险理赔情况说明。

（6）如涉及税务部门确认或批准，应与税务部门沟通。

六、核算固定资产的清查

1. 职业规范

为了保证企业固定资产核算的真实性，充分挖掘现有固定资产的潜能，应定期或至少每年年末对固定资产进行清查盘点，为了真实反映清查过程中固定资产的盘盈和盘亏，需要填制固定资产盘盈、盘亏报告表，对于清查固定资产出现损益，应及时查明原因，并按照相关规定报批处理。

（1）固定资产盘盈。

固定资产盘盈是指在账产清查中，实际清点的固定资产价值大于固定资产账面原值的部分，根据《企业会计准则第28号——会计政策、会计估计变更和差错更正》规定盘盈的固定资产，应作为前期差错处理，按重置成本确定其入账价值，在按管理权限报经批准前先通过“以前年度损益调整”科目核算，核算时借记“固定资产”科目，贷记“以前年度损益调整”科目。报经批准后，将应纳所得税扣除，按扣除后的金额结转为留存收益。

（2）固定资产盘亏。

企业定期清查财产，清查中实际清点的固定资产价值小于其账面价值的部分，称为固定资产盘亏，在发现盘亏时应通过“待处理财产损溢”科目核算盘亏固定资产的账面价值，借记“待处理财产损溢”科目，将计提累计折旧和减值准备从“累计折旧”、“固定资产减值准备”科目借方转出，将固定资产原值从“固定资产”科目贷方转出。按管理权限报经批准后处理时，盘亏由保险或过失人赔偿的，应借记“其他应收款”科目，其他的盘亏应计入营业外支出科目，借记“营业外支出——盘亏损失”科目，贷记“待处理财产损溢”科目。

2. 职业判断与操作

[任务4-13] 重庆机械制造有限公司2011年9月底，在财产清查过程中，发现一台未入账的设备，重置成本为60 000元（假定与其计税基础不存在差异），假定该公司适用的所得税税率为25%，按净利润的10%计提法定盈余公积。要求为该公司进行账务处理。

任务分析：按规定该未入账的设备，作为前期差错处理，先通过“以前年度损益调整”科目核算重置成本，并按适用所得税税率计算应纳的所得税，重置成本扣除所得税后，转为公司的留存收益。账务处理如下：

盘盈固定资产时：

借：固定资产	60 000	
贷：以前年度损益调整		60 000

计算应交纳的所得税：

借：以前年度损益调整	15 000	
贷：应交税费——应交所得税	15 000	

报批后结转为留存收益：

借：以前年度损益调整	45 000	
贷：盈余公积——法定盈余公积		4 500
利润分配——未分配利润		40 500

[任务4-14] 重庆机械制造有限公司2011年9月底，在财产清查过程中，发现短缺设备一台，原价为70 000元，已计提折旧20 000元。

任务分析：公司的短缺设备折旧尚未提够，有部分价值未得到补偿，需对这部分价值按损失进行处理，发现盘亏时将这部分账面价值转入“待处理财产损溢”，待按程序报批后，转入“营业外支出——盘亏损失”。账务处理如下：

固定资产盘亏时：

借：待处理财产损溢	50 000	
累计折旧	20 000	
贷：固定资产		70 000

报经批准报销时：

借：营业外支出——盘亏损失	50 000	
贷：待处理财产损溢		50 000

七、核算固定资产的减值

1. 职业规范

企业的固定资产在使用过程中会由于经济环境中的多种原因，使其资产负债表日可收回金额低于账面价值，我们把固定资产的这种现象称为固定资产减值。按新会计准则的谨慎性原则要求，当企业的固定资产发生减值时，应将该项固定资产的账面价值减记至可收回金额，以真实反映固定资产的价值，并确定其因为减值而发生的损失，通过计提相应资产减值准备的方式，计入当期损益。固定资产的减值损失一经确认，以后会计期间不得转回。

企业应设置“固定资产减值准备”科目计提减值准备，并确认减值损失，其核算处理按确认的减值损失，即账面价值与可收金额之间的差额，借记“资产减值损失——计提的固定资产减值准备”科目，贷记“固定资产减值准备”科目。

2. 职业判断与操作

[任务 4-15] 重庆机械制造有限公司 2011 年 12 月 31 日，某生产线因技术进步等原因，可能发生减值的迹象。经计算，该生产线的可收回金额合计为 1 170 000 元，账面价值为 1 500 000 元，以前年度未对该生产线计提过减值准备。要求为该公司进行账务处理。

任务分析：该生产线发生减值，需要先确定其减值损失，即用账面价值减去可收回金额的差额，1 500 000－1 170 000＝330 000（元），然后按损失额提取减值准备。账务处理如下：

借：资产减值损失——计提的固定资产减值准备　　330 000
　贷：固定资产减值准备　　330 000

教学互动

（1）情景模拟、角色扮演：准备购入固定资产会计核算的原始单据（合同、发票、结算凭证、运输发票、验收单、交接单、固定资产卡片、记账凭证、分类账等），由教师指导学生分角色演示购入固定资产的流程环节，配合 PPT 演示单据的填写与交付。将班级学生分成若干小组，用空白单据模拟流程操作，并根据实际操作制作业务流程图。

（2）与后勤处联系，让学生承接学校固定资产清查任务，通过学生实地的财产清查盘点，指导学生填制财产清查表、报废申请书、清理损益计算表，并结合清查情况模拟固定资产处置和清查核算流程。

任务二 核算在建工程

Mission two

一、认知在建工程

在建工程是指企业正在建设尚未竣工投入使用的建设项目，包括固定资产的购进安装、新建、改建、扩建，或技术改造、设备更新和大修理工程等尚未完工的工程。在建工程是固定资产的形成阶段，通常有“自营”和“出包”两种建造方式。自营在建工程指企业自行购买工程用料、自行施工并进行管理的工程；出包在建工程是指企业通过签订合同，由其他工程队或单位承包建造的工程。

在建工程因建设方式不同而具有不同的核算内容。采用自营方式建造的工程，应当按照建造过程中实际发生的直接材料、直接工资、直接机械施工费等计量；采用出包方式建造的工程，按照应支付的工程价款等计量；是设备安装工程的，应当按照所安装设备的价值、工程安装费用、工程试运转等所发生的支出等确定工程成本。在建工程完工后，就形成厂房、设备、生产线等固定资产。

二、核算在建工程

1. 职业规范

为了规范对企业在建工程的核算，需要设置“工程物资”、“在建工程”等资产类账户，用以对在建工程进行分类核算，便于为企业提供在建工程的管理信息。

企业为了总括地反映在建工程的支出，需要设置“在建工程”总分类账户对其进行总分类核算，企业的在建工程因建设方式不同核算内容有所不同，为了详细反映不同形式下的在建工程支出，可以按在建工程的不同类型设置二级账户，对其进行明细分类核算。比如，可按“建筑工程”、“安装工程”等设置明细分类账户。

2. 职业判断与操作

(1) 自营工程核算。

自营工程由企业自行组织工程物资和施工人员从事工程施工的安装工程和建筑工程。自营建造固定资产的核算包括准备建造物资、实施建造过程、建造完工结转三个环节。实际中通过设置“工程物资”账户核算自建工程购入的各种物资，借方登记企业购入工程物资的成本，贷方登记领用工程物资的成本，余额在借方，反映企业为在建工程准备的各种物资的成本，在工程完工后，剩余物资转为企业的存货。通过设置“在建工程”账户归集核算建造固定资产达到预定可使用状态前所发生的必要支出，包括建造固定资产领用的工程物资、原材料或库存商品成本，工程应负担的职工薪酬，辅助部门提供的各项劳务，应予以资本化的借款费用以及其他必要支出且作为固定资产的成本。

[任务 4-16] 重庆机械制造有限公司自建厂房一幢，购入为工程准备的各种物资 700 000元，支付增值税额 119 000 元，全部用于工程建设。领用本企业原材料一批，实际成本为 60 000 元，增值税额为 10 200 元；工程人员应计工资 80 000 元，用银行存款支付的其他费用 20 000 元。工程完工并达到预定可使用状态。要求为该公司进行账务处理。

任务分析：公司自营工程中采购工程物资，根据取得的采购发票、运输单和验收单等原始凭证编制记账凭证核算业务，采购的工程物资用于厂房，按规定进项税不能抵扣，应将其计入物资成本，在用于建造工程时，转入工程成本。工程领用的原材料，原已记入“进项税额”的部分，因房屋、建筑屋进项税不予抵扣的规定，需要将其转出，记入“工程成本”中。账务处理如下：

购入工程物资：

借：工程物资	819 000	
贷：银行存款		819 000

领用原材料建造工程：

借：在建工程	70 200	
贷：原材料		60 000
应交税费——应交增值税（进项税额转出）		10 200

领用工程物资：

借：在建工程　　819 000
　　贷：工程物资　　819 000

分配工程建设人员工资：

借：在建工程　　80 000
　　贷：应付职工薪酬　　80 000

支付工程发生的其他费用：

借：在建工程　　20 000
　　贷：银行存款　　20 000

工程完工交付使用：

固定资产完工实际成本＝70 200＋819 000＋80 000＋20 000＝989 200（元）

借：固定资产　　989 200
　　贷：在建工程　　989 200

注：自营工程项目如需领用企业自己生产的产品，按税法规定，应视为销售，计算交纳的增值税销项税额，并连同产品成本计入在建工程。

（2）出包工程核算。

出包工程是企业采用招标等方式将工程项目出包给建造商，由建造商组织施工的建筑工程和安装工程。企业采用出包方式建造的固定资产，其建造的具体支出主要由承建商核算。在这种方式下，"在建工程"科目主要是企业支付建造承包商工程价款的结算科目，支付的工程价款作为工程成本在该科目中核算。工程款的支付以合同中约定的工程进度为依据，在每次实际支付工程进度款项时，借记"在建工程"科目，贷记"银行存款"科目；在工程完工收到承建单位账单时，按补付的款项，借记"在建工程"科目，贷记"银行存款"科目；最后计算出完工成本，将在建工程成本从"在建工程"科目的贷方转入"固定资产"科目借方。

[任务 4－17]　重庆机械制造有限公司将一幢仓库的建造工程出包给天华公司承建，按合理估计的发包工程进度和合同规定向该公司结算进度款 700 000 元，工程完工后，收天华公司有关工程结算单据，补付工程款 300 000 元，工程完工并达到预定可使用状态。要求为该公司进行账务处理。

任务分析：公司按合同进度结算工程款，以结算单据回单等原始凭证，增加在建工程成本，按支付的金额，记入"在建工程"的借方。工程结束时，对工程验收合格，工程达到预定可使用状态，补付工程价款，根据工程验收报告，结转工程成本入"固定资产"借方，反映增加固定资产的账面原值。账务处理如下：

按合同进度结算工程款：

借：在建工程　　700 000
　　贷：银行存款　　700 000

工程完工验收合格，补付工程款：

借：在建工程　　300 000
　　贷：银行存款　　300 000

工程完工交付使用：

借：固定资产　　1 000 000
　　贷：在建工程　　1 000 000

知识拓展1

在建工程领用原材料的进项税额处理规定

2009年以后增值税转型，对在建工程领用原材料的进项税额处理产生了影响，在原来的核算中由于固定资产的进项税额全部不能抵扣，所以领用原材料用于在建工程，进项税额不能再抵扣，需全部转出。而转型后，要根据领用原材料的工程建设项目种类不同，而采用不同的处理方法。若领用的原材料用于允许抵扣增值税进项的固定资产建造项目，如机器、设备等动产的安装项目，领用原材料时不需进项税额转出，直接借记“在建工程”科目，贷记“原材料”科目；若领用的原材料用于不允许抵扣增值税进项的固定资产建造项目，如房屋、建筑物等不动产的建造项目，领用原材料时需要进项税额转出，借记“在建工程”科目，贷记“原材料”科目和“应交税费——应交增值税（进项税额转出）”科目。

知识拓展2

符合资本化条件的借款费用处理规定

按照《企业会计准则第17号——借款费用》的有关规定，发生在固定资产购建过程中的借款费用（包括借款利息、折价或者溢价的摊销、辅助费用及汇总差额等），可直接归属于符合资本化条件的资产的购建或者生产的，应当予以资本化，计入相关资本成本。符合资本化条件的资产，是指需要经过相当长时间购建或者生产活动才能达到预定可使用或者可销售状态的固定资产、投资性房地产和存货等资产。

三、核算固定资产的资本化后续支出

1. 职业规范

固定资产后续支出若符合固定资产确认条件的，称为资本化后续支出，应当计入固定资产成本。如固定资产改建、扩建或改良，在原有固定资产基础上，通过改扩建使固定资产发生下列一些变化：固定资产使用寿命延长；固定资产生产能力提高；产品质量提高；产品生产成本降低；使产品品种、性能、规格等发生良好的变化；企业经营管理环境或条件改善。此种情况则应当将其支出计入固定资产账面价值，但增加后的账面价值需以可收回金额为限。

对固定资产发生可资本化的后续支出进行核算，企业应将固定资产账面价值转入在建工程。发生的可资本化后续支出，通过“在建工程”科目核算，在固定资产发生的后续支出完工并达到预定可使用状态时，从“在建工程”科目转入“固定资产”科目。

2. 职业判断与操作

[任务4－18]　重庆机械制造有限公司2007年12月购入一台设备总价为6 000 000元（含电机），电机当时的购价为500 000元。公司未将电机作为一项单独的固定资产核算。2012年年初，公司的生产任务加重，为了保证设备的正常运转，公司决定更换一部性能更为先进、功率更大的电机，新电机的购价为700 000元，另需支付安装费10 000元。假定设备的年折旧率为4%，不考虑预计净残值和相关税费的影响。要求为该公司进行账务处理。

任务分析：购进安装电机后，固定资产的性能提高，则安装新电机的支出属于固定资产的资本化后续支出，应转入在建工程核算。需要注意的是，进行这笔业务核算时要考虑固定资产已提取折旧的因素。另购入安装新发动机后，需要终止确认老电机的账面价值，将其转入营业外支出。账务处理如下：

将固定资产转入在建工程：

借：在建工程　　5 040 000

　　累计折旧　　960 000

　　贷：固定资产　　6 000 000

设备的累计折旧金额＝6 000 000×4%×4＝960 000（元）

安装新发动机：

借：在建工程　　710 000

　　贷：工程物资　　700 000

　　　　银行存款　　10 000

终止确认旧电机的账面价值：

借：营业外支出　　420 000

　　贷：在建工程　　420 000

旧电机的账面价值＝500 000－500 000×4%×4＝420 000（元）

安装完毕，投入使用：

借：固定资产　　5 330 000

　　贷：在建工程　　5 330 000

固定资产入账价值＝5 040 000＋710 000－420 000＝5 330 000（元）

四、核算在建工程的减值

1. 职业规范

企业在资产负债表日，如有证据表明在建工程可回收金额低于账面价值，则表明在建工程已经发生了减值。根据资产减值准则的要求，企业的某项在建工程如已存在减值迹象的，应当对该项在建工程进行减值测试，估计其可回收金额，将可回收金额与在建工程的账面价值进行比较，确定可回收金额低于账面价值的差额，即为在建工程的减值损失，并将其计入当期损益。

由于新准则并未对在建工程计提减值准备的情况进行详细的规定，参照旧准则，在建工程存在下列情况的，应当计提在建工程减值准备：

（1）长期停建并且预计在未来 3 年内不会重新开工的在建工程。

（2）所建项目无论在性能上，还是在技术上已经落后，并且给企业带来的经济利益具有很大的不确定性。

（3）其他足以证明在建工程已经发生减值的情形。

新准则中未设置“在建工程减值准备”一级账户，在建工程发生减值时，应设置“在建工程——在建工程减值准备”二级账户，用来核算企业提取的在建工程减值准备。该账户属于资产类，是在建工程的备抵类账户，设置“资产减值损失——计提在建工程减值准备”，用来核算在建工程的减值损失。发生在建工程减值时，借记“资产减值损失——计提在建工程减值准备”，贷记“在建工程——在建工程减值准备”，在建工程减值准备一经计提，在以后的会计期间不得转回。

2. 职业判断与操作

[任务 4-19] 重庆机械制造有限公司 2011 年 12 月 31 日，发现一项以前年度开工的自营工程已长期停建，而且预计在未来 3 年内不会重新开工。这项工程的账面价值为 500 000 元，估计可收回金额为 320 000 元。要求进行账务处理。

任务分析： 公司的这项自营工程因长期停建，发生减值迹象，使可收回金额小于工程的账面价值，需要按可收回金额与工程账面价值间的差额 500 000－320 000＝180 000（元），确认减值损失，并计提减值准备。账务处理如下：

借：资产减值损失——计提在建工程减值准备　　180 000

　　贷：在建工程——在建工程减值准备　　180 000

知识拓展3

工程物资的清查、处置及减值相关规定

企业购入工程建设需要的工程物资，在工程建设期间经清查，如发生盘亏、报废及毁损，应确认其净损失，即成本扣除残料价值及保险公司、过失人赔偿款后的净额，计入所建工程项目的成本；如发生盘盈或处置净收益，则冲减所建工程项目成本。工程完工后发生的工程物资盘盈、盘亏、报废、毁损，则计入当期损益，记入“营业外支出”科目中。

购入的工程物资在资产负债表日，如发现减值，其处理可参照在建工程减值的核算进行。

教学互动

(1) 划分学习小组（5～6 人），教师给每组提供在建工程各环节的原始单据，在小组内设定工作岗位角色，模拟操作企业在建工程业务核算的流程，并讨论如何实现岗位职责。

(2) 小组讨论在建工程中购进物资、领用原材料等环节涉及的进项税额处理要求，并提交讨论资料。

任务三 核算投资性房地产

Mission three

一、认知投资性房地产

投资性房地产是指为了赚取租金或资本增值，或者两者兼有而持有的房地产。其特点表现为投资性房地产能够单独计量和出售。包括已出租的土地使用权、持有并准备增值转让的土地使用权、已出租的建筑物。

已出租的土地使用权和已出租的建筑物是投资性房地产的主要形式，属于一种让渡资产使用权的行为，让渡资产使用权取得的使用费收入即房地产租金，投资性房地产如为企业主要的经营性活动，收益应确认为主营业务收入；如为与经营性活动相关的其他活动，收益应确认为其他业务收入。持有并准备增值后转让的土地使用权，在我国的实务中这种情况较少。

1. 投资性房地产的范围

（1）已出租的土地使用权。

已出租的土地使用权是指企业通过出让或转让方式取得的，并以经营租赁方式出租的土地使用权。以经营租赁方式租入土地使用权再转租给其他单位的，不能确认为投资性房地产；企业计划出租但尚未出租的土地使用权，也不属于此类。如A公司与B公司签署了土地使用权租赁协议，A公司以年租金360万元租赁使用B公司拥有的20万平方米土地使用权。那么，自租赁协议约定的租赁期开始日起，这项土地使用权属于B公司的投资性房地产。

（2）已出租的建筑物。

已出租的建筑物，是指企业拥有产权的、以经营租赁方式出租的建筑物，包括自行建造或开发活动完成后用于出租的建筑物。如A公司承租B公司的一栋厂房，租赁期为3年，对于B公司而言，自租赁期开始起，该栋厂房属于投资性房地产。企业在判断和确认已出租的建筑物时，应当把握以下要点：用于出租的建筑物是指企业拥有产权的建筑物，企业以经营租赁方式租入再转租的建筑物不属于投资性房地产；已出租的建筑物是企业已经与其他方签订了租赁协议，约定以经营租赁方式出租的建筑物；企业将建筑物出租，按租赁协议向承租人提供的相关辅助服务在整个协议中不重大的，应当将该建筑物确认为投资性房地产。

（3）持有并准备增值后转让的土地使用权。

持有并准备增值后转让的土地使用权是指企业取得的、准备增值后转让的土地使用权。按照国家有关规定认定的闲置土地，不属于持有并准备增值后转让的土地使用权，也就不属于投资性房地产。

下列项目不属于投资性房地产：

①自用房地产，即为生产商品、提供劳务或者经营管理而持有的房地产。例如，企业生产经营用的厂房、办公楼属于固定资产；企业生产经营用的土地使用权属于无形资产。

②作为存货的房地产。作为存货的房地产通常是指房地产开发企业在正常经营过程中销售的或为销售而正在开发的商品房和土地。具有存货性质的房地产不属于投资性房地产。

2. 投资性房地产的确认

某项目在符合投资性房地产的前提下，同时满足下列两个条件的，就能确认为投资性房地产：

（1）与该资产相关的经济利益很可能流入企业。

（2）该投资性房地产的成本能够可靠计量。

二、采用成本模式核算投资性房地产

1. 职业规范

为核算投资性房地产，企业应设置“投资性房地产”科目和账户，用来核算投资性房地产的成本，借方登记通过各种方式取得的投资性房地产成本，贷方登记将投资性房地产转为自用或处置投资性房地产，转出的投资性房地产账面价值，期末余额在借方，反映投资性房地产的成本。本账户可按投资性房地产类别和项目进行明细核算。投资性房地产有两种计量模式，采用成本模式计量的投资性房地产和采用公允价值计量的投资性房地产。

外购采用成本模式计量的土地使用权和建筑物，应当按取得时的实际成本进行初始计量。其成本包括购买价款、相关税费和可直接归属于该资产的其他支出。按照确定的成本，借记“投资性房地产”账户，贷记“银行存款”等账户。

企业购入的房地产，如果为部分自用、部分出租，应分别予以确认，按各部分公允价值占公允价值总额的比例进行分配。购入的房地产自用一段时间后，改为出租或资本增值的，应先确认为固定资产或无形资产，自租赁期开始日或用于资本增值之日开始，才能从固定资产或无形资产转换为投资性房地产。

如果将非投资性房地产转换为投资性房地产，企业必须有确凿证据表明房地产用途发生改变，从自用状态改为出租状态。这种转换主要有两种情况：一种是将作为存货的房地产转换为采用成本模式计量的投资性房地产。此时应当按该项存货在转换日的账面价值，借记“投资性房地产”科目，原已计提跌价准备的，借记“存货跌价准备”科目，按其账面余额贷记“开发产品”科目。另一种是将自用房地产转换为采用成本模式计量的投资性房地产。此时应当按该项建筑物或土地使用权在转换日的原价、累计折旧、减值准备等，分别转入“投资性房地产”、“投资性房地产累计折旧（摊销）”、“投资性房地产减值准备”。按其账面余额，借记“投资性房地产”科目，贷记“固定资产”或“无形资产”科目；按已计提的折旧或摊销，借记“累计折旧”或“累计摊销”，贷记“投资性房地产累计折旧（摊销）”；按已计提减值准备，借记“固定资产减值准备”或“无形资产减值准备”科目，贷记“投资性房地产减值准备”科目。

2. 职业判断与操作

（1）投资性房地产的初始计量。

[任务 4-20] 重庆机械制造有限公司 2011 年 9 月计划购入一栋写字楼用于对外出租。9 月 12 日与天信公司签订了经营租赁合同，约定自写字楼购买日起将这栋写字楼出租给天信公司，为期 3 年。9 月 20 日，重庆机械制造有限公司实际购入写字楼，支付价款共计 14 000 000元。要求为该公司进行账务处理。

任务分析：公司购入写字楼用于租赁业务，条件符合已出租的建筑物，从租赁期开始应作为投资性房地产核算，按取得的实际成本进行初始计量。账务处理如下：

借：投资性房地产——写字楼	14 000 000	
贷：银行存款		14 000 000

[任务 4-21] 重庆机械制造有限公司 2011 年 5 月购入一块土地的使用权，在该块土地上开始自行建造三栋厂房。2011 年 10 月建造的厂房即将完工，与东华公司签订经营租赁合同，将其中的一栋厂房租赁给东华公司使用，厂房完工时开始起租。2011 年 11 月 20 日，三栋厂房同时完工，该块土地使用权的成本为 9 000 000 元，三栋厂房的造价均为 10 000 000 元，能够单独出售。要求为该公司出租厂房业务进行账务处理。

任务分析：租赁给东华公司的厂房符合投资性房地产的确认条件，从起租日起应分别将厂房和厂房对应的土地使用权转为投资性房地产，分别从“在建工程”、“无形资产”转入“投资性房地产”借方。厂房对应的土地使用权按厂房的公允价值占公允价值总额的比重分配 9 000 000×（10 000 000/30 000 000）＝3 000 000（元）。账务处理如下：

借：投资性房地产——厂房	10 000 000	
贷：在建工程		10 000 000

借：投资性房地产——土地使用权　　3 000 000
　　贷：无形资产——土地使用权　　3 000 000

［任务 4－22］　重庆机械制造有限公司拥有一栋办公楼，用于本企业总部办公。2011年9月5日，与宏信公司签订了经营租赁协议，将这栋办公楼整体出租给宏信公司使用，租赁开始日为9月15日，为期3年。2011年9月15日，这栋办公楼的账面余额为36 000 000元，已计提折旧5 000 000元。要求为该公司进行账务处理。

任务分析：公司将自用办公楼改变用途，租赁给宏信公司，应确认为投资性房地产，应将资产的账面原值和折旧额分别转入到"投资性房地产"和"投资性房地产累计折旧（摊销）"科目。账务处理如下：

借：投资性房地产——办公楼　　36 000 000
　　贷：固定资产　　36 000 000
借：累计折旧　　5 000 000
　　贷：投资性房地产累计折旧（摊销）　　5 000 000

（2）投资性房地产的后续计量。

采用成本模式进行核算的投资性房地产后续计量包含三个方面的内容：一是在经营过程中对持有的投资性房地产参照固定资产和无形资产的核算，按月计提折旧或进行摊销，借记"其他业务成本"等科目，贷记"投资性房地产累计折旧（摊销）"科目；二是核算在经营过程中取得的租金收入，借记"银行存款"等科目，贷记"其他业务收入"科目；三是在资产负债表日，当投资性房地产存在减值迹象时，经过减值测试确定发生减值的，应当计提减值准备，借记"资产减值损失"科目，贷记"投资性房地产减值准备"科目。

［任务 4－23］　重庆机械制造有限公司一栋办公楼出租给华福公司使用，已确认为投资性房地产，采用成本模式进行后续计量，该栋办公楼的成本为20 000 000元，按直线法计提折旧，使用寿命为10年，预计净残值为零。按租赁合同约定，华福公司每月支付重庆机械制造有限公司租金60 000元。当年12月31日，这栋办公楼发生减值迹象，经减值测试，其可收回金额为13 000 000元，此时办公楼的账面价值为16 000 000元，以前未计提减值准备。要求为该公司进行账务处理。

任务分析：这笔业务反映的是出租办公楼在经营期内租金收入、价值补偿及减值的相关核算，应按核算要求分别进行核算。出租办公楼应属于公司的其他与经营相关的业务，其收入和成本应确认为其他业务收入和其他业务成本；折旧按直线法分月提取，月折旧额为(20 000 000/20)/12＝83 333.33（元）；减值按可收回金额与账面价值之间的差额确定，减值为16 000 000－13 000 000＝3 000 000（元）。

计提折旧：

借：其他业务成本　　83 333.33
　　贷：投资性房地产累计折旧（摊销）　　83 333.33

确认租金收入：

借：银行存款　　60 000
　　贷：其他业务收入　　60 000

计提减值准备：

借：资产减值损失　　3 000 000
　　贷：投资性房地产减值准备　　3 000 000

（3）核算投资性房地产的处置。

投资性房地产被处置，或者永久退出使用而且预计不能从其处置中取得经济利益时，应当终止确认该项投资性房地产。企业出售、转让、报废投资性房地产或者发生投资性房地产毁损，应当将处置收入扣除其账面价值和相关税费后的金额计入当期损益。

处置采用成本模式计量的投资性房地产时，应当按实际收到的处置款项，借记“银行存款”等账户，贷记“其他业务收入”账户；按照该项投资性房地产的账面价值，借记“其他业务成本”账户，按其账面余额，贷记“投资性房地产”账户；按照已计提的折旧或摊销，借记“投资性房地产累计折旧（摊销）”账户；原已计提减值准备的，借记“投资性房地产减值准备”账户。

[任务4-24] 重庆机械制造有限公司将其出租的一栋写字楼确认为投资性房地产，采用成本模式计量。租赁期满后，重庆机械制造有限公司将该栋写字楼出售给华福公司，合同价款为50 000 000元，华福公司用银行存款付清。出售时，该写字楼的成本为20 000 000元，已计提折旧2 000 000元。要求为该公司进行账务处理。

任务分析：公司的写字楼确认为投资性房地产，现出售给华福公司，应确认出售的收入，结转该项投资性房地产的账面价值，并将收入扣除账面价值后的净值计入当期损益。

确认出售收入：

借：银行存款	50 000 000	
贷：其他业务收入		50 000 000

结转未补偿的账面价值：

借：其他业务成本	18 000 000	
投资性房地产累计折旧（摊销）	2 000 000	
贷：投资性房地产——写字楼		20 000 000

三、采用公允价值模式核算投资性房地产

1. 职业规范

《企业会计准则第3号——投资性房地产》第十条规定：企业有确凿证据表明其公允价值能够持续可靠取得的，可以采用公允价值计量模式。采用公允价值计量模式的投资性房地产，应当同时满足两个条件。一是投资性房地产所在地有活跃的房地产交易市场；二是企业能够从房地产交易市场上取得同类或类似房地产的市场价格及其相关信息，从而对投资性房地产的公允价值做出科学合理的估计。

外购或自行建造采用公允价值模式计量的土地使用权和建筑物，其实际成本的确定与采用成本计量模式的投资性房地产一致，按照取得时的实际成本进行初始计量。在核算上科目和账户设置与成本计量模式有些差异，应当在“投资性房地产”科目下设置“成本”和“公允价值变动”两个明细科目，外购和自行建造时发生的实际成本，记入“投资性房地产——成本”科目的借方。

如果企业将非投资性房地产转换为投资性房地产，在采用公允价值模式计量的情况下，核算与采用成本计量模式有很大差异。作为存货的房地产转换为采用公允价值模式计量的投资性房地产，应当按该项存货在转换日的公允价值，借记“投资性房地产——成本”科目，原已计提跌价准备的，借记“存货跌价准备”科目。按其账面余额贷记“开发产品”科目，如转换日

的公允价值小于账面价值，按其差额，借记“公允价值变动损益”，如转换日的公允价值大于账面价值，按其差额，贷记“资本公积——其他资本公积”，待该项投资性房地产处理时，计入资本公积的这一部分转入当期损益；作为自用房地产转换为采用成本模式计量的投资性房地产，应当按该项建筑物或土地使用权在转换日的公允价值，借记“投资性房地产——成本”科目，按已计提的累计折旧或累计摊销，借记“累计折旧”或“累计摊销”，按已计提的减值准备，借记“无形资产减值准备”、“固定资产减值准备”科目，按其账面余额贷记“固定资产”或“无形资产”科目，如转换日的公允价值小于账面价值，按其差额借记“公允价值变动损益”，如转换日的公允价值大于账面价值，按其差额，贷记“资本公积——其他资本公积”，待该项投资性房地产处理时，计入资本公积的这一部分转入当期损益。

2. 职业判断与操作

(1) 投资性房地产的初始计量。

[任务4-25]　若［任务4-20］中写字楼符合公允价值计量的条件，要求为该公司进行账务处理。

任务分析：公司购入写字楼用于租赁业务，条件符合已出租的建筑物，且符合公允价值计量的要求，故按公允价值计量模式核算。账务处理如下：

借：投资性房地产——成本（写字楼）	14 000 000	
贷：银行存款		14 000 000

[任务4-26]　若［任务4-21］中的土地使用权和厂房符合公允价值计量条件，则采用公允价值计量模式进行核算。要求为该公司进行账务处理。

任务分析：土地使用权和厂房的初始计量成本与成本计量模式的确认方法相同，只是在进行核算时在科目设置上及记录上有些不同。账务处理如下：

借：投资性房地产——成本（厂房）	10 000 000	
贷：在建工程		10 000 000
借：投资性房地产——成本（土地使用权）	3 000 000	
贷：无形资产——土地使用权		3 000 000

[任务4-27]　若［任务4-22］中的自用办公楼，符合公允价值模式计量要求，且转换日的公允价值为33 000 000元，按公允价值模式进行业务核算。要求为该公司进行账务处理。

任务分析：公司的自用办公楼转换为投资性房地产，在公允价值模式计量要求下，按办公楼的公允价值记入“投资性房地产——成本”科目的借方，同时结转该办公楼的账面价值，该笔业务的公允价值大于其账面价值，按其差额33 000 000－31 000 000＝2 000 000（元）记入“资本公积——其他资本公积”科目的贷方。账务处理如下：

借：投资性房地产——成本（办公楼）	33 000 000	
累计折旧	5 000 000	
贷：固定资产		36 000 000
资本公积——其他资本公积		2 000 000

(2) 投资性房地产的后续计量。

采用公允价值模式计量的投资性房地产，不计提折旧或进行摊销，也不需要计提减值准备。而应在资产负债表日按公允价值进行计量。设置“投资性房地产——公允价值变动”账户进行核算，如投资性房地产的公允价值高于其账面价值，按其差额记入“投资性房地产——公允价值变动”科目借方，同时在“公允价值变动损益”科目的贷方记录增值额；如投资性房产的公允价值低于其账面价值，按其差额记入“投资性房地产——公允价值变动”科目贷方，同时在“公允价值变动损益”科目的借方记录减值额。

[任务 4－28] 若［任务 4－23］中的出租办公楼符合公允价值计量要求，采用公允价值模式进行投资性房地产的核算，当年 12 月 31 日该出租办公楼的公允价值为 17 000 000 元，账面价值为 16 000 000 元。要求为该公司进行账务处理。

任务分析：这笔业务反映的是出租办公楼在经营期内采用公允价值模式计量的相关核算，应确认租赁期内的租金收入，并于资产负债表日对其增值额（17 000 000－16 000 000＝1 000 000（元））进行确认，调整其账面价值，并计入当期损益。账务处理如下：

确认租金收入：

借：银行存款　　60 000

　贷：其他业务收入　　60 000

资产负债表日调整投资性房地产的账面价值：

借：投资性房地产——公允价值变动　　1 000 000

　贷：公允价值变动损益　　1 000 000

（3）投资性房地产的处置。

处置采用公允价值模式计量的投资性房地产时，应当按实际收到的金额，借记“银行存款”等科目，贷记“其他业务收入”科目；按该项投资性房地产的账面余额，借记“其他业务成本”科目，按其成本，贷记“投资性房地产——成本”科目，按其累积公允价值变动，贷记或借记“投资性房地产——公允价值变动”科目。同时，将投资性房地产累计公允价值变动转入其他业务收入，借记或贷记“公允价值变动损益”科目，贷记或借记“其他业务收入”科目。若存在原转换日计入资本公积的金额，也一并转入其他业务收入，借记“资本公积——其他资本公积”科目，贷记“其他业务收入”科目。

[任务 4－29] 重庆机械制造有限公司将其出租的一栋写字楼确认为投资性房地产，采用公允价值模式计量。租赁期满后，重庆机械制造有限公司将该栋写字楼出售给蓝芸公司，合同价款为 170 000 000 元，蓝芸公司用银行存款付清。出售时，该写字楼的成本为 140 000 000 元，公允价值变动为借方余额 20 000 000 元。假定不考虑营业税等税费。要求为该公司进行账务处理。

任务分析：采用公允价值模式计量的写字楼出售，应核算处置收入，确认为“其他业务收入”，将该投资性房地产的成本和公允价值变动作为处置成本结转入“其他业务成本”，同时结转累积的公允价值变动损益。账务处理如下：

确认出售收入：

借：银行存款　　170 000 000

　贷：其他业务收入　　170 000 000

结转处置成本：

借：其他业务成本　　16 000 000

　贷：投资性房地产——成本（写字楼）　　140 000 000

　　　　　　　　——公允价值变动　　20 000 000

结转投资性房地产累计公允价值变动损益：

借：公允价值变动损益　　20 000 000

　贷：其他业务成本　　20 000 000

知识拓展4

投资性房地产计量模式变更的规定

为保证会计信息的可比性，企业对投资性房地产的计量模式一经确定，不得随意变更。只有在房地产市场比较成熟，能够满足采用公允价值模式条件的情况下，才允许企业对投资性房地产从成本模式计量变更为公允价值模式计量。成本模式转为公允价值模式的，应当作为会计政策变更处理，将计量模式变更时公允价值与账面价值的差额调整期初留存收益。已经采用公允价值模式计量的投资性房地产，不得从公允价值模式转为成本模式。

教学互动

1. 划分学习小组（5～6 人），教师给每组提供各种方式获得投资性房地产的原始单据，在小组内设定工作岗位角色，模拟操作企业投资性房地产原始初始计量业务核算的流程，并讨论如何实现岗位职责。

2. 小组讨论投资性房地产两种计量模式下具体核算的区别与联系，提交讨论资料。

关键词

固定资产（Fixed Assets）　　累计折旧（Accumulated Depreciation）

在建工程（Construction-ln-Process）　　投资性房地产（Investment Property）

能力训练

一、单项选择题

1. 下列固定资产中，应计提折旧的是（　　）。

A. 大修理停用的设备　　B. 当月交付使用的设备

C. 未提足折旧提前报废的设备　　D. 经营性租入的固定资产

2. 甲公司 2011 年 9 月 5 日购买设备一台，以银行存款支付货款 9 126 000 元、增值税税额 1 551 420 元、包装费 42 000 元，设备不需安装，则该设备的入账价值为（　　）元。

A. 9 126 000　　B. 107 194 20　　C. 9 168 000　　D. 10 677 420

3. 一台机器原始价值为 90 000 元，预计可使用 10 年，预计净残值为 3%，采用平均年限法计算折旧时，第 2 年应提的折旧额为（　　）。

A. 8 730 元　　B. 9 000 元　　C. 8 830 元　　D. 8 930 元

4. 2010 年 1 月 1 日，某公司决定对现有生产线进行改扩建，以提高其生产能力。原值 210 万元，已计提折旧 80 万元。经过三个月的改扩建，完成了对这条生产线的改扩建工程，共发生支出 140 万元，符合固定资产确认条件。被更换部件的原价为 21 万元。更换新部件的价值为 10 万元。则对该项生产线进行改扩建后的账面价值为（　　）万元。

A. 249.5　　B. 267　　C. 337　　D. 284.5

5. 某项固定资产原值为 200 000 元，预计净残值收入 5 000 元，预计使用年限 10 年，采用双倍余额递减法计算的固定资产年折旧率为（　　）。

A. 25%　　B. 20%　　C. 10%　　D. 15%

6. 某企业 2005 年 6 月 20 日自行建造的一条生产线投入使用，该生产线建造成本为 940 万元，预计使用年限为 5 年，预计净残值为 10 万元。在采用年数总和法计提折旧的情况下，2006 年该设备应计提的折旧额为（　　）万元。

A. 248　　B. 310　　C. 279　　D. 124

7. 下列各项，不应通过“固定资产清理”科目核算的有（　　）。

A. 出售的固定资产　　B. 盘亏的固定资产

C. 报废的固定资产　　D. 毁损的固定资产

8. 下列不属于企业投资性房地产的是（　　）。

A. 企业持有并准备增值后转让的土地使用权

B. 房地产企业拥有并自行经营的饭店

C. 房地产开发企业将作为存货的商品房以经营租赁方式出租

D. 企业自行建造以经营租赁方式出租的建筑物

9. 企业外购、自行建造等取得，采用成本模式计量的投资性房地产，应按投资性房地产准则确定的成本，借记（　　）科目，贷记“银行存款”、“在建工程”等科目。

A. 投资性房地产　　B. 固定资产　　C. 在建工程　　D. 无形资产

10. 某房地产开发商于 2011 年 1 月，将作为存货的商品房转换为采用公允价值模式计量的投资性房地产，转换日的商品房账面余额为 200 万元，已计提跌价准备 30 万元，该项房产在转换日的公允价值 250 万元，则转换日记入“投资性房地产”科目的金额是（　　）万元。

A、250　　B. 70　　C. 280　　D. 220

11. 某房地产开发商于 2011 年 5 月，将作为存货的商品房转换为采用公允价值模式计量的投资性房地产，转换日的商品房账面余额为 150 万元，已计提跌价准备 20 万元，该项房产在转换日的公允价值 100 万元，则转换日记入“公允价值变动损益”科目的金额是（　　）万元。

A. 0　　B. 50　　C. 20　　D. 30

12. 某公司将一办公楼转换为采用公允价值模式计量的投资性房地产，该办公楼的账面原值为 4 000 万元，已计提的累计折旧为 100 万元，已计提的固定资产减值准备 200 万元，转换日的公允价值为 5 000 万元，则记入“资本公积——其他资本公积”科目的金额为（　　）。

A. 5 000　　B. 3 700　　C. 4 700　　D. 1 300

13. 关于投资性房地产后续计量模式的转换，下列说法中正确的是（　　）。

A. 成本模式转为公允价值模式的，应当作为会计估计变更

B. 已采用公允价值模式计量的投资性房地产，不得从公允价值模式转为成本模式

C. 已采用成本模式计量的投资性房地产，不得从成本模式转为公允价值模式

D. 企业对投资性房地产的计量模式可以随意变更

14. 关于投资性房地产的初始计量，下列说法中不正确的是（　　）。

A. 采用公允价值模式或成本模式进行计量的外购投资性房地产，均应当按照成本进行初始计量

B. 采用公允价值模式进行计量的外购投资性房地产，取得时按照公允价值进行初始计量

C. 自行建造投资性房地产的成本，由建造该项资产达到预定可使用状态前所发生的必要支出构成

D. 外购投资性房地产的成本，包括购买价款、相关税费和可直接归属于该资产的其他支出

15. 按成本模式计量的投资性房地产，其折旧或摊销额应记入（　　）科目。

A. 营业外支出　　B. 管理费用　　C. 其他业务成本　　D. 资产减值损失

二、多项选择题

1. 固定资产的费用化后续支出，根据固定资产的使用部门，可以记入（　　）等科目。

A. 管理费用　　B. 制造费用　　C. 销售费用　　D. 财务费用

2. 下列应计提折旧的固定资产包括（　　）。

A. 房屋建筑物

B. 在用的机器设备、仪器仪表、运输工具

C. 季节性停用、大修理停用的设备

D. 融资租入的固定资产

E. 经营性出租的固定资产

3. 下列应记入“固定资产清理”科目借方的是（　　）。

A. 转入清理固定资产的净值　　B. 清理过程中发生的清理费用

C. 清理过程中发生的变价收入　　D. 清理过程中取得的责任人的赔偿款

E. 清理过程中计算交纳的营业税

4. 下列各项中，属于加速折旧的方法有（　　）。

A. 双倍余额递减法　　B. 工作量法

C. 平均年限法　　D. 年数总和法

5. 企业结转固定资产清理净损益时，可能涉及的会计科目有（　　）。

A. 管理费用　　B. 营业外收入

C. 长期待摊费用　　D. 营业外支出

6. 下列各项中，属于投资性房地产的有（　　）。

A. 企业拥有并出租给员工居住的宿舍

B. 企业以经营租赁方式租出的写字楼

C. 房地产开发企业持有并准备增值后出售的房屋

D. 企业持有拟增值后转让的土地使用权

7. 下列有关投资性房地产后续计量会计处理的表述中，正确的有（　　）。

A. 不同企业可以分别采用成本模式或公允价值模式

B. 满足特定条件时可以采用公允价值模式

C. 同一企业可以分别采用成本模式和公允价值模式

D. 同一企业不得同时采用成本模式和公允价值模式

8. 关于投资性房地产的后续计量，下列说法中错误的有（　　）。

A. 采用公允价值模式计量的，不对投资性房地产计提折旧

B. 采用公允价值模式计量的，应对投资性房地产计提折旧

C. 已采用公允价值模式计量的投资性房地产，不得从公允价值模式转为成本模式

D. 已采用成本模式计量的投资性房地产，不得从成本模式转为公允价值模式

E. 已采用公允价值模式计量的投资性房地产，可能从公允价值模式转为成本模式

9. 以下关于投资性房地产的会计处理表述正确的有（　　）。

A. 投资性房地产按照成本进行初始计量

B. 满足投资性房地产确认条件的后续支出应当计入投资性房地产成本

C. 同一企业只能采用一种模式对所有投资性房地产进行后续计量

D. 以公允价值模式计量的投资性房地产，其公允价值与原账面价值之间的差额计入当期损益

E. 成本模式计量投资性房地产时，改变用途并不改变投资性房地产的账面价值

10. 企业有确凿证据表明房地产用途发生改变，应当将投资性房地产转换为其他资产或者将其他资产转换为投资性房地产的有（　　）。

A. 投资性房地产开始自用

B. 作为存货的写字楼，改为出租

C. 自用建筑物停止自用，改为出租

D. 自用土地使用权停止自用，用于赚取租金或资本增值

E. 自用生产线停止自用，改为出租

三、判断题

1. 固定资产盘盈先通过“待处理财产损溢”，批准后再转入“营业外收入”中。（　　）

2. 固定资产应当按月计提折旧，当月增加的固定资产，当月计提折旧。当月减少的固定资产，当月不提折旧。（　　）

3. 按双倍余额递减法计提的折旧额在任何时期都大于按年数总和法计提的折旧额。（　　）

4. 企业在计提固定资产折旧时，对于当月增加的固定资产当月不提折旧，当月减少的固定资产当月需提折旧。（　　）

5. 固定资产提足折旧后，不管是否继续使用，均不再提取折旧；提前报废的固定资产，需要补提折旧。（　　）

6. 企业购入的工程物资，其增值税进项税额可以抵扣，而不计入工程物资的成本。（　　）

7. 采用成本模式进行后续计量的投资性房地产，应根据其预计使用寿命计提折旧或进行摊销。（　　）

8. 自行建造投资性房地产的成本，由建造该项资产达到预定可使用状态前所发生的必要支出构成。（　　）

9. 与投资性房地产有关的后续支出，应当在发生时计入当期损益。（　　）

10. 采用公允价值模式计量的，不对投资性房地产计提折旧或进行摊销，应当以资产负债表日投资性房地产的公允价值为基础调整其账面价值，公允价值与原账面价值之间的差额计入当期损益。（　　）

四、计算分析题

1. 甲公司以银行存款购入一台不需要安装的生产设备，增值税专用发票上注明的价款 70 000 元，增值税款 11 900 元，另支付运杂费 2 000 元，包装费 3 000 元，该设备已交付使用。

要求：编制甲公司的有关会计分录。

2. 甲公司购入一台需要安装的生产设备，增值税专用发票上注明的设备买价 50 000 元，增值税进项税额 8 500 元，包装费 1 500 元，运费 3 000 元。安装设备时，领用生产产品用的原材料 4 000 元，支付工资 5 000 元，计提福利费 700 元。设备已安装完毕交付使用。

要求：编制甲公司的有关会计分录。

3. 甲公司为增值税一般纳税人，适用的增值税税率为 17%。该企业 2011 年自行建造仓库一座，用银行存款购入为工程准备的各种物资 70 000 元，支付的增值税额为 11 900 元，实际领用工程物资（含增值税）70 200 元；另外还领用了企业生产用的原材料一批，实际成本为 8 500 元，应转出的增值税为 1 445 元；分配工程人员工资 21 500 元（尚未实际支付），企业辅助生产车间为工程提供有关劳务支出 3 500 元，工程完工交付使用。

要求：

（1）计算工程完工交付使用时固定资产的入账价值。

（2）根据上述资料编制甲公司的有关会计分录。

4. 甲公司新购置设备运输货车，原始价值 450 000 元，预计净残值率为 5%，预计行驶 300 000 千米，本月实际行驶 3000 千米。

要求：计算本月应计折旧额。

5. 甲公司 2011 年 12 月新购置一台设备原值 600 000 元，预计净残值为 4%，预计使用年限为 5 年。

要求：用双倍余额递减法和年数总和法计算每年应计提的折旧额。

6. 甲公司出售旧房屋一座，售价为 470 万元，该房屋原价值为 400 万元，已提折旧 50 万元，营业税率为 5%，支付清理费用 1 万元。

要求：编制该业务的有关会计分录。

7. 甲公司 2011 年 8 月因意外事故报废汽车一部，该汽车账面原值 560 000 元，已提折旧 350 000 元，应由保险公司赔偿 190 000 元，以现金支付清理费用 2 500 元，残料变价收入 4 000 元已存入银行。

要求：根据上述资料，编制与甲公司固定资产报废有关的会计分录。

8. 2011 年 6 月 20 日甲公司购买一块土地使用权，购买价款为 4 600 万元，支付相关手续费 80 万元，款项全部以银行存款支付。企业购买后用于对外出租。甲公司对该投资性房地产采用公允价值模式进行后续计量。

该项投资性房地产 2011 年取得租金收入为 180 万元，已存入银行，假定不考虑其他相关税费。经复核，该投资性房地产 2011 年 12 月 31 日的公允价值为 4 200 万元。2012 年 5 月出售了该项投资性房地产，取得价款 4 400 万元。

要求：编制甲公司相关的会计分录。

9. 甲股份有限公司属于增值税一般纳税企业，适用的增值税税率为 17%。甲公司 2009 年至 2012 年与投资性房地产有关的业务资料如下：

（1）2009 年 1 月，甲公司购入一幢建筑物准备用于出租，以银行存款转账支付款项 820 万元。不考虑其他相关税费。

（2）甲公司购入的上述建筑物预计使用寿命为 20 年，预计净残值为 10 万元，采用年限平均法按年计提折旧。

（3）甲公司将取得的该项建筑物自当月起用于对外经营租赁，对该房地产采用成本模式进行后续计量。

（4）甲公司该项房地产 2009 年取得租金收入为 120 万元，已存入银行。假定不考虑其他相关税费。

要求：根据上述经济业务编制相关的会计分录。

10. 乙股份有限公司为增值税一般纳税企业，适用的增值税税率为 17%。不考虑除增值税以外的其他税费。乙公司对投资性房地产采用公允价值模式计量。乙公司有关房地产的相关业务资料如下：

（1）2009 年 1 月，乙公司自行建造办公大楼。在建设期间，乙公司购进为工程准备的一批物资，价款为 3 400 万元，增值税为 578 万元。该批物资已验收入库，款项以银行存款支付。该批物资全部用于办公楼工程项目。乙公司为建造工程，领用本企业生产的库存商品一批，成本 260 万元，计税价格 300 万元，另应支付在建工程人员薪酬 472 万元。

（2）2009 年 8 月，该办公楼的建设达到了预定可使用状态并投入使用。该办公楼预计使用寿命为 20 年，预计净残值为 120 万元，采用直线法计提折旧。

（3）2009 年 12 月，乙公司与丙公司签订了租赁协议，将该办公大楼经营租赁给丙公司，租赁期为 10 年，年租金为 360 万元，租金于每年年末结清。租赁期开始日为 2010 年 1月1日。

（4）与该办公大楼同类的房地产在 2010 年年初的公允价值为 4 600 万元，2010 年年末的公允价值为 5 000 万元。

（5）2011 年 1 月，乙公司与丙公司达成协议并办理过户手续，以 5 300 万元的价格将该项办公大楼转让给丙公司，全部款项已收到并存入银行。

要求：根据上述经济业务编制相关的会计分录。

能力单元五

核 算 无 形 资 产

学习目标

1. 熟悉国家现行的有关无形资产的管理制度；
2. 理解无形资产的概念、特征、确认条件和内容的基础知识；
3. 掌握无形资产取得、摊销、处置、减值损失的核算；
4. 掌握其他资产的内容和核算方法；
5. 熟悉无形资产及其他资产核算的一般流程；
6. 能正确填制无形资产的记账凭证和登记其总账及明细账；
7. 能正确运用会计职业判断进行账务处理。

教学重难点

无形资产取得、摊销和处置的核算，内部研发支出的核算。

教学时数

建议教学时数6学时，其中讲授4学时，实践2学时。

教学导航

教学指引：

1. 了解学生基本信息；
2. 准备一个企业某月期初余额表；
3. 准备记账凭证、无形资产及其他资产的总分类账、明细分类账等多种教学材料；
4. 设计一个较好的教学情景，如与无形资产相关的案例导入；
5. 设计会计信息的主要记录内容；
6. 准备《企业会计准则——无形资产》等阅读材料；
7. 准备多媒体教学设备和网络教学资源。

学习引导：

1. 无形资产通常包括专利权、非专利技术、商标权、著作权、特许权、土地使用权等，按其实际成本计量，企业内部研究开发项目所发生的支出应区分研究阶段支出与开发阶段支出；
2. 收集企业中有关无形资产业务核算的案例；
3. 收集现实生活中与无形资产及其他资产相关的新闻资料；
4. 阅读、了解国家有关无形资产的管理制度。

任务一 认知无形资产
Mission one

一、无形资产的确认

1. 无形资产的概念

无形资产是指企业拥有或者控制的没有实物形态的可辨认的非货币性资产。主要包括专利权、非专利技术、商标权、著作权、土地使用权和特许权等。

2. 无形资产的特征

（1）无形资产不具有实物形态。

无形资产是不具有实物形态的非货币性资产，体现的是一种权力或获得超额利润的能力，它没有实物形态，但却有价值，或者能使企业获得高于同行业一般水平的盈利能力。它不像固定资产、存货等有形资产具有实物形体，它是以某种特有技术知识和权利形式存在，如非专利技术、土地使用权等。虽然无形资产不具有实物形态，但它通常又要依附于一定的实体，例如，某种专用技术必须通过一定配方、设备或工艺流程来体现。

（2）无形资产具有可辨认性。

无形资产可分为可辨认无形资产和不可辨认无形资产。可辨认无形资产包括专利权、非专利技术、商标权、著作权、土地使用权、特许权等；不可辨认的无形资产是指商誉。

《企业会计准则——无形资产》主要强调了它的可辨认性，对于可辨认性标准，新准则规定了两种情况：一是能够从企业中分离或者划分出来，并能单独或者与相关合同、资产或负债一起，用于出售、转让、授予许可、租赁或者交换；二是源自合同性权利或其他法定权利，无论这些权利是否可以从企业或其他权利和义务中转移或者分离。

商誉是企业因地理位置优越、经营效益好、信誉高而获得客户的信任，形成经营上的优越条件，从而能给企业带来高于同行业的获利能力。商誉是与企业整体价值联系在一起的，其存在无法与企业自身分离，不具有可辨认性，因此，商誉不属于无形资产内容，平时不对商誉进行核算。

（3）无形资产属于非货币性长期资产。

非货币性资产是指企业持有的货币资金和将以固定或可确定的金额收取的资产以外的其他资产。无形资产的经济价值在很大程度上受企业外部因素的影响，其预期的获利能力不能准确地加以确定，不存在活跃的交易市场，难以便捷地取得公允价值，一般不容易转化成现金，符合非货币性。无形资产的使用年限在一年以上，且能够在多个会计期间为企业带来经济利益，其价值将在各个受益期间逐渐摊销，又符合长期性。所以，无形资产属于非货币性长期资产。

3. 无形资产的确认条件

无形资产的确认是指符合无形资产确认条件的项目，作为无形资产加以记录并将其列入企业资产负债表。无形资产在满足定义的同时，还必须满足以下两个条件，企业才能加以确认：

（1）与该无形资产有关的经济利益很可能流入企业。作为无形资产确认的项目，必须具备其所产生的经济利益很可能流入企业这一条件。一般来说，无形资产产生的未来经济利益包括在销售商品、提供劳务的收入当中；或者企业使用该项无形资产而减少或节约了成本，如生产加工企业在生产工序中使用了某种知识产权，使其降低了未来生产成本。

在会计账务处理中，确定无形资产所创造的经济利益是否很可能流入企业，需要考虑相关的因素，提供确凿的证据，进行职业判断。在实施这种判断时，需要考虑相关的因素。比如企业是否有足够的人力资源、高素质的管理队伍、相关的硬件设备、相关的原材料等来配合无形资产为企业创造经济利益，当然，最为重要的是应关注外界因素的影响，比如，企业是否存在与该无形资产相关的新技术、新产品或者与无形资产相关的技术或赖以生产的产品的市场等。总之，在实施判断时，企业的管理部门应对无形资产在预计使用年限内存在的各种因素做出稳健的估计。

（2）该无形资产的成本能够可靠地计量。成本能够可靠地计量是确认资产的一项基本条件，对于无形资产而言，这一条件相对更为重要。例如，一些高科技领域的高科技人才，假定其与企业签订了服务合同，且合同规定其在一定期限内不能为其他企业提供服务。虽然他们的知识在规定的期限内预期能够为企业带来经济利益，但形成这些技术人才的知识所发生的支出却难以合理辨认或准确计量，从而就不能确认为企业的无形资产。

二、无形资产的内容

无形资产主要包括专利权、非专利技术、商标权、著作权、土地使用权和特许权等。

1. 专利权

专利权是指国家专利主管机关依法授予发明创造专利申请人对其发明创造在法定期限内所享有的专有权利，包括发明专利权、实用新型专利权和外观设计专利权。它给予持有者独家使用或控制某项发明的特殊权利。《中华人民共和国专利法》明确规定，专利人拥有的专利权受到国家法律保护。专利是允许其持有者独家使用或控制的特权，但它并不保证一定能给持有者带来经济效益，如有的专利可能会被另外更有经济价值的专利所淘汰等。因此，企业不应将其所拥有的一切专利权都予以资本化，作为无形资产管理和核算。一般而言，只有从外单位购入的专利或者自行开发并按法律程序申请取得的专利，可以降低成本，或者提高产品质量，或者将其转让出去获得转让收入，这种专利才能作为无形资产管理和核算的内容。

企业从外单位购入的专利权，应按实际支付的价款作为专利权的成本。企业自行开发并按法律程序申请取得的专利权，应按照无形资产准则确定的金额作为成本。

2. 非专利技术

非专利技术即专有技术或技术秘密，是指先进的、未公开的、未申请专利、可以带来经济效益的技术及诀窍。主要内容包括：一是工业专有技术，即在生产上已经采用，仅限于少数人知道，不享有专利权或发明权的生产、装配、修理、工艺或加工方法的技术知识；二是商业（贸易）专有技术，即具有保密性质的市场情报、原材料价格情报以及用户、竞争对象的情况和有关知识；三是管理专有技术，即生产组织的经营方法、管理方式、培训职工方法等保密知识。非专利技术并不是专利法的保护对象，专有技术所有人依靠自我保密的方式来维持其独占权，可以用于转让和投资。

企业的非专利技术，有些是自己开发研究的，有些是根据合同规定从外部购入的。如果是企业自己开发研究的，应将符合《企业会计准则第 6 号——无形资产》规定的开发支出资本化条件的，确认为无形资产。对于从外部购入的非专利技术，应将实际发生的支出予以资本化，作为无形资产入账。

3. 商标权

商标是用来辨认特定的商品或劳务的标记。商标权是指专门在某类指定的商品或产品上使用特定的名称或图案的权利。商标经过注册登记，就获得了法律上的保护。《中华人民共和国商标法》明确规定，经商标局核准注册的商标为注册商标，商标注册人享有商标专用权，受法律保护。

企业自创的商标并将其注册登记，所花费用一般不大，是否将其资本化并不重要。能够给拥有者带来获利能力的商标，往往是通过多年的广告宣传和其他传播商标名称的手段，以及客户的信赖等树立起来的。广告费一般不作为商标权的成本，而是在发生时直接计入当期损益。

按照《中华人民共和国商标法》的规定，商标可以转让，但受让人应保证使用该注册商标的产品质量。如果企业购买他人的商标，一次性支出费用较大，可以将其资本化，作为无形资产管理。这时，应根据购入商标的价款、支付的手续费及有关费用作为商标的成本。

4. 著作权

著作权又称版权，指作者对其创作的文学、科学和艺术作品依法享有的某些特殊权利。著作权包括两方面，即精神权利（人身权利）和经济权利（财产权利）。前者指作品署名、发表作品、确认身份、保护作品的完整性、修改已经发表的作品等各项权利，包括作品署名权、发表权、修改权和保护作品完整权；后者指以出版、表演、广播、展览、录制唱片、摄制影片等方式使用作品以及因授权他人使用作品而获得经济利益的权利。

5. 土地使用权

土地使用权是指国家准许某一企业或单位在一定期间内对国有土地享有开发、利用、经营的权利。根据我国土地管理法的规定，我国土地实行公有制，任何单位和个人不得侵占、买卖或者以其他形式非法转让。企业取得土地使用权，应将取得时发生的支出资本化，作为土地使用权的成本，记入"无形资产"科目核算。

6. 特许权

特许权又称经营特许权、专营权，指企业在某一地区经营或销售某种特定商品的权利或是一家企业接受另一家企业使用其商标、商号、技术秘密等的权利。前者一般是由政府机构授权，准许企业使用或在一定地区享有经营某种业务的特权，如水、电、邮电、通信等专营权、烟草专卖权等；后者指企业间依照签订的合同，有限期或无限期使用另一家企业的某些权利，如连锁店分店使用总店的名称等。

任务二 核算无形资产
Mission two

无形资产通常是按实际成本计量，即以取得无形资产并使之达到预定用途而发生的全部支出作为无形资产的成本。对于不同来源取得的无形资产，其成本构成不尽相同，计量方法也有所差异。取得无形资产的主要方式有外购、自行研究开发、投资者投入等。

一、核算外购的无形资产

1. 职业规范

外购无形资产的成本，包括购买价款、相关税费以及直接归属于使该项资产达到预定用途所发生的其他支出。其中，直接归属于使该项资产达到预定用途所发生的其他支出包括使无形资产达到预定用途所发生的专业服务费用、测试无形资产是否能够正常发挥作用的费用等。为引入新产品进行宣传发生的广告费、管理费、其他间接费用及无形资产已达到预定用途以后发生的费用不包括在无形资产的成本中。

企业取得的土地使用权，通常应当按照取得时所支付的价款及相关税费确认为无形资产。但土地使用权用于自行开发建造厂房等地上建筑物时，土地使用权的账面价值不与地上建筑物合并计算其成本，仍作为无形资产进行核算。如果房地产开发企业取得的土地使用权用于建造对外出售的房屋建筑物的，其相关的土地使用权的价值应计入所建造的房屋建筑物成本。

企业外购房屋建筑物所支付的价款中包括土地使用权以及建筑物的价值的，应当对实际支付的价款按照合理的方法在土地使用权和地上建筑物之间进行合理分配；如果确实无法在土地使用权和地上建筑物之间进行合理分配的，应当全部作为无形资产，按照无形资产确认和计量的原则进行处理。

为核算取得的无形资产，企业应当设置“无形资产”账户。“无形资产”账户属于资产类账户，核算企业持有的无形资产成本的变动情况，其借方登记取得无形资产的成本，贷方登记出售无形资产转出的账面余额，期末余额在借方，反映企业无形资产的成本。该账户应按无形资产的具体内容设置明细账，进行明细核算。当企业购入无形资产时，应按实际支付的价款借记“无形资产”，贷记“银行存款”。

2. 职业判断与操作

[任务5-1]　重庆机械制造有限公司2011年9月2日以120万元外购一项专利权，同时还发生相关费用30万元，款项已通过银行转账付讫。

任务分析：本任务中，企业外购专利权买价120万元，相关费用30万元，合计150万元，构成无形资产的成本，无形资产增加，应在“无形资产”借方登记；款项已支付，银行存款减少，在“银行存款”贷方登记。在取得相关凭证后，进行如下账务处理：

借：无形资产——专利权	1 500 000	
贷：银行存款		1 500 000

[任务5-2]　重庆机械制造有限公司购入一块土地的使用权，以银行存款转账支付5 000万元，并在该土地上自行建造厂房，耗用工程物资8 000万元，工资费用6 500万元，用银行存款支付其他相关费用7 100万元等。该工程已经完工并达到预定可使用状态（假设不涉及其他相关税费）。

任务分析：本任务中，企业外购土地使用权，按照取得时所支付的5 000万元确认为无形资产成本，即无形资产增加，在“无形资产”借方登记；款项已支付，银行存款减少，在“银行存款”贷方登记。在支付价款时，编制会计分录如下：

借：无形资产——土地使用权	50 000 000	
贷：银行存款		50 000 000

土地使用权用于自行开发建造厂房等地上建筑物时，地上建筑物不与土地使用权的账面价值合并计算其成本，在该厂房未达到预定可使用状态时，发生的材料支出、工资费用及与之相关的其他费用，构成在建工程成本，应在借方登记“在建工程”；同时应在贷方登记“工程物资”8 000 万元，“应付职工薪酬”6 500 万元，“银行存款”7 100 万元。在取得相关凭证后，进行如下账务处理：

借：在建工程	216 000 000
贷：工程物资	80 000 000
应付职工薪酬	65 000 000
银行存款	71 000 000

该厂房已经完工并达到预定可使用状态时，企业应将其作为固定资产进行核算，将“在建工程”转入“固定资产”，即固定资产增加，在“固定资产”借方登记；同时，在建工程减少，在“在建工程”贷方登记。账务处理为：

借：固定资产	216 000 000
贷：在建工程	216 00 000

二、核算自行研发的无形资产

1. 无形资产研发阶段

企业自行研发无形资产，根据其研究特点，可以分为研究阶段和开发阶段分别进行核算。

（1）研究阶段。

研究阶段是指为获取并理解新的科学或技术知识而进行的独创性的有计划调查。例如，为获取知识而进行的活动；研究成果或其他知识的应用研究、评价和最终选择；材料、设备、产品、工序、系统或服务替代品的研究以及新的或经改进的材料、设备、产品、工序、系统或服务的可替代品的配制、设计、评价和最终选择等。

从研究阶段具有计划性和探索性的特点来看，其研究是否能在未来形成成果，即已进行的研究活动将来是否会转入开发，通过开发后是否会形成无形资产均具有很大的不确定性。

（2）开发阶段。

开发阶段是指在进行商业性生产或使用前，将研究成果或其他知识应用于某项计划或设计，以生产出新的或具有实质性改进的材料、装置、产品等。例如，生产前或使用前的原型和模型的设计、建造和测试；含新技术和工具、夹具、模具和冲模的设计；不具有商业性生产经济规模的试生产设施的设计、建造和运营；新的或经改造的材料、设备、产品、工序、系统或服务所选定的替代品的设计、建造和测试等。

开发阶段具有针对性和形成成果的可能性较大的特点，相对于研究阶段而言，开发阶段应当是已完成研究阶段的工作，在很大程度上具备了形成一项新产品或新技术的基本条件。

2. 自行研发无形资产初始计量

（1）研究阶段的初始计量。

研究阶段具有不确定性，因此，研究阶段的有关支出，应当在发生时予以费用化计入当期损益。

（2）开发阶段的初始计量。

在开发阶段发生的支出，如果不符合资本化条件，则应在发生时予以费用化计入当期损益；如果企业能够证明开发支出符合资本化条件，所发生的开发支出应予以资本化，将其计入无形资产成本。

开发阶段的支出，同时满足下列条件的才能资本化，计入无形资产成本。

①完成该无形资产以使其能够使用或出售在技术上具有可行性。

②具有完成该无形资产并使用或出售的意图。

③无形资产产生经济利益的方式，包括能够证明运用该无形资产生产的产品存在市场或无形资产自身存在市场，无形资产将在内部使用的，应当证明其有用性。

④有足够的技术、财务资源和其他资源支持，以完成该无形资产的开发，并有能力使用或出售该无形资产。

⑤归属于该无形资产开发阶段的支出能够可靠地计量。

为了核算企业进行研究与开发无形资产过程中发生的各项支出，应当设置“研发支出”科目和账户，并按照研究开发项目，分别以“费用化支出”、“资本化支出”进行明细核算。对于不满足资本化条件的，借记“研发支出——费用化支出”科目，满足资本化条件的，借记“研发支出——资本化支出”科目，贷记“原材料”、“银行存款”、“应付职工薪酬”等科目。

同时，为了核算达到预定用途形成的无形资产，企业还应当设置“无形资产”科目和账户，并按“研发支出——资本化支出”科目的余额，借记“无形资产”科目，贷记“研发支出——资本化支出”科目；对于不符合资本化条件的费用化支出，应转入“管理费用”。

企业自行研发无形资产的计量，可用图 5－1 表示。

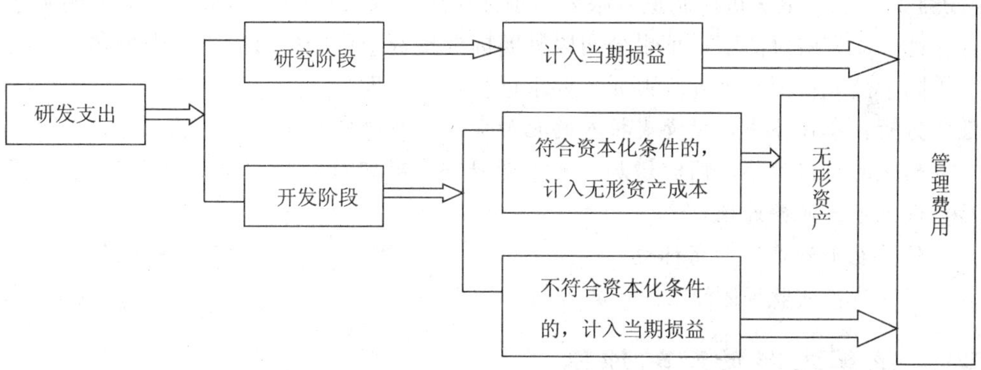

图 5－1　无形资产核算图

3. 职业判断与操作

［任务 5－3］　重庆机械制造有限公司自行研究开发一项新产品专利技术，在开发过程中发生材料费 5 000 万元、人工费用 1 800 万元、以银行存款支付其他费用 8 200 万元，总计 15 000 万元，其中，符合资本化条件的支出为 6 500 万元。期末，该专利权达到预定用途形成无形资产。要求进行账务处理。

任务分析：本任务中，企业自行研究开发无形资产发生的研发支出中，有 6 500 万元符合资本化条件，应记入“研发支出——资本化支出”科目，其余不符合资本化条件的，应记入“研发支出——费用化支出”。在研究成果达到预定用途形成无形资产时，应将资本化支出部分转入“无形资产”科目，将费用化支出部分转入“管理费用”科目。相关账务处理为：

借：研发支出——资本化支出	65 000 000
——费用化支出	85 000 000
贷：原材料	50 000 000
应付职工薪酬	18 000 000
银行存款	82 000 000
借：无形资产	65 000 000
管理费用	85 000 000
贷：研发支出——资本化支出	65 000 000
——费用化支出	85 000 000

三、核算投资者投入的无形资产

1. 职业规范

投资者投入无形资产的成本，应当按照投资合同或协议约定的价值确定，但合同或协议约定价值不公允的，应按无形资产的公允价值入账。

为了核算投资者投入的无形资产，企业除应当设置前述“无形资产”科目和账户外，还应当设置反映投资者权益的“实收资本”或“股本”等科目和账户，即应按投资各方确认的价值或公允价值，借记“无形资产”账户，贷记“实收资本”或“股本”等账户。

2. 职业判断与操作

[任务5-4]　重庆机械制造有限公司预计使用苹果公司的商标后可使本公司未来利润增长，为此，双方协议商定，苹果公司以其商标权投资于重庆机械制造有限公司，双方协议价格（等同于公允价值）为600万元。要求进行账务处理。

任务分析：本任务中，投资者投入的无形资产，协议价格与公允价值相符，因此，应按投资双方确认的协议价格，同时增加“无形资产——商标权”和“实收资本”。在取得相关凭证后，进行如下账务处理：

借：无形资产——商标权	6 000 000	
贷：实收资本		6 000 000

四、核算无形资产的摊销

无形资产在取得并进行初始计量后，由于其价值会因不断使用而降低，因此，应在无形资产的使用寿命期内采取系统合理的方法对其价值进行摊销，即进行无形资产的后续计量。但对于使用寿命不确定的无形资产不应摊销，而是在每期期末进行减值测试，计提减值准备。

1. 职业规范

无形资产的应摊销金额是指无形资产的成本扣除预计残值后的金额。已计提减值准备的无形资产，还应扣除已计提的无形资产减值准备累计金额。

无形资产的残值是指在其经济寿命结束之前，企业预计将会处置该无形资产，并且从该处置中获得的利益。对于使用寿命有限的无形资产，其残值应当视为零。但下列情况除外：有第三方承诺在无形资产使用寿命结束时购买该无形资产；可以根据活跃市场得到预计残值信息，并且以该市场在无形资产使用寿命结束时很可能存在。

估计无形资产残值应以资产处置时的可收回金额（扣除相关税费后的处置价值）为基础，残值确定后，在持有无形资产的期间，至少应于每年年末进行复核。预计其残值与原估计金额不同的，应按照会计估计变更进行处理。如果无形资产的残值重新估计高于其账面价值，无形资产不再摊销，直至残值降至低于账面价值时再恢复摊销。

无形资产的摊销期是指无形资产可供使用时起至不再作为无形资产确认时止的时间间隔，即无形资产应当自其可供使用（即其达到预定用途）当月起开始摊销；当月减少的无形资产，当月不再摊销。

无形资产摊销方法有直线法、生产总量法等。企业选择的无形资产摊销方法，应当能够反映与该项无形资产有关的经济利益的预期实现方式，并一致地运用于不同会计期间。若无法可靠确定预期实现方式的，应当采用直线法摊销。

无形资产的摊销额一般应计入当期损益，但如果某项无形资产是专门用于生产某种产品或者其他资产，其所包含的经济利益是通过转入到所生产的产品或者其他资产中实现的，则无形资产的摊销额应当计入相关资产的成本中。例如，某项专门用于生产过程的无形资产，其摊销额应构成所生产产品的一部分，即计入制造该产品的制造费用。

为核算企业摊销的无形资产金额，企业应设置“累计摊销”科目和账户。企业自用的无形资产，按月摊销额，借记“管理费用”科目，贷记“累计摊销”科目；出租的无形资产，按月摊销时，借记“其他业务成本”科目，贷记“累计摊销”科目；某项无形资产包含的经济利益通过所生产的产品或其他资产实现的，其摊销金额应当计入相关资产成本，借记“制造费用”等科目，贷记“累计摊销”科目。

2. 职业判断与操作

[任务5-5]　重庆机械制造有限公司向华南公司购入一项非专利技术，已经支付价款700万元，根据相关法律的规定，购买该项非专利技术的使用寿命为10年。假定其净残值为零，采用直线法按年摊销。要求进行账务处理。

任务分析：本任务中，外购非专利技术一项，应增加无形资产成本，即借方登记“无形资产——非专利技术”700万元，贷方登记“银行存款”700万元。在取得相关凭证后，进行如下账务处理：

借：无形资产——非专利技术	7 000 000
贷：银行存款	7 000 000

本任务中，没有明确非专利技术所包含的经济利益实现方式，摊销额应计入当期损益。即借方登记“管理费用”，贷方登记“累计摊销”。按年摊销时，进行如下账务处理：

借：管理费用	700 000
贷：累计摊销	700 000

五、核算无形资产的处置

无形资产的处置，主要是指无形资产出售，对外出租、对外捐赠或者是无法为企业带来未来经济利益时，应当终止确认并转销。

1. 核算无形资产的出售

1）职业规范

企业出售某项无形资产，表明企业放弃该无形资产的所有权，应将实际取得的价款与该无形资产的账面价值的差额计入当期损益。如果是净收益，记入“营业外收入——处置非流动资产利得”；如果是净损失，记入“营业外支出——处置非流动资产损失”。

出售无形资产时，应按收到的金额，借记“银行存款”等账户；按已摊销的累计摊销，借记“累计摊销”账户；按已计提的减值准备，借记“无形资产减值准备”账户；按该无形资产的账面余额，贷记“无形资产”账户；按应支付的相关税费，贷记“应交税费”账户；按借贷差额贷记“营业外收入——处置非流动资产利得”或借记“营业外支出——处置非流动资产损失”。

2）职业判断与操作

[任务5-6] 重庆机械制造有限公司将拥有的一项商标权出售给西北公司，取得收入1 000万元，应交纳的营业税等相关税费为60万元，该商标权的账面余额为800万元，累计摊销额为400万元。要求进行账务处理。

任务分析： 本任务中，企业出售商标权一项，无形资产减少，应按实际收到的金额，借记“银行存款”1 000万元；按已摊销的累计摊销，借记“累计摊销”400万元。同时，按该无形资产的账面余额，贷记“无形资产”800万元；按应支付的相关税费，贷记“应交税费”60万元；按其出售的利得，贷记“营业外收入——处置非流动资产利得”540万元。在取得相关凭证后，进行如下账务处理：

借：银行存款	10 000 000	
累计摊销	4 000 000	
贷：无形资产——商标权		8 000 000
应交税费——应交营业税		600 000
营业外收入——处置非流动资产利得		5 400 000

2. 核算无形资产的出租

1）职业规范。

企业将所拥有的无形资产的使用权让渡给他人，并收取租金，在满足收入确认条件的情况下，应确认相关的收入及成本，并通过“其他业务收入”账户和“其他业务成本”账户核算。让渡无形资产的使用权而取得的租金收入，借记“银行存款”等账户，贷记“其他业务收入”账户；摊销出租无形资产的成本并发生与转让有关的各种费用支出时，借记“其他业务成本”账户，贷记“累计摊销”、“应交税费”等账户。

2）职业判断与操作

[任务5-7] 重庆机械制造有限公司将一项专利权出租给华北公司使用，该专利权账面余额为600 000元，摊销期限为10年。出租合同规定，华北公司每年支付专利权使用费100 000元，不考虑其他相关税费。要求进行账务处理。

任务分析： 本任务中，企业出租专利权一项，即让渡无形资产的使用权而取得的租金收入，应确认其他业务收入的实现，在贷方登记“其他业务收入”，借方登记“银行存款”。在取得相关凭证后，进行如下账务处理：

借：银行存款	100 000	
贷：其他业务收入		100 000

每年摊销时，借记“其他业务成本”账户，贷记“累计摊销”账户。

借：其他业务成本　　60 000

　　贷：累计摊销　　60 000

3. 核算无形资产的报废

1）职业规范

预期不能为企业带来经济效益的无形资产，企业应当将其进行报废处理，即应当将无形资产的账面价值予以转销，其账面净值转作当期损益。

无形资产预期不能给企业带来未来经济利益的，应按已摊销的累计摊销额，借记“累计摊销”账户；原已计提减值准备的，借记“无形资产减值准备”账户；按其账面余额，贷记“无形资产”账户；按其差额，借记“营业外支出”账户。

2）职业判断与操作。

[任务5-8]　重庆机械制造有限公司的某项专利技术，其账面金额为4 000 000元。该专利技术的摊销期限为10年，采用直线法进行摊销，已摊销5年。假定该专利技术的残值为零，今年用其生产的产品没有市场，预期不能再为企业带来经济利益，应予以转销。

任务分析：本任务中，企业的无形资产预期不能给企业带来未来经济利益，应将无形资产予以转销，即减少无形资产账面价值，按已摊销的累计摊销额，借记“累计摊销”200万元；按其账面金额，贷记“无形资产”400万元；按其差额，借记“营业外支出”200万元。账务处理如下：:

借：累计摊销　　2 000 000

　　营业外支出——处理非流动资产损失　　2 000 000

　　贷：无形资产——专利权　　4 000 000

六、核算无形资产的减值

1. 职业规范

无形资产在资产负债表日存在可能发生减值的迹象时，其可收回金额低于账面价值的，企业应当将该无形资产的账面价值减记至可收回金额，减记的金额确认为减值损失，计入当期损益，同时计提相应的资产减值准备。无形资产减值损失一经确认，在以后会计期间不得转回。

为核算无形资产的减值，企业应设置“无形资产减值准备”科目和账户。该账户属于资产类中的抵减账户，贷方登记计提的减值准备，借方登记无形资产处置或报废时转出的减值准备。

在进行会计处理时，按应减记的金额，借记“资产减值损失——计提的无形资产减值准备”账户，贷记“无形资产减值准备”账户。

2. 职业判断与操作

[任务5-9]　2011年9月30日，由于市场的不利原因，重庆机械制造有限公司账面摊余价值为120万元的专利技术，剩余摊销年限为4年，经减值测试，该专利技术的可收回金额为110万元。要求进行账务处理。

任务分析：本任务中，由于外部环境的不利原因，导致无形资产可收回金额低于账面价值，按会计准则的要求，应计提减值准备，确认减值损失，应在借方登记“资产减值损失——计提的无形资产减值准备”10万元，贷方登记“无形资产减值准备”10万元。账务处理如下：

借：资产减值损失——计提的无形资产减值准备　　100 000

　贷：无形资产减值准备　　100 000

重要相关能力

无形资产使用寿命的确定

无形资产初始确认和计量后，在其后使用该项无形资产期间内应以成本减去累计摊销额和累计减值损失后的余额计量。要确定无形资产在使用过程中的累计摊销额，其基础是估计无形资产的使用寿命，对于使用寿命有限的无形资产则需要在估计使用寿命内采用系统合理的方法进行摊销，对于适用寿命不确定的无形资产则不需要摊销。

1. 无形资产使用寿命的估计

无形资产准则规定，企业应当于取得无形资产时分析判断其使用寿命。如果无形资产的使用寿命是有限的，则应当估计该使用寿命的年限或者构成使用寿命的产量等类似计量单位数量；如果无法预见无形资产为企业带来未来经济利益期限的，则应当视为使用寿命不确定的无形资产。

无形资产的使用寿命包括法定寿命和经济寿命两个方面。法定寿命是指无形资产的使用寿命受法律、规章或合同的限制，例如我国法律规定发明专利权有效期为20年，商标权的有效期为10年。经济寿命是指无形资产都可以为企业带来经济利益的年限。由于受技术进步，市场竞争等因素的影响，无形资产的经济寿命往往短于法定寿命，因此，在估计无形资产的使用寿命时，应当综合考虑各方面相关因素的影响，合理确定无形资产的使用寿命。估计无形资产使用寿命应考虑的主要因素有：

(1) 该资产通常的产品寿命周期，以及可获得的类似资产使用寿命的信息。

(2) 技术、工艺等方面的现实情况及对未来发展的估计。

(3) 以该资产生产的产品或服务的市场需求情况。

(4) 现在或潜在的竞争者预期采取的行动。

(5) 为维持该资产产生未来经济利益的能力预期的维护支出，以及企业预计支付有关支出的能力。

(6) 对该资产的控制期限，对该资产适用的法律或类似限制，如特许使用期间、租赁期间等。

(7) 与企业持有的其他资产使用寿命的关联性等。

2. 无形资产使用寿命的确定

源自合同性权利或其他法定权利取得的无形资产，其使用寿命不应超过合同性权利或其他法定权利的期限。合同性权利或其他法定权利能够在到期时因续约等延续，如果有证据表明企业续约不需要付出重大成本时，则续约期包括在使用寿命的估计中。

没有明确的合同或法律规定无形资产的使用寿命的，企业应当综合各个方面的情况来确定无形资产为企业带来未来经济利益的期限，如聘请相关专家进行论证或与同行业的情况进行比较以及企业的历史经验等。如果经过这些努力确实无法合理确定无形资产为企业带来经济利益期限，才能将其作为使用寿命不确定的无形资产。

3. 无形资产使用寿命的复核

企业至少应当于每年年度终了，对无形资产的使用寿命进行复核，如果有证据表明无形资产的使用寿命不同于以前的估计，由于合同的续约或无形资产应用条件的改善，延长了无形资产的使用寿命，对于使用寿命有限的无形资产应改变其摊销年限，并按照《企业会计准则第 28 号——会计政策、会计估计变更和差错更正》进行处理。

企业应当在每个会计期间内对使用寿命不确定的无形资产进行复核。如果有证据表明无形资产的使用寿命是有限的，则应当按照会计估计变更处理，并按照无形资产准则中关于使用寿命有限无形资产的处理原则进行处理。

教学互动

1. ［任务 5－6］和［任务 5－8］中，如果无形资产已计提减值准备 40 万元，则分别应如何进行账务处理？

2. 分组讨论：无形资产是否一定进行摊销，是否有残值？摊销方法是否只有直线法？

任务三　其他资产核算

Mission three

其他资产是指除货币资金、交易性金融资产、应收及预付款项、存货、长期股权投资、固定资产、无形资产等以外的资产，如长期待摊费用等。

一、核算长期待摊费用

1. 长期待摊费用的概念及特征

长期待摊费用，是指企业已经发生但应由本期和以后各期负担的分摊期限在一年以上的各项费用，包括股票发行费用（平价发行时）、以经营租赁方式租入的固定资产发生的改良支出等。应当由本期负担的借款利息、租金等，不得作为长期待摊费用处理。与前述提及的资产相比，长期待摊费用有以下基本特征：

（1）长期待摊费用实际是虚资产，是一种已实际发生的支出，由于这笔支出将使以后期间的生产经营受益，按权债发生制原则，在费用项目的受益期限内分期平均摊销，从而形成会计意义上的资产。

（2）长期待摊费用一般不能单独转让，只能由企业的所有者和债权人来负担。所以，作为企业的所有者和债权人，不希望有更多的此类资产存在。

2. 长期待摊费用的主要种类

（1）租入固定资产改良支出，指企业从其他单位以经营租赁方式租入的固定资产，由于生产经营的需要，对固定资产进行改良发生的支出。通常租赁双方在协议中规定，发生的修理和改良支出全部由承租方承担。

（2）股票发行费。股份有限公司委托其他单位发行股票支付的手续或佣金等相关费用，减去发行冻结期的利息收入，抵减溢价收入。从溢价收入中不够抵减的，或者无溢价的，若金额较小，直接计入当期损益；金额较大的，可作为长期待摊费用，在不超过 2 年时间内分摊计入损益（管理费用）。

3. 职业规范

企业应当设置“长期待摊费用”科目和账户，核算长期待摊费用的发生和摊销及结存情况。　一般在发生时归集于“长期待摊费用”账户借方，在规定时间内按直线法摊销时，贷记“长期待摊费用”账户。

4. 职业判断与操作

[**任务**5-10]　2010 年 4 月 1 日，重庆机械制造有限公司对其以经营租赁方式租入的办公楼进行装修，发生以下有关支出：领用生产材料 50 000 元，购进该批原材料时支付的增值税进项税额为 8 500 元；辅助生产车间为该装修工程提供的劳务支出为 18 000元；有关人员工资等职工薪酬 43 500 元。2010 年 12 月 1 日，该办公楼装修完工，达到预定可使用状态并交付使用，并按租赁期 10 年开始进行摊销。假定不考虑其他因素。要求进行账务处理。

任务分析：本任务中，企业以经营租赁方式租入的固定资产发生的改良支出，应作为长期待摊费用处理，发生料、工、费支出，应在借方登记“长期待摊费用——租入固定资产改良支出”；在贷方登记“原材料”、“应交税费”、“应付职工薪酬”、“银行存款”。账务处理如下：

（1）装修领用原材料时：

借：长期待摊费用——租入固定资产改良支出	58 500	
贷：原材料		50 000
应交税费——应交增值税（进项税额转出）		8 500

（2）辅助生产车间为装修工程提供劳务时：

借：长期待摊费用——租入固定资产改良支出	18 000	
贷：生产成本——辅助生产成本		18 000

（3）计提工程人员职工薪酬时：

借：长期待摊费用——租入固定资产改良支出	43 500	
贷：应付职工薪酬		43 500

（4）投入使用时开始摊销，每月摊销时：

借：管理费用	1 000	
贷：长期待摊费用——租入固定资产改良支出		1 000

二、核算长期应收款

长期应收款是指企业融资租赁产生的应收款项和采用递延方式分期收款、实质上具有融资性质的销售商品和提供劳务等经营活动产生的应收款项。

企业的长期应收款项，包括融资租赁产生的应收款项、采用递延方式具有融资性质的销售商品和提供劳务等产生的应收款项等，通过“长期应收款”科目核算，期末借方余额，反映企业尚未收回的长期应收款。本科目可按债务人进行明细核算。

关键词

无形资产（Intangible Asset）　　非货币性资产（Non-monetary Assets）
研发支出（Research and Development Expenditure）
累计摊销（Accumulated Amortization）
无形资产减值准备（Intangible Assets Depreciation Reserves）
长期待摊费用（Long-term Unamortized Expenses）

能力训练

一、单项选择题

1. 关于企业内部研究开发项目的支出，下列说法中错误的是（　　）。

A. 企业内部研究开发项目开发阶段的支出，应确认为无形资产

B. 企业内部研究开发项目研究阶段的支出，应当于发生时计入当期损益

C. 企业内部研究开发项目的支出，应当区分研究阶段支出与开发阶段支出

D. 企业内部研究开发项目开发阶段的支出，可能确认为无形资产，也可能确认为费用

2. 某公司 2008 年年初开始进行新产品研究开发，2008 年度投入研究费用 300 万元，2009 年度投入开发费用 400 万元（假定均符合资本化条件），至 2010 年 1 月获得成功，并向国家专利局提出专利权申请且获得专利权，实际发生包括注册登记费等 10 万元。该项专利权法律保护年限为 10 年，预计使用年限 12 年。该公司对该项专利权 2010 年度应摊销的金额为（　　）万元。

A. 41　　B. 40　　C. 31　　D. 71

3. 对使用寿命有限的无形资产，下列说法中错误的是（　　）。

A. 其摊销期限应当自无形资产可供使用时起至不再作为无形资产确认时止

B. 其应摊销金额应当在使用寿命内系统合理摊销

C. 无形资产的应摊销金额为其成本扣除预计残值后的金额。已计提减值准备的无形资产，还应扣除已计提的无形资产减值准备累计金额

D. 其摊销期限应当自无形资产可供使用的下个月时起至不再作为无形资产确认时止

4. 企业出售无形资产发生的净损失，应计入（　　）。

A. 销售费用　　B. 其他业务成本

C. 营业外支出　　D. 管理费用

5. 2010 年 6 月 1 日，甲公司开始研究开发一项新技术，当月共发生研发支出 200 万元，其中，费用化的金额 60 万元，符合资本化条件的金额 140 万元。6 月末，研发活动尚未完成。该公司 2010 年 6 月应计入当期利润总额的研发支出为（　　）万元。

A. 0　　B. 60

C. 140　　D. 200

6. 下列项目中，应确认为无形资产的是（　　）。

A. 企业自创商誉　　B. 企业内部产生的品牌

C. 企业内部研究开发项目研究阶段的支出　　D. 企业购入的专利权

7. 某公司 2011 年 1 月 10 日开始自行研究开发无形资产，12 月 31 日达到预定用途。其中，研究阶段发生职工薪酬 30 万元、计提专用设备折旧 40 万元；进入开发阶段后，相关支出符合资本化条件前发生的职工薪酬 30 万元、计提专用设备折旧 30 万元，符合资本化条件后发生职工薪酬 100 万元、计提专用设备折旧 200 万元。假定不考虑其他因素，该公司 2011 年对上述研发支出进行的下列会计处理中，正确的是（　　）。

A. 确认管理费用 70 万元，确认无形资产 360 万元

B. 确认管理费用 30 万元，确认无形资产 400 万元

C. 确认管理费用 130 万元，确认无形资产 300 万元

D. 确认管理费用 100 万元，确认无形资产 330 万元

8. 下列关于无形资产会计处理的表述中，正确的是（　　）。

A. 当月增加的使用寿命有限的无形资产从下月开始摊销

B. 无形资产摊销方法应当反映其经济利益的预期实现方式

C. 无法可靠确定有关的经济利益的预期实现方式的无形资产不应摊销

D. 使用寿命不确定的无形资产应采用年限平均法按 10 年摊销

9. 出租无形资产的摊销，应计入（　　）。

A. 销售费用　　B. 制造费用　　C. 其他业务成本　　D. 管理费用

10. 某公司于 2008 年 1 月 1 日购入一项专利权，实际支付款项 200 万元，按 10 年的预计使用寿命采用直接法摊销。2009 年年末，该无形资产的可回收金额为 120 万元，2010 年 1 月 1 日，对无形资产的使用寿命和摊销方法进行复核，该无形资产的尚可使用寿命为 5 年，摊销方法仍采用直线法。该专利权 2010 年应摊销的金额为（　　）万元。

A. 20　　B. 24　　C. 32　　D. 30

11. 下列有关无形资产的会计处理中，正确的是（　　）。

A. 将自创商誉确认为无形资产

B. 将转让使用权的无形资产的摊销价值计入营业外支出

C. 将转让所有权的无形资产的账面价值计入其他业务成本

D. 将预期不能为企业带来经济利益的无形资产的账面价值转销

12. 企业出租无形资产取得的收入，应当计入（　　）。

A. 主营业务收入　　B. 其他业务收入

C. 投资收益　　D. 营业外收入

二、多项选择题

1. 关于无形资产的内容，下列说法正确的有（　　）。

A. 无形资产是指企业拥有或控制的没有实物形态可辨认非货币性资产

B. 合并中产生的商誉作为无形资产

C. 合并中产生的商誉不作为无形资产

D. 无形资产属于非货币性资产

2. 关于无形资产的确认，应同时满足的条件有（　　）。

A. 符合无形资产的定义

B. 与该资产有关的经济利益很可能流入企业

C. 该无形资产的成本能够可靠地计量

D. 必须是企业外购的

3. 关于内部研究开发费用的确认和计量，下列说法中正确的有（　　）。

A. 企业研究阶段的支出应全部费用化，计入当期损益

B. 企业开发阶段的支出，符合资本化条件应资本化

C. 企业开发阶段的支出应全部费用化，计入当期损益

D. 企业开发阶段的支出应全部资本化，计入无形资产成本

4. 关于无形资产的摊销，下列说法中错误的有（　　）。

A. 使用寿命有限的无形资产，其应摊销金额应当在使用寿命内系统合理摊销

B. 企业摊销无形资产，应当自无形资产可供使用的下月起，至不再作为无形资产确认时止

C. 无形资产摊销年限均不超过 10 年

D. 使用寿命有限的无形资产一定无残值

5. 下列有关无形资产会计处理的表述中，正确的有（　　）。

A. 无形资产后续支出应当在发生时计入当期损益

B. 不能为企业带来经济利益的无形资产账面价值，应该全部转入当期的营业外支出

C. 企业自用的、使用寿命确定的无形资产的摊销金额，应该全部计入当期管理费用

D. 使用寿命有限的无形资产应当在取得当月起开始摊销

6. 下列各项关于无形资产会计处理的表述中，错误的有（　　）。

A. 内部产生的商誉应确认为无形资产

B. 计提的无形资产减值准备在该资产价值恢复时应予转回

C. 使用寿命不确定的无形资产账面价值均应按 10 年平均摊销

D. 以支付土地出让金方式取得的自用土地使用权应单独确认为无形资产

7. 企业对使用寿命有限的无形资产进行摊销时，其摊销额应根据不同情况分别计入（　　）。

A. 管理费用　　B. 制造费用

C. 研发支出　　D. 其他业务成本

8. 下列各项中，会引起无形资产账面价值发生增减变动的有（　　）。

A、对无形资产计提减值准备

B. 企业内部研究开发项目研究阶段发生的支出

C. 摊销无形资产成本

D. 企业内部研究开发项目开发阶段的支出不满足“无形资产确认条件”

9. 下列关于无形资产会计处理的表述中，正确的有（　　）。

A. 无形资产均应确定预计使用年限并分期摊销

B. 有偿取得的自用土地使用权应确认为无形资产

C. 内部研发项目研究阶段支出应全部确认为费用

D. 无形资产减值损失一经确认在以后会计期间不得转回

10. 关于无形资产处置，下列说法正确的有（　　）。

A. 企业出售无形资产，应当将取得的价款与该无形资产账面价值的差额计入当期损益

B. 企业出售无形资产，应当将取得的价款与该无形资产账面净值的差额计入当期损益

C. 无形资产预期不能为企业带来经济利益的，应当将该无形资产的账面价值予以转销

D. 无形资产预期不能为企业带来经济利益的，也应按原预定方法和使用寿命摊销

11. 关于无形资产的后续计量，下列说法中错误的有（　　）。

A. 企业无形资产摊销方法，应当反映与该项无形资产有关的经济利益的预期实现方式

B. 使用寿命不确定的无形资产，其应摊销金额应按 10 年摊销

C. 使用寿命不确定的无形资产，应该按系统合理的方法摊销

D. 无形资产的摊销方法只有直线法

三、判断题

1. 企业无法可靠区分研究阶段和开发阶段支出的，应将其所发生的研发支出全部资产化计入无形资产成本。（　　）

2. 研究开发支出中的研究阶段的支出应资本化，计入无形资产成本。（　　）

3. 无形资产是指企业拥有或控制的没有实物形态的非货币性资产，包括可辨认非货币性无形资产和不可辨认无形资产。（　　）

4. 企业取得的使用寿命有限的无形资产均应按直线法摊销。（　　）

5. 自用无形资产的摊销应记入“其他业务成本”。（　　）

6. 外购的无形资产，其成本包括购买价款、相关税费及直接归属于使该项资产达到预定用途所发生的其他支出，也包括为运行无形资产发生的培训费支出。（　　）

7. 摊销无形资产时，当月增加的无形资产不进行摊销，当月减少的无形资产要进行摊销。（　　）

8. 企业出售的无形资产，应将取得的价款确认为收入；同时，将无形资产的账面价值确认为费用。（　　）

9. 企业开发阶段发生的支出应全部资本化，计入无形资产成本。（　　）

10. 使用寿命有限的无形资产一定无残值。（　　）

11. 无形资产报废损失应计入营业外支出。（　　）

12. 无形资产减值损失一经确认，在以后持有期间不得转回。（　　）

四、计算分析题

1. 华厦股份有限公司（系上市公司）发生下列与无形资产有关的经济业务：

（1）2010 年 1 月 1 日接受丙公司以其所拥有的专利权作为出资，双方协议约定的价值为 10 000 万元，按照市场情况估计其公允价值为 6 000 万元，已办妥相关手续。该专利权的摊销年限为 10 年。

（2）华厦股份有限公司从 2010 年 3 月 1 日开始自行研究开发一项新产品专利技术，在研究开发过程中发生材料费 8 000 万元、人工工资 1 200 万元，以及用银行存款支付的其他费用 800 万元，总计 10 000 万元，其中，符合资本化条件的支出为 7 200 万元。2010 年 12 月 31 日，该专利技术已经达到预定用途。假定形成无形资产的专利技术采用直线法按 10 年摊销。

要求：编制华厦股份有限公司 2010 年上述经济业务的会计分录。（金额单位用万元表示）

2. 重庆大江有限公司发生有关无形资产业务如下：

（1）2011 年 1 月，重庆大江有限公司以银行存款 1 800 万元购入一项土地使用权（不考

虑相关税费)。该土地使用年限为 60 年，采用直线法摊销，净残值为 0。

(2) 2011 年 8 月，上述专利技术研究成功，转入开发阶段。企业将研究成果应用于该项专利技术的设计，发生的研发人员工资 200 万元、材料费 300 万元，以及相关设备折旧费 100 万元，同时以银行存款支付其他相关费用 60 万元。

(3) 2011 年 10 月，上述专利技术的研究开发项目达到预定用途，形成无形资产。

要求：

(1) 编制重庆大江有限公司 2011 年 1 月购入该项土地使用权的会计分录。

(2) 编制土地使用权 2011 年摊销的会计分录，计算重庆大江有限公司 2011 年 12 月 31 日该项土地使用权的账面价值。

(3) 编制重庆大江有限公司 2011 年研制开发专利技术的有关会计分录。

(4) 重庆大江有限公司的王会计认为，为了实施更谨慎的会计政策，公司的研发支出应全部费用化，你认为是否正确？为什么？

(金额单位用万元表示)

五、综合题

重庆机械制造有限公司发生有关无形资产业务如下：

(1) 2009 年 1 月，重庆机械制造有限公司以银行存款 2 400 万元购入一项土地使用权(不考虑相关税费)。该土地使用年限为 60 年。

(2) 2009 年 6 月，重庆机械制造有限公司研发部门准备研究开发一项专利技术。在研究阶段，企业为了研究成果的应用研究、评价，以银行存款支付了相关费用 600 万元。

(3) 2009 年 8 月，上述专利技术研究成功，转入开发阶段。企业将研究成果应用于该项专利技术的设计，直接发生的研发人员工资、材料费，以及相关设备折旧费分别为 800 万元、1 300 万元和 200 万元，同时以银行存款支付了其他相关费用 100 万元。以上开发支出均满足无形资产的确认条件。

(4) 2009 年 10 月，上述专利技术的研究开发项目达到预定用途，形成无形资产。重庆机械制造有限公司预计该专利技术的预计使用年限为 10 年。重庆机械制造有限公司无法可靠确定与该专利技术有关的经济利益的预期实现方式。

(5) 2010 年 4 月，重庆机械制造有限公司利用上述外购的土地使用权，自行开发建设厂房。厂房于 2010 年 9 月达到预定可使用状态，累计所发生的必要支出 5 550 万元(不包含土地使用权)。该厂房预计使用寿命为 10 年，预计净残值为 50 万元。假定重庆机械制造有限公司对其采用年数总和法计提折旧。

(6) 2012 年 5 月，重庆机械制造有限公司将上述研发的专利技术对外出售，售价为 2 000万元，应交营业税 100 万元。

要求：

(1) 编制重庆机械制造有限公司 2009 年 1 月购入该项土地使用权的会计分录。

(2) 编制土地使用权 2009 年摊销的会计分录，并计算重庆机械制造有限公司 2009 年 12 月 31 日该项土地使用权的账面价值。

(3) 编制重庆机械制造有限公司 2009 年研制开发专利技术的有关会计分录。

(4) 计算重庆机械制造有限公司研制开发的专利技术至 2011 年年末累计摊销的金额(假定没有计提减值准备)。

（5）分析土地使用权是否应转入该厂房的建造成本；计算重庆机械制造有限公司自行开发建设的厂房 2011 年计提的折旧额。

（6）编制重庆机械制造有限公司该项专利技术 2012 年 5 月出售专利技术的会计分录。

（金额单位用万元表示）

能力单元六

核算投资

学习目标

1. 了解投资的概念；
2. 掌握交易性金融资产的核算；
3. 掌握持有至到期投资的核算；
4. 掌握长期股权投资核算的成本法和权益法；
5. 通过对投资的学习，树立投资理财观念。

教学重难点

重点：交易性金融资产、长期股权投资的核算。

教学时数

建议教学时数 8 学时，其中讲授 6 学时，实践 2 学时。

教学导航

教学指引：

1. 企业会计准则，常见的会计法规文件；
2. 投资的相关合同、协议；
3. 书写、计算工具；
4. 多媒体教学设备及教学课件、软件；
5. 视频教学资料和网络教学资源。

学习引导：

1. 通过社会调查和对投资案例的分析，了解企业投资业务的重要性；

2. 通过对各项任务的处理，掌握投资业务的核算技能；

3. 积极参与小组讨论、角色扮演、小组成员互评，培养合作共事能力；

4. 通过网络、课外书籍等工具分析利用技术资料，提高自主学习能力。

任务一 认知投资

Mission one

一、投资的概念

在现实生活中，我们每个人都或多或少地进行过投资，如将多余的生活费存入银行卡，可以获得利息收入。从事生产经营活动的企业同样存在投资活动。为了充分运用资金给企业带来更多的收益，企业可以将多余的资金用于投资，如购买股票、债券等。企业既要加强对投资的管理，又要加强核算。

所谓投资，一般是指经济主体为获取预期收益而垫付货币或其他资源于某些事业的经济活动。投资这一含义表明了投资主体、投资目的、投资方式和投资行为过程的内容及其内在联系。科学理解投资含义必须注意以下几点：

(1) 从事投资事业，首先是谁来投资？投资活动的经济主体，简称投资主体，或投资者、投资方。在现实的社会经济生活中，投资主体有多层次和多种类型，如直接从事投资的各级政府、企业、事业单位、企业集团或者个人，等等。投资就是这些人或人格化的组织进行的一种有意识的经济活动。

(2) 投资者为什么投资？垫付货币或其他资源，旨在保证回流，实现增值。投资活动是为了获取一定的预期的效益。进行任何经济活动，使成果超过消耗，以少投入换取多产出，是任何社会形态下人类经济活动都要受其支配的一条基本经济规律。经济效益是投资活动的出发点和归结点。经济效益有其自然方面，还有其社会方面，不同社会形态下的经济效益，其社会实质和衡量标准是不相同的。投资的效益，不仅仅体现在经济效益，还反映在社会效益和环境效益等诸多方面。就广义而言，经济效益的内涵和外延含有经济、社会、环境效益的统一的意思。

(3) 投资可以运用多种形式，投放运用于多种事业。直接投资是投资的重要方式之一。它直接运用于购建固定资产和流动资产，形成实物资产——生产资料，以产出产品，体现为使用价值和价值；间接投资用于购买股票、债券等，形成金融资产，用以实现投资的目的；还有风险投资，如开发高新技术的投资，勘探地下、海底资源的投资等。

(4) 以货币资金（或资本）垫付为特征的投资活动是连续性的活动，它不是一次完成的。同时，投资也不只是一次性的投入行为，而是包含着资金的筹集、分配、使用和回收、增值的全过程。投资是资金不断循环周转的运动过程。

(5) 投资的含义具有双重性：既是指特定的经济活动；又表现为特定的货币资金。也就是说投资是投资主体为了获得预期效益而不断转化为资产的一定量货币资金。

由此可见，垫支资源、形成资本资产、取得未来回报、而回报具有不确定性是投资的基本特点。

二、投资的分类

投资是一项很复杂的经济活动，为了加强管理和提高投资收益，有必要对投资进行科学的分类。

1. 按投资方向分类

按投资方向的不同，投资可分为实物投资和金融投资。

实物投资是指投资者将资金用于建造、购置固定资产和流动资产，直接用于生产经营，并以此获得未来收益的投资行为。比如，房地产投资、固定资产投资、存货投资等。

金融投资是指投资者以获得未来收益为目的，用货币资金去购买金融资产的投资行为。比如股票投资、债券投资等。

在本能力单元中，我们只学习金融投资的核算，主要包括交易性金融资产、持有至到期投资和长期股权投资的核算。

2. 按投资回收期限分类

按投资回收期限的长短，投资可分为短期投资和长期投资。短期投资是指回收期在一年以内的投资，主要包括现金、应收款项、存货、短期有价证券等投资；长期投资是指回收期在一年以上的投资，主要包括固定资产、无形资产、对外长期投资等。

3. 按投资行为的介入程度分类

按投资行为的介入程度，分为直接投资和间接投资。直接投资包括企业内部直接投资和对外直接投资，前者形成企业内部直接用于生产经营的各项资产，后者形成企业持有的各种股权性资产，如持有子公司或联营公司股份等。间接投资是指通过购买被投资对象发行的金融工具而将资金间接转移交付给被投资对象使用的投资，如企业购买特定投资对象发行的股票、债券、基金等。

4. 按投资的方向不同分类

按投资的方向不同，分为对内投资和对外投资。从企业的角度看，对内投资就是项目投资，是指企业将资金投放于为取得供本企业生产经营使用的固定资产、无形资产、其他资产和垫支流动资金而形成的一种投资。对外投资是指企业为购买国家及其他企业发行的有价证券或其他金融产品（包括：期货与期权、信托、保险），或以货币资金、实物资产、无形资产向其他企业（如联营企业、子公司等）注入资金而发生的投资。

企业投资核算的主要内容应包括正确记录和反映各项投资所发生的投资成本和确认投资损益，并按规定计提投资损失准备，做好投资信息的披露。

任务二　核算交易性金融资产

Mission two

一、认知交易性金融资产

交易性金融资产主要是指企业为了近期内出售而持有的金融资产，例如企业以赚取差价为目的从二级市场购入的股票、债券、基金等。

取得交易性金融资产的目的，主要是为了近期出售，即为了获取价差。因此，交易性金融资产具有两个特点。

（1）以公允价值计量。

（2）公允价值变动计入当期损益（公允价值变动损益）。

为了核算交易性金融资产的取得、收取现金股利或利息、处置等业务，企业应当设置“交易性金融资产”、“公允价值变动损益”“投资收益”等科目和账户。

①“交易性金融资产”账户。该账户属于资产类账户，用来核算企业为交易目的所持有的债券投资、股票投资、基金投资等交易性金融资产的公允价值。“交易性金融资产”的借方登记交易性金融资产的取得成本、资产负债表日公允价值高于账面余额的差额、出售交易性金融资产时结转的公允价值变动损失，贷方登记资产负债表日公允价值低于账面余额的差额、出售交易性金融资产时结转的成本、出售交易性金融资产时结转的公允价值变动收益。期末借方余额，表示企业期末持有的交易性金融资产的公允价值。企业应当按照交易性金融资产的类别和品种，分别设置“成本”、“公允价值变动”等进行明细核算。

②“公允价值变动损益”账户。该账户属于损益类账户，核算企业交易性金融资产等公允价值变动而形成的应计入当期损益的利得或损失。“公允价值变动损益”的借方登记资产负债表日企业持有的交易性金融资产等的公允价值低于账面余额的差额，贷方登记资产负债表日企业持有的交易性金融资产等的公允价值高于账面余额的差额。期末，应将本科目余额转入“本年利润”科目，结转后本科目无余额。

③“投资收益”账户。该账户属于损益类账户，核算企业持有交易性金融资产等期间取得的投资收益以及处置交易性金融资产等实现的投资收益或投资损失。“投资收益”借方登记企业出售交易性金融资产等发生的投资损失，贷方登记企业出售交易性金融资产等实现的投资收益。期末，应将本科目余额转入“本年利润”账户，结转后本科目无余额。

二、核算交易性金融资产的取得

1. 职业规范

按照会计准则的要求，企业取得交易性金融资产时，应当按照取得时的公允价值作为其初始确认金额，记入“交易性金融资产——成本”科目；取得交易性金融资产所支付价款中包含已宣告尚未发放的现金股利，记入“应收股利”科目；取得交易性金融资产所支付价款中包含已到付息期但尚未领取的债券利息，记入“应收利息”科目。

取得交易性金融资产所发生的相关交易费用应当在发生时记入“投资收益”。交易费用是指可直接归属于购买、发行或处置金融工具新增的外部费用，包括支付给代理机构、咨询公司、券商等的手续费和佣金及其他必要支出。

根据规定，进行股票投资必须在证券公司开户，企业将资金存入证券账户，形成“其他货币资金——存出投资款”。当使用存出投资款购入股票时，“交易性金融资产”增加，“其他货币资金——存出投资款”减少。

2. 职业判断与操作

[任务6-1] 2011年9月20日，重庆机械制造有限公司委托某证券公司从上海证券交易所购入A上市公司股票1 000 000股，并将其划分为交易性金融资产。该笔股票投资在购买日的公允价值为10 000 000元（A上市公司未宣告发放现金股利）。另支付相关交易费用为25 000元。要求进行账务处理。

任务分析：本任务中，以公允价值10 000 000元购入股票并划为交易性金融资产，企业的交易性金融资产增加，应在借方登记“交易性金融资产”科目，购入过程中支付的相关交易费用25 000元，根据职业规范要求，应冲减该项投资的收益，借记“投资收益”科目。账务处理如下：

借：交易性金融资产——成本　　10 000 000

　　投资收益　　25 000

　　贷：其他货币资金——存出投资款　　10 025 000

[任务6-2]　2011年1月8日，重庆机械制造有限公司购入丙公司发行的公司债券，该笔债券于2010年7月1日发行，面值为2 500万元，票面利率为4%，上年债券利息于下年初支付。甲公司将其划分为交易性金融资产，支付价款2 600万元（其中包含已经宣告发放的债券利息50万元），另支付交易费用40万元。要求进行账务处理。

任务分析：本任务中，重庆机械制造有限公司于2011年1月8日购入2010年7月1日发行的债券，并将其划分为交易性金融资产，因此，企业的“交易性金融资产”增加，应在借方登记；而该债券的利息于下年初支付，因此，购买价格中已包含2010年下半年的利息，应从买价中扣除，记入“应收利息”科目。因已宣告但未发放的50万元利息，是购买之前形成的，重庆机械制造有限公司不应享有，在购买时需先支付给前面的持有人，然后从发行公司收取。支付的交易费用冲减“投资收益”。账务处理如下：

借：交易性金融资产——成本　　25 500 000

　　投资收益　　400 000

　　应收利息　　500 000

　　贷：银行存款　　26 400 000

三、核算交易性金融资产持有期间的收益

1. 职业规范

企业持有股票类交易性金融资产期间，对于被投资单位宣告发放的现金股利，应当确认为“应收股利”，并记入当期“投资收益”。

持有债券类交易性金融资产期间，在资产负债表日按分期付息、一次还本债券投资的票面利率计算利息，应当确认为“应收利息”，并记入当期“投资收益”。

2. 职业判断与操作

[任务6-3]　承［任务6-2］，重庆机械制造有限公司于2011年2月5日收到购买价款中包含的已宣告尚未发放的债券利息50万元。2012年2月5日，又收到债券利息100万元。要求进行账务处理。

任务分析：本任务中，2月5日收到的50万元利息，是2010年下半年的利息，在购买时已记入“应收利息”，该利息现已收到，应予以冲销先前的“应收利息”。2012年2月5日收到的利息，系2011年的债券利息，企业应按照权责发生制基础的要求确认这一年进行投资的收益，因此，企业应在2011年12月31日，将按债券面值和票面利率计算的利息100万元，确认为“应收利息”，并记入当期“投资收益”。账务处理如下：

（1）2011年2月5日，收到利息时：

借：银行存款　　500 000

　　贷：应收利息　　500 000

(2) 2011 年 12 月 31 日，确认当年投资收益时：

借：应收利息　　1 000 000

　贷：投资收益　　1 000 000

(3) 2012 年 2 月 5 日，收到利息时：

借：银行存款　　1 000 000

　贷：应收利息　　1 000 000

四、核算交易性金融资产的期末计量

1. 职业规范

资产负债表日，交易性金融资产应当按照公允价值计量，公允价值与账面余额之间的差额计入当期损益。交易性金融资产的公允价值高于其账面余额时，应按其差额借记"交易性金融资产——公允价值变动"科目，贷记"公允价值变动损益"科目；交易性金融资产的公允价值低于其账面余额时，应按其差额借记"公允价值变动损益"科目，贷记"交易性金融资产——公允价值变动"科目。

2. 职业判断与操作

[任务 6-4]　假定重庆机械制造有限公司 2011 年 1 月 8 日购入的债券，在 2011 年 8 月 31 日市价为 2 650 万元；2011 年 9 月 30 日，该笔债券的市价为 2 590 万元。要求进行账务处理。

任务分析：本任务中，重庆机械制造有限公司 2011 年 1 月 8 日购买的债券成本为 2 550 万元，2011 年 8 月 31 日市价为 2 650 万元，增值了 100 万元，应确认为收益，在调增"交易性金融资产"的账面价值时，增加"公允价值变动损益"；2011 年 9 月 30 日，该债券市价为 2 590 万元，比账面价值 2 650 万元降低了 60 万元，应确认为损失，在调减"交易性金融资产"的账面价值时，减少"公允价值变动损益"。账务处理如下：

(1) 2011 年 8 月 31 日：

借：交易性金融资产——公允价值变动　　1 000 000

　贷：公允价值变动损益　　1 000 000

(2) 2011 年 9 月 30 日：

借：公允价值变动损益　　600 000

　贷：交易性金融资产——公允价值变动　　600 000

五、核算交易性金融资产的处置

1. 职业规范

出售交易性金融资产时，应当将该金融资产出售时的公允价值与账面余额之间的差额确认为投资收益，同时调整公允价值变动损益。

企业按实际收到的金额，借记"银行存款"等科目，按该金融资产的账面余额，贷记"交易性金融资产"科目，按其差额，借记或贷记"投资收益"科目。同时，将原计入该金融资产的公允价值变动转出，借记或贷记"公允价值变动损益"科目，贷记或借记"投资收益"科目。

交易性金融资产已经实现的投资收益包括：

（1）出售时确认的投资收益，即交易性金融资产出售时的公允价值和取得时公允价值的差额。

（2）持有期间赚取的股利收入或利息收入。

2. 职业判断与操作

[任务6－5]　承[任务6－2]、[任务6－3]、[任务6－4]，假定2011年10月15日，重庆机械制造有限公司出售了所持有的丙公司的公司债券，售价为2 690万元。要求进行账务处理。

任务分析：本任务中，重庆机械制造有限公司出售了债券，该债券已不属于企业，应将其成本及其相关的价值全部转出。出售时，该债券的总账面价值为2 590万元，实际收到银行存款2 690万元，差额100万元应确认为投资收益，在贷方登记“投资收益”科目。该债券在持有过程中，有一次升值100万元，有一次贬值60万元，最终由于公允价值变动形成的“交易性金融资产——公允价值变动”40万元，应在出售时连同该债券的初始成本一起转出；同时，转出公允价值变动损益40万元，计入投资收益。账务处理如下：

借：银行存款	26 900 000	
贷：交易性金融资产——成本		25 500 000
——公允价值变动		400 000
投资收益		1 000 000

同时

借：公允价值变动损益	400 000	
贷：投资收益		400 000

教学互动

在[任务6－4]中，如果2011年8月31日，重庆机械制造有限公司购买的该笔债券的市价为2 500万元，其他条件不变，[任务6－4]和[任务6－5]应分别如何进行账务处理？

任务三　核算持有至到期投资
Mission three

一、认知持有至到期投资

持有至到期投资，是指到期日固定、回收金额固定或可确定，且企业有明确意图和能力持有至到期的非衍生金融资产。值得注意的是，股票投资一定不能划分为持有至到期投资，购入的债券投资才有可能划分为持有至到期投资。

持有至到期投资主要有以下三个特征：

第一，到期日固定、回收金额固定或可确定。

第二，有明确意图持有至到期。存在下列情况之一的，表明企业没有明确意图将金融资产投资持有至到期：

（1）持有该金融资产的期限不确定。

（2）发生市场利率变化、流动性需要变化、替代投资机会及其投资收益率变化、融资来源和条件变化、外汇风险变化等情况时，将出售该金融资产。但是，无法控制、预期不会重复发生且难以合理预计的独立事项引起的金融资产出售除外。

（3）该金融资产的发行方可以按照明显低于其摊余成本的金额清偿。

（4）其他表明企业没有明确意图将该金融资产持有至到期的情况。

第三，有能力持有至到期。“有能力持有至到期”是指企业有足够的财力资源，并不受外部因素影响将投资持有至到期。存在下列情况之一的，表明企业没有能力将具有固定期限的金融资产投资持有至到期。

（1）没有可利用的财务资源持续地为该金融资产投资提供资金支持，以使该金融资产投资持有至到期。

（2）受法律、行政法规的限制，使企业难以将该金融资产投资持有至到期。

（3）其他表明企业没有能力将具有固定期限的金融资产投资持有至到期的情况。

企业不能将下列非衍生金融资产划分为持有至到期投资。

（1）初始确认时即被指定为以公允价值计量且其变动计入当期损益的非衍生金融资产。

（2）初始确认时被指定为可供出售的非衍生金融资产。

（3）符合贷款和应收款项定义的非衍生金融资产。

持有至到期投资可设三个明细账户进行核算：“成本”、“利息调整”、“应计利息”。“成本”明细账户仅反映债券的面值，“应计利息”明细账户在核算到期一次还本付息债券时才用。

二、核算持有至到期投资的取得

1. 职业规范

持有至到期投资应采用实际利率法，按摊余成本计量。实际利率法指按实际利率计算摊余成本及各期利息费用的方法，摊余成本为持有至到期投资初始金额扣除已偿还的本金和加上或减去累计摊销额以及扣除减值损失后的金额。

对于持有至到期投资，企业应设置“持有至到期投资”会计科目和账户，用来核算企业持有至到期投资的价值。此科目属于资产类，应当按照持有至到期投资的类别和品种，分别以“成本”、“利息调整”、“应计利息”等进行明细核算。其中，“利息调整”实际上反映企业债券投资溢价和折价的相应摊销。

企业取得的持有至到期投资，应按该投资的面值，借记“持有至到期投资——成本”，按支付的价款中包含的已到付息期但尚未领取的利息，借记“应收利息”，按实际支付的金额，贷记“银行存款”等科目，按其溢折价差额，借记或贷记“持有至到期投资——利息调整”。取得持有至到期投资过程中发生的佣金、手续费等交易费用也记入“持有至到期投资——利息调整”账户。

2. 职业判断与操作

［任务6－6］　2011年1月3日，重庆机械制造有限公司支付价款1 000 000元（含交易费用）从上海证券交易所购入A公司同日发行的5年期公司债券，债券票面价值总额为1 250 000元，票面年利率为4.72%，于年末支付本年度债券利息（即每年利息为59 000元），本金在债券到期时一次性偿还，年实际利率为10%。公司有意也有能力将该债券持有至到期，

划分为持有至到期投资（假定不考虑所得税、减值损失等因素。）。要求进行账务处理。

任务分析：本任务中，重庆机械制造有限公司已将购入的债券划分为持有至到期投资，由于利息于年末支付，即在购入债券时的价款中没有已到期未付利息，因此，应按债券面值1 250 000元借记“持有至到期投资——成本”科目，按实际支付银行存款1 000 000元贷记“银行存款”科目，倒挤出的差额250 000元贷记“持有至到期投资——利息调整”科目。账务处理如下：

借：持有至到期投资——成本　　1 250 000

　贷：银行存款　　1 000 000

　　持有至到期投资——利息调整　　250 000

三、核算持有至到期投资持有期间的收益

1. 职业规范

对于持有至到期投资为分期付息、一次还本债券投资的，在资产负债表日，应按票面利率和面值计算确定的应收未收利息，借记“应收利息”科目，按持有至到期投资摊余成本和实际利率计算确定的利息收入，贷记“投资收益”科目，按其差额，借记或贷记“持有至到期投资——利息调整”。

分期付息、一次还本债券投资时，期末摊余成本＝期初摊余成本＋本期应计提的利息（即“投资收益”，期初摊余成本×实际利率）－本期收到的利息（即“应收利息”，分期付息债券的面值×票面利率）－本期计提的减值准备。

持有至到期投资为一次还本付息债券投资的，应于资产负债表日按票面利率和面值计算确定的应收未收利息，借记“持有至到期投资——应计利息”，按持有至到期投资摊余成本和实际利率计算确定的利息收入，贷记“投资收益”科目，按其差额，借记或贷记“持有至到期投资——利息调整”。

一次还本付息债券投资时，期末摊余成本不需要减去计入应计利息的金额。因为应计利息属于持有至到期投资的明细科目，在持有期间不产生现金流量。期末摊余成本＝期初摊余成本＋本期应计提的利息（即“投资收益”，期初摊余成本×实际利率）－本期计提的价值准备。

2. 职业判断与操作

[任务6－7]　承［任务6－6］，资产负债表日，要求对该项持有至到期投资计算利息。

任务分析：本任务中，投资是分期付息、一次还本债券投资，每期利息计算结果如表6－1所示。

表6－1　每期利息计算结果

元

日期	本期收到的利息（a）	本期计提的利息 （b）＝（c）×10%	摊余成本余额 （c）＝期初（c）＋（b）－（a）
2011年1月3日			1 000 000
2011年12月31日	59 000	100 000	1 041 000
2012年12月31日	59 000	104 100	1 086 100

续表

日期	本期收到的利息（a）	本期计提的利息 （b）＝（d）×10％	摊余成本余额 （c）＝期初（c）＋（b）－（a）
2013年12月31日	59 000	108 610	1 135 710
2014年12月31日	59 000	113 571	1 190 281
2015年12月31日	59 000	118 719 *	1 250 000
小计	295 000	545 000	1 250 000
2015年12月31日	1 250 000	—	0
合计	1 545 000	545 000	—

注：*尾数调整。

2011年12月31日，应计提的债券利息＝1 000 000×10％＝100 000元，而债券实际利息收入＝1 250 000×4.72％＝59 000（元），差额41 000元记入“持有至到期投资——利息调整”借方，增加了该项投资的期末摊余成本，期末摊余成本＝1 000 000＋41 000＝1 041 000（元）。账务处理如下：

借：应收利息　59 000
　　持有至到期投资——利息调整　41 000
　　贷：投资收益　100 000

实际收到利息时：

借：银行存款　59 000
　　贷：应收利息　59 000

2012年12月31日，应计提的债券利息＝1 041 000×10％＝104 100（元），而债券实际利息收入＝1 250 000×4.72％＝59 000（元），差额45 100元记入“持有至到期投资——利息调整”借方，增加了该项投资的期末摊余成本，期末摊余成本＝1 041 000＋45 100＝1 086 100（元）。

借：应收利息　59 000
　　持有至到期投资——利息调整　45 100
　　贷：投资收益　104 100
借：银行存款　59 000
　　贷：应收利息　59 000

2013年12月31日，应计提的债券利息＝1 086 100×10％＝108 610（元），而债券实际利息收入＝1 250 000×4.72％＝59 000（元），差额49 610元记入“持有至到期投资——利息调整”借方．增加了该项投资的期末摊余成本，期末摊余成本＝1 086 100＋49 610＝1 135 710（元）。

借：应收利息　59 000
　　持有至到期投资——利息调整　49 610
　　贷：投资收益　108 610
借：银行存款　59 000
　　贷：应收利息　59 000

2014年12月31日，应计提的债券利息＝1 135 710×10％＝113 571（元），而债券实际利息收入＝1 250 000×4.72％＝59 000（元），差额54 571元记入“持有至到期投资——利息调整”借方，增加了该项投资的期末摊余成本，期末摊余成本＝1 135 710＋54 571＝1 190 281（元）。

借：应收利息　　59 000
　　持有至到期投资——利息调整　　54 571
　　贷：投资收益　　113 571
借：银行存款　　59 000
　　贷：应收利息　　59 000

2015 年 12 月 31 日，最后一期尾数调整，“持有至到期投资——利息调整”账户＝250 000－（41 000＋45 100＋49 610＋54 571）＝59 719（元），债券实际利息收入＝1 250 000×4.72%＝59 000（元），所以，本期应计提的债券利息＝59 719＋59 000＝118 719（元）。

借：应收利息　　59 000
　　持有至到期投资——利息调整　　59 719
　　贷：投资收益　　118 719
借：银行存款　　59 000
　　贷：应收利息　　59 000

2015 年 12 月 31 日，收回本金的会计分录

借：银行存款　　1 250 000
　　贷：持有至到期投资——成本　　1 250 000

四、核算持有至到期投资的减值

资产负债表日，企业应对拥有的持有至到期投资进行检查，有客观证据表明所拥有的持有至到期投资发生减值的，应当根据其账面价值与预计未来现金流量现值之间差额计算确认减值损失，计提减值准备。

在资产负债表日，企业根据金融工具确认和计量准则确定持有至到期投资发生减值时，借记“资产减值损失”科目，贷记“持有至到期投资减值准备”科目。

已计提减值准备的持有至到期投资价值以后又得以恢复，应在原已计提的减值准备内，按恢复增加的金额，借记“持有至到期投资减值准备”科目，贷记“资产减值损失”科目。

五、核算持有至到期投资的出售

持有至到期投资一旦出售，该投资就不存在，企业应从账簿中予以核销，包括其成本、利息调整、应计利息、减值准备等。因此，出售持有至到期投资时，应按实际收到的金额，借记“银行存款”等科目，按其账面余额，贷记“持有至到期投资”（成本、利息调整、应计利息）等明细账户余额，按其差额，贷记或借记“投资收益”账户。已计提减值准备的，还应同时结转减值准备。

教学互动

（1）持有至到期投资是一个资产类账户，其期末借方余额反映企业持有至到期投资的摊余成本。这个说法对吗？

（2）在［任务6－6］中，如果该债券是到期一次还本付息，那么［任务6－6］和［任务6－7］应分别如何进行账务处理？

任务四 核算长期股权投资

Mission four

一、认知长期股权投资

1. 长期股权投资的内涵

长期股权投资是指企业持有的对其子公司、合营企业及联营企业的权益性投资以及企业持有的对被投资单位不具有控制、共同控制或重大影响，且在活跃市场中没有报价、公允价值不能可靠计量的权益性投资。

企业持有的权益性投资，主要包括：

（1）企业持有的对其子公司的权益性投资。企业能够对被投资单位实施控制，则被投资单位为本企业的子公司。控制是有权决定被投资单位的财务和经营决策，并能据以从该企业的经营活动中获取利益。

（2）企业持有的对其合营企业的权益性投资。企业与其他方对被投资单位实施共同控制的，被投资单位为本企业的合营企业。共同控制，是指按照合同约定对某项经济活动所共有的控制，仅在与该项经济活动相关的重要财务和经营决策需要分享控制权的投资方一致同意时存在。

（3）企业持有的对其联营企业的权益性投资。企业能够对被投资单位施加重大影响的，被投资单位为本企业的联营企业。重大影响，是指对一个企业的财务和经营政策有参与决策的权力，但并不能够控制或者与其他方共同控制这些政策的制定。

（4）企业持有的对被投资单位不具有控制、共同控制或重大影响，且在活跃市场中没有报价、公允价值不能可靠计量的权益性投资。

2. 长期股权投资的特点

（1）长期持有。长期股权投资目的是为长期持有被投资单位的股份，成为被投资单位的股东，并通过所持有的股份，对被投资单位实施控制或施加重大影响，或为了改善和巩固贸易关系，或持有不易变现的长期股权投资等。

（2）利益风险并存。获取经济利益，并承担相应的风险。长期股权投资的最终目标是为了获得较大的经济利益，这种经济利益可以通过分得利润或股利获取，也可以通过其他方式取得，如被投资单位生产的产品为投资企业生产所需的原材料，在市场上这种原材料的价格波动较大，且不能保证供应。在这种情况下，投资企业通过所持股份，达到控制或对被投资单位施加重大影响，使其生产所需的原材料能够直接从被投资单位取得，而且价格比较稳定，保证其生产经营的顺利进行。但是，如果被投资单位经营状况不佳，或者进行破产清算时，投资企业作为股东，也需要承担相应的投资损失。

（3）通常不能随时出售。除股票投资外，长期股权投资通常不能随时出售。投资企业一旦成为被投资单位的股东，依所持股份份额享有股东的权利并承担相应的义务，一般情况下不能随意抽回投资。

（4）投资风险较大。长期股权投资相对于长期债权投资而言，投资风险较大。

在我国，长期股权投资的取得方式主要有：在证券市场上以货币资金购买其他企业的股票，以成为被投资单位的股东；以资产（包括货币资金、无形资产和其他实物资产）投资于其他单位，从而成为被投资单位的股东。

3. 长期股权投资的核算方法

长期股权投资应根据不同的情况，分别采用成本法和权益法核算。

成本法适用于两种情况：一是企业能够对被投资单位实施控制的长期股权投资。即企业对子公司的长期股权投资；二是企业对被投资单位不具有控制、共同控制或重大影响，且在活跃市场中没有报价、公允价值不能可靠计量的长期股权投资。

权益法也用于两种情况：一是企业对被投资单位具有共同控制的长期股权投资。即企业对其合营企业的长期股权投资。二是企业对被投资单位具有重大影响的长期股权投资。即企业对其联营企业的长期股权投资。

不同情况长期股权投资的核算方法如表 6－2 所示。

表 6－2　不同情况长期股权投资的核算方法

持股比例	投资方对被投资方产生的影响	被投资方与投资方的关系	投资方采用的核算方法
持股比例＞50％	控制	子公司	成本法
20％≤持股比例≤50％	重大影响	联营企业	权益法
	共同控制	合营企业	权益法
持股比例＜20％	不具有控制、共同控制或重大影响，且在活跃市场中没有报价、公允价值不能可靠计量	—	成本法

采用成本法时，除追加或收回投资外，长期股权投资的账面价值一般应保持不变。投资单位取得长期股权投资后当被投资单位实现净利润时不作账务处理。被投资单位宣告分派的利润或现金股利，确认为当期投资收益，不管净利润是在被投资单位接受投资前还是接受投资后实现的。投资企业确认投资收益，仅限于所获得的被投资单位在接受投资后产生的累计净利润的分配额，所获得的被投资单位宣告分派的利润或现金股利超过上述数额的部分，作为初始投资成本的收回，冲减投资的账面价值。

采用权益法时，投资单位取得投资时应该将成本（取得长期股权投资的成本）与所享份额（按持股比例享有被投资单位所有者权益公允价值的份额）进行比较，如果前者大于后者，不调整长期股权投资的初始账面价值（即以取得的成本作为初始账面价值），如果前者小于后者，则要调整长期股权投资的初始账面价值（即以所享份额的公允价值作为它的初始价值，将二者的差额计入营业外收入）。投资企业应在取得股权投资后，按应享有或应分担的被投资单位当年实现的净利润或发生的净亏损的份额（法规或公司章程规定不属于投资企业的净利润除外），调整投资的账面价值，并确认为当期投资损益。投资企业按被投资单位宣告分派的利润或现金股利计算应分得的部分，相应减少投资的账面价值。

二、采用成本法核算长期股权投资

1. 核算长期股权投资的取得

（1）职业规范。

长期股权投资初始投资成本的确定。除企业合并形成的长期股权投资以外，以支付现金取得的长期股权投资，应当按照实际支付的购买价款作为初始投资成本。企业所发生的与取得长期股权投资直接相关的费用、税金及其他必要支出应计入长期股权投资的初始投资成本。

此外，企业取得长期股权投资，实际支付的价款或对价中包含的已宣告但尚未发放的现金股利或利润，作为应收项目处理，不构成长期股权投资的成本。

为了核算长期股权投资的增减变动及投资收益情况，企业应设置“长期股权投资”、“投资收益”科目和账户。“长期股权投资”属资产类账户，借方登记长期股权投资取得时的成本，贷方登记收回长期股权投资的价值，期末借方余额反映企业持有的长期股权投资的价值。

取得长期股权投资时，应按照初始投资成本，借记“长期股权投资”，按实际支付的价款、税费等，贷记“银行存款”等账户。如果实际支付的价款中包含有已宣告但尚未发放的现金股利或利润，借记“应收股利”，贷记“长期股权投资”。

（2）职业判断与操作。

[任务6-8] 重庆机械制造有限公司2011年9月15日以银行存款购买甲公司的股票100 000股作为长期股权投资，占甲公司发行在外的有表决权的股票的4%。每股买入价为9元，每股价格中包含0.3元的已宣告分配的现金股利，另支付相关的税费6 000元。要求进行账务处理。

任务分析：本任务中，重庆机械制造有限公司2011年5月15日购入的股份占被投资单位甲公司发行在外的有表决权的股票的4%，持股比例＜20%，属于使用成本法核算的范畴，应以实际支付的购买价款及相关的税费作为初始投资成本，其中买价中包含的已宣告但尚未发放的现金股利应作为应收股利处理。故初始投资成本＝100 000×（9－0.3）＋6 000＝876 000（元）。账务处理如下：

借：长期股权投资	876 000
应收股利	30 000
贷：银行存款	906 000

2. 核算持有期间的投资收益

（1）职业规范。

在成本法下，长期股权投资的投资收益仅限于被投资单位宣告发放的现金股利或利润。在被投资单位宣告时，企业按应享有的部分确认为投资收益，借记“应收股利”科目，贷记“投资收益”科目。

企业实际收到现金股利或利润时，借记“银行存款”，贷记“应收股利”。

（2）职业判断与操作。

[任务6-9] 承[任务6-8]，2011年9月20日，重庆机械制造有限公司收到甲公司分来的购买该股票时已经宣告分派的现金股利30 000元。要求进行账务处理。

任务分析：本任务中，收到的现金股利在购买之前已宣告，并在购入时已记入“应收股利”，因此，不属于投资收益。只是先前应收股利收回而已。账务处理如下：

借：银行存款　　30 000

　　贷：应收股利　　30 000

［任务6－10］　假如2012年3月10日，重庆机械制造有限公司收到甲公司宣告发放现金股利的通知，重庆机械制造有限公司应分享的现金股利61 000元。

任务分析：本任务中，2012年3月10日分派的现金股利是重庆机械制造有限公司购买该股份之后所属期间的股利，是企业投资后的收益，应确认为投资收益。账务处理如下：

借：应收股利　　61 000

　　贷：投资收益　　61 000

3. 核算长期股权投资的处置

（1）职业规范。

处置长期股权投资时，按实际取得的价款与长期股权投资账面价值的差额确认为投资收益，并同时结转已计提的长期股权投资减值准备。按实际收到的金额，借记“银行存款”等账户，按原已计提的减值准备，借记“长期股权投资减值准备”；按该项长期股权投资的账面余额，贷记“长期股权投资”，按尚未领取的现金股利或利润，贷记“应收股利”，按其差额，借或贷记“投资收益”。

（2）职业判断与操作。

［任务6－11］　承前各任务，假如2012年11月22日，重庆机械制造有限公司将作为长期股权投资的甲公司的100 000股股票以每股14元的价格卖出，支付相关税费5 000元，收到价款存入银行。而且从购买到出售一直没有计提减值准备。

任务分析：本任务中，企业持有期间长期股权投资成本未发生变化，且未计提减值准备，出售时只需将原账面成本转出，贷记“长期股权投资”科目，实际收到14×100 000－5 000＝1 395 000（元），借记“银行存款”科目，按实际取得的价款与长期股权投资账面价值的差额确认为投资收益。账务处理如下：

借：银行存款　　1 395 000

　　贷：长期股权投资　　876 000

　　　　投资收益　　519 000

三、采用权益法核算长期股权投资

1. 核算长期股权投资的取得

（1）职业规范。

在权益法下，企业持有长期股权投资期间，要根据被投资单位实现的净利润或亏损以及所有者权益的其他变动而调整长期股权投资的账面价值。为了核算其初始成本与变动情况，需要在长期股权投资账户下开设“成本”、“损益调整”和“其他损益变动”三个明细账户进行核算。

取得长期股权投资时，要比较“初始投资成本”与“应享有被投资单位可辨认净资产公允价值份额”的大小，取金额大者为长期股权投资的成本。其中：

初始投资成本＝取得长期股权投资直接相关费用＋税金＋其他必要支出

应享有被投资单位可辨认净资产公允价值份额＝投资时被投资单位的所有者权益公允价值×持股比例

当“初始投资成本”大于“应享有被投资单位可辨认净资产公允价值份额”时，不调整已经确认的初始投资成本。按初始投资成本的金额，借记“长期股权投资——成本”，贷记“银行存款”等账户。

当“初始投资成本”小于“应享有被投资单位可辨认净资产公允价值份额”时，按应享有被投资单位可辨认净资产公允价值份额的金额，借记“长期股权投资——成本”，贷记“银行存款”等账户，按其差额贷记“营业外收入”。

(2) 职业判断与操作。

[任务6-12] 2011年9月20日，重庆机械制造有限公司购买丙股份有限公司的股票600 000股准备长期持有，占丙股份有限公司股份的35%。每股买入价为7元，另支付相关税费10 000元，款项已由银行存款支付。2011年8月31日，丙股份有限公司的所有者权益的公允价值10 000 000元。要求进行账务处理。

任务分析：本任务中，重庆机械制造有限公司购买丙股份有限公司发行的股票占丙股份有限公司股份的35%，所以，该项投资应用权益法核算。

长期股权投资的初始投资成本＝600 000×7＋10 000＝4 210 000（元）

应享有被投资单位可辨认净资产公允价值份额＝10 000 000×35%＝3 500 000（元）

初始投资成本大于应享有被投资单位可辨认净资产公允价值份额，应以初始投资成本作为长期股权投资的成本。账务处理如下：

借：长期股权投资——成本	4 210 000	
贷：银行存款		4 210 000

2. 核算持有期间的权益变动和投资收益

(1) 职业规范。

在权益法下，投资企业在持有长期股权投资期间，要根据被投资单位权益的变动，相应调整其在被投资单位的权益，同时，在被投资单位实现净利润或发生净亏损时，要相关确认投资收益的增加或减少。具体规范如下：

被投资单位公布实现净利润时，应根据被投资单位实现的净利润计算应享有的份额，借记“长期股权投资——损益调整”，贷记“投资收益”。

被投资单位公布发生净亏损时，做实现净利润时相反的账务处理，但以“长期股权投资”的账面价值减记至零为限。长期股权投资的账面价值是“成本”、“损益调整”、“其他权益变动”三个明细的合计。长期股权投资账面价值减记至零，意味着“对某某单位投资”的这三个明细科目合计为零。

在持股比例不变的情况下，被投资单位除净损益以外所有者权益的其他变动，企业按持股比例计算应享有的份额，份额增加时，借记“长期股权投资——其他权益变动”，贷记“资本公积——其他资本公积”。份额减少时，借记“资本公积——其他资本公积”，贷记“长期股权投资——其他权益变动”。

被投资单位宣告发放现金股利或利润时，投资单位按持股比例计算应得的部分，借记“应收股利”，贷记“长期股权投资——损益调整”。实际收到发放的现金股利和利润时，借记“银行存款”，贷记“应收股利”。收到被投资单位宣告发放的股票股利，不进行账务处理，但应在备查簿中登记。

（2）职业判断与操作。

［任务6－13］　2011年丙股份有限公司实现净利润2 000 000元。要求进行账务处理。

任务分析：本任务中，被投资单位实现净利润，重庆机械制造有限公司应享有2 000 000×35%=700 000元，因此，应增加“投资收益”和“长期股权投资”的账面价值。账务处理如下：

借：长期股权投资——损益调整　　700 000

　贷：投资收益　　700 000

［任务6－14］　2011年年末丙股份有限公司可供出售金融资产的公允价值增加了300 000元。要求进行账务处理。

任务分析：本任务中，可供出售金融资产的公允价值增加，系除净损益以外所有者权益的其他变动，重庆机械制造有限公司应按照持股比例计算确认长期股权投资和资本公积的增加。账务处理如下：

借：长期股权投资——其他权益变动　　105 000

　贷：资本公积——其他资本公积　　105 000

［任务6－15］　2012年3月10日，丙股份有限公司宣告发放现金股利，每10股派3元。并于4月10日发放。要求进行账务处理。

任务分析：本任务中，3月10日宣告发放的股利，系2011年的利润分配，在之前，重庆机械制造有限公司已根据持股比例和丙公司实现的利润，确认了投资收益，并增加了长期股权投资账面价值。丙公司一旦发放股利，重庆机械制造有限公司在丙公司的权益就将相应减少，减少金额为（600 000/10）×3=180 000（元）。同时，股利还没收到，形成应收项目。账务处理如下：

2012年3月10日，当丙公司宣告发放现金股利时：

借：应收股利　　180 000

　贷：长期股权投资——损益调整　　180 000

2012年4月10日，重庆机械制造有限公司收到丙公司发放的股利时：

借：银行存款　　180 000

　贷：应收股利　　180 000

3. 核算长期股权投资的处置

（1）职业规范。

处置长期股权投资时，应转出长期股权投资的账面价值，包括成本、损益调整、其他权益变动，如之前计提有减值准备和尚未领取的现金股利或利润，也应一并转出，并按实际取得的价款、减值准备、长期股权投资账面价值、应收股利之间的差额确认为投资损益，即按实际收到的金额，借记“银行存款”，按原已计提的减值准备，借记“长期股权投资减值准备”；按长期股权投资的账面余额，贷记“长期股权投资”，按尚未领取的现金股利或利润，贷记“应收股利”。按其差额，借记或贷记“投资收益”。

同时还应将原记入“资本公积”的相关金额转入“投资收益”，借记“资本公积——其他资本公积”，贷记“投资收益”；如果之前被投资单位除净损益以外所有者权益的其他变动是减少，在此应做相反的账务处理。

(2) 职业判断与操作。

[任务6-16] 承前各任务，2012年5月11日，重庆机械制造有限公司出售所持丙股份有限公司的股票600 000股，每股出售价格为10元，款项已经收回。要求进行账务处理。

任务分析：本任务中，2012年5月11日转让时，重庆机械制造有限公司“长期股权投资——成本”余额为4 210 000元，“长期股权投资——损益调整”余额为520 000元(700 000－180 000＝520 000)，“长期股权投资——其他权益变动”105 000元，应予以全部转出，长期股权投资账面价值与实际收款额之间的差额116 500元计入“投资收益”。

借：银行存款	6 000 000
贷：长期股权投资——成本	4 210 000
——损益调整	520 000
——其他权益变动	105 000
投资收益	1 165 000

如果出售前计提有减值准备，则上述分录中的借方还应有“长期股权投资减值准备”。

同时

借：资本公积——其他资本公积	105 000
贷：投资收益	105 000

四、核算长期股权投资减值准备

1. 职业规范

企业应当定期对长期股权投资的账面价值逐项进行检查，至少每年末检查一次。

企业对子公司、合营企业及联营企业的长期股权投资在资产负债表日存在可能发生减值的迹象时，其可收回金额低于账面价值的，应当将该长期股权投资的账面价值减记至可收回金额，减记的金额确认为减值损失，计入当期损益，同时计提相应的资产减值准备。

企业对被投资单位不具有控制、共同控制或重大影响、且在活跃市场中没有报价、公允价值不能可靠计量的长期股权投资，应当将该长期股权投资在资产负债表日的账面价值，与按照类似金融资产当时市场收益率对未来现金流量折现确定的现值之间的差额，确认为减值损失，计入当期损益。

企业计提长期股权投资减值准备，应当设置“长期股权投资减值准备”账户进行核算。按减记的金额，借记“资产减值损失——计提的长期股权投资减值准备”，贷记“长期股权投资减值准备”。

值得注意的是，长期股权投资减值损失一经确认，在以后会计期间不得转回。只有在处置长期股权投资时，才能予以结转。

2. 职业判断与操作

[任务6-17] 假定2011年12月31日，重庆机械制造有限公司持有的丙公司股票市场价值为4 815 000元。要求进行账务处理。

任务分析：本任务中，至2011年12月31日，重庆机械制造有限公司持有的丙公司股票账面价值为5 015 000元（成本4 210 000元、损益调整700 000元、其他权益变动105 000元），而市场价值为4 815 000元，故减值200 000元，即应计提200 000元的减值准备，并确认相应的减值损失。账务处理如下：

借：资产减值损失——计提的长期股权投资减值准备 200 000

　　贷：长期股权投资减值准备 200 000

教学互动

1. ［任务 6－12］中如果丙股份有限公司的所有者权益的公允价值 20 000 000 元，重庆机械制造有限公司该如何进行账务处理？

2. 请分组讨论，成本法和权益法核算长期股权投资有什么异同？

3. 承前面任务，如果重庆机械制造有限公司一直持有丙公司股票，到 2012 年 12 月 31 日该股票市场价值 5 000 000 元，应如何进行账务处理？

关键词

投资（Investment）　成本法（Cost Method）　权益法（The Equity Method）

交易性金融资产（Trading Financial Assets）

持有至到期投资（The Held-to-Maturity Investment）

长期股权投资（Long Term Equity Investment）

能力训练

一、单项选择题

1. 甲公司 2011 年 10 月 9 日自证券市场购入丁公司发行的股票 100 万股，共支付价款 400 万元，其中包括交易费用 2 万元。购入时，丁公司已宣告但尚未发放的现金股利为每股 0.3 元。甲公司将购入的丁公司股票作为交易性金融资产核算。该交易性金融资产的入账价值为（　　）万元。

A. 398　　B. 368　　C. 370　　D. 400

2. 甲公司 2011 年 10 月 10 日自证券市场购入乙公司发行的股票 100 万股，共支付价款 860 万元，其中包括交易费用 4 万元。购入时，乙公司已宣告但尚未发放的现金股利为每股 0.16 元。甲公司将购入的乙公司股票作为交易性金融资产核算。2011 年 12 月 30 日该交易性金融资产的公允价值为 860 万元，该交易性金融资产对 2011 年当期损益的影响金额为（　　）万元。

A. 4　　B. 16　　C. 24　　D. 30

3. 甲公司将其持有的交易性金融资产全部出售，售价为 3 000 万元；前该金融资产的账面价值为 2 800 万元（其中成本 2 500 万元，公允价值变动 300 万元）。假定不考虑其他因素，甲公司对该交易应确认的投资收益为（　　）万元。

A. 200　　B. －200　　C. 500　　D. －500

4. 甲公司 2008 年 7 月 1 日购入乙公司 2008 年 1 月 1 日发行的债券，支付价款为 2 100 万元（含已到付息期但尚未领取的债券利息 40 万元），另支付交易费用 15 万元。该债券面值为 2 000 万元。票面年利率为 4%（票面利率等于实际利率），每半年付息一次，甲公司将其划分为交易性金融资产。甲公司 2008 年度该项交易性金融资产应确认的投资收益为(　　)万元。

A. 25　　B. 40　　C. 65　　D. 80

5. 某企业购入 W 上市公司股票 180 万股，并划分为交易性金融资产，共支付款项 2 830 万元，其中包括已宣告但尚未发放的现金股利 126 万元。另外，支付相关交易费用 4 万元。该项交易性金融资产的入账价值为（　　）万元。

A. 2 700　　B. 2 704　　C. 2 830　　D. 2 834

6. 2009 年 1 月 1 日，甲公司购买一项债券，剩余年限为 5 年，划分为持有至到期投资，买价为 90 万元，交易费用为 5 万元；每年年年末按票面利率可收得固定利息 4 万元，债券在第 5 年末兑付可得到本金 110 万元，不得提前兑付。债券实际利率为 6.96%。该债券 2010 年末的摊余成本为（　　）万元。

A. 94.68　　B. 97.61　　C. 92.26　　D. 100.40

7. 下列各项中，应当确认为投资收益的是（　　）。

A. 长期股权投资计提减值

B. 长期股权投资处置净损益

C. 期末交易性金融资产公允价值变动的金额

D. 支付与取得长期股权投资直接相关的费用

8. 某企业 2011 年 3 月 1 日购入一公司的股票进行长期投资，占被投资单位 20%的股份，对被投资单位具有重大影响，支付价款 1 500 万元（其中包括被投资公司宣布发放的 2010 年的现金股利 50 万元），另外支付相关税费 5 万元，该项投资的入账价值为（　　）万元。

A. 1 450　　B. 1 455　　C. 1 500　　D. 1 400

9. 甲公司长期持有乙公司 10%的股权，采用成本法核算。2011 年 1 月 1 日，该项投资账面价值为 1 300 万元。2011 年度乙公司实现净利润 2 000 万元，假定不考虑其他因素，2011 年 12 月 31 日，甲公司该项投资账面价值为（　　）万元。

A. 1 300　　B. 1 380　　C. 1 500　　D. 1 620

10. 甲企业于 2010 年 1 月 1 日，购入乙公司的 30%的股份进行长期投资，采用权益法进行核算，购入时支付价款 15 900 元，包含已宣告但尚未发放的现金股利 1 000 元，同时支付相关税费 100 元，购入时被投资企业可辨认净资产公允价值为 60 000 元，则购入时该项长期股权投资的初始投资成本为（　　）元。

A. 15 000　　B. 15 900　　C. 15 000　　D. 18 000

11. 2011 年 1 月 1 日，甲公司以 1 600 万元购入乙公司 30%的股份，另支付相关费用 8 万元，采用权益法核算。取得投资时，乙公司所有者权益的账面价值为 5 000 万元（与可辨认净资产的公允价值相同）。乙公司 2010 年度实现净利润 300 万元。宣告发放现金股利 100 万元，假定不考虑其他因素，甲公司该长期股权投资 2011 年 12 月 31 日的账面余额为（　　）万元。

A. 1 590　　B. 1 598　　C. 1 608　　D. 1 668

二、多项选择题

1. 下列各项中，不应计入交易性金融资产取得成本的有（　　）。

A. 支付的相关税金　　B. 支付的购买价格

C. 支付的手续费　　　　　　　　　　　　　D. 支付的价款中包含的应收利息

2. 在计算持有至到期投资的期末摊余成本时，下列项目中应对持有至到期投资的初始确认金额予以调整的有（　　）。

A. 已偿还的本金

B. 初始确认金额与到期日金额之间的差额按实际利率法摊销形成的累计摊销额

C. 已发生的减值损失

D. 取得金融资产时支付的手续费

3. 下列针对股票投资的会计处理中正确的有（　　）。

A. 企业购买的股票，作为交易性金融资产核算的支付的相关交易费用计入当期损益

B. 企业购买的股票，作为长期股权投资核算的支付的相关交易费用计入当期损益

C. 交易性金融资产期末按照公允价值后续计量，且公允价值变动计入当期损益

D. 长期股权投资后续采用权益法核算的情况下，被投资单位所有者权益发生变动的投资企业的长期股权投资会相应调整

4. 下列关于长期股权投资会计处理的表述中，正确的有（　　）。

A. 对子公司长期股权投资应采用成本法核算

B. 处置长期股权投资时应结转其已计提的减值准备

C. 成本法下，按被投资方实现净利润应享有的份额确认投资收益

D. 成本法下，按被投资方宣告发放现金股利应享有的份额确认投资收益

5. 下列各项中，能引起权益法核算的长期股权投资账面价值发生变动的有（　　）。

A. 被投资单位实现净利润

B. 被投资单位用盈余公积转增资本

C. 被投资单位宣告发放现金股利

D. 被投资单位除净损益外的其他所有者权益变动

6. 下列各项中，权益法下会导致长期股权投资账面价值发生增减变动的有（　　）。

A. 确认长期股权投资减值损失

B. 投资持有期间被投资单位实现净利润

C. 投资持有期间被投资单位提取盈余公积

D. 投资持有期间被投资单位宣告发放现金股利

三、判断题

1. 企业持有交易性金融资产期间，被投资单位宣告发放的现金股利应确认为投资收益。（　　）

2. 企业为取得持有至到期投资发生的交易费用应计入当期损益，不应计入其初始成本。（　　）

3. 长期股权投资采用成本法核算时，只要被投资单位宣告分派现金股利，就应确认投资收益。（　　）

4. 采用成本法核算长期股权投资，投资企业确认的投资收益仅限于所获得的被投资企业在接受投资后产生的累积净利润的分配额。（　　）

5. 企业对长期股权投资计提的减值准备，在该长期股权投资价值回升期间应当转回，但转回的金额不应超过原计提的减值准备。（　　）

四、计算分析题

1. 2011 年 3 月至 5 月，甲上市公司发生的交易性金融资产业务如下：

（1）3 月 1 日，向 D 证券公司划出投资款 1 000 万元，款项已通过开户行转入 D 证券公司银行账户。

（2）3 月 2 日，委托 D 证券公司购入 A 上市公司股票 100 万股，每股 8 元，另发生相关的交易费用 2 万元，并将该股票划分为交易性金融资产。

（3）3 月 31 日，该股票在证券交易所的收盘价格为每股 7.70 元。

（4）4 月 30 日，该股票在证券交易所的收盘价格为每股 8.10 元。

（5）5 月 10 日，将所持有的该股票全部出售，所得价款 825 万元，已存入银行。假定不考虑相关税费。

要求：为甲上市公司上述业务进行账务处理（会计科目要求写出明细科目，金额单位用万元表示）。

2. 甲公司 2008 年 1 月 20 日购买东方股份有限公司发行的股票 5 000 000 股准备长期持有，占东方股份有限公司股份的 30%。每股买入价为 6 元，另外，购买该股票时发生有关税费 500 000 元，款项已由银行存款支付，2007 年 12 月 31 日，东方股份有限公司的所有者权益的账面价值（与其公允价值不存在差异）100 000 000 元。2008 年东方股份有限公司实现净利润 10 000 000 元。甲公司按照持股比例确认投资收益 3 000 000 元。2008 年东方股份有限公司可供出售金融资产的公允价值增加了 4 000 000 元。甲公司按照持股比例确认相应的资本公积 1 200 000 元。2009 年 5 月 15 日，东方股份有限公司已宣告发放现金股利，每 10 股派 3 元，甲公司分派到 1 500 000 元。2009 年 6 月 15 日，甲公司收到东方股份有限公司分派的现金股利。2010 年 1 月 20 日，甲公司出售所持东方股份有限公司的股票 5 000 000 股，每股出售价格为 10 元，款项已经收回。

要求：根据上述资料，为甲公司进行账务处理。

五、综合题

甲上市公司发生下列长期股权投资业务：

（1）2011 年 1 月 3 日，支付 4 600 万元，购入乙公司股票 580 万股，占乙公司有表决权股份的 25%，对乙公司的财务和经营决策具有重大影响，甲公司将其划为长期股权投资核算。每股价格中包含已宣告但尚未发放的现金股利 0.25 元，另外支付相关税费 7 万元。款项均以银行存款支付。当日，乙公司所有者权益的账面价值（与其公允价值不存在差异）为 18 000 万元。

（2）2011 年 3 月 16 日，收到乙公司宣告分派的现金股利。

（3）2011 年度，乙公司实现净利润 3 000 万元。

（4）2011 年度，乙公司一项可供出售金融资产公允价值变动增加 100 万元。

（5）2012 年 2 月 16 日，乙公司宣告分派 2011 年度股利，每股分派现金股利 0.20 元。

（6）2012 年 3 月 12 日，甲上市公司收到乙公司分派的 2011 年度的现金股利。

（7）2012 年 5 月 4 日，甲上市公司出售所持有的全部乙公司的股票，共取得价款 5 200 万元（不考虑长期股权投资减值及相关税费）。

要求：根据上述资料，回答下列问题：

1. 针对权益法核算的长期股权投资，下列说法正确的有（　　）。

A. 支付的相关税费计入投资成本

B. 被投资单位实现净利润，投资企业相应确认投资收益

C. 被投资单位发放现金股利，投资企业确认投资收益

D. 被投资单位发生净亏损，投资企业确认投资损失

2. 2011 年 1 月 3 日，该项长期股权投资的初始投资成本是多少万元？

3. 2011 年 1 月 3 日，该项长期股权投资的账面价值为多少万元？

4. 2011 年该项投资对企业当期损益的影响金额为多少万元？

5. 2011 年 12 月 31 日，该项长期股权投资的账面价值为多少万元？

6. 2012 年该项长期股权投资应确认的投资收益为多少万元？

7. 针对该项长期股权投资进行账务处理。

能力单元七

核 算 负 债

学习目标

1. 掌握负债的概念和分类方法；
2. 掌握核算各种流动负债和非流动负债的会计科目设置；
3. 掌握短期借款、应付股利、应付利息等流动负债的核算；
4. 能进行长期借款的取得、利息计算和归还本金的核算；
5. 识别应付债券的平价、折价、溢价发行及摊销方法；
6. 了解长期应付款的内容及核算。

教学重难点

重点：短期借款、长期借款的核算。

教学时数

建议教学时数 6 学时，其中讲授 4 学时，实践 2 学时。

教学导航

教学指引：

1. 准备申请银行借款的程序与要求，填写银行借款凭证；
2. 准备借款的相关合同、协议等阅读材料；
3. 设计一个较好的教学引入情景，如发行债券场景视频等。

学习引导：

1. 了解企业筹集资金的重要性；
2. 通过对任务案例的处理，掌握筹资业务的核算技能；
3. 通过对负债偿还业务的学习，树立诚信意识，并加强对企业会计准则的学习，规范地进行负债的确认与管理，培养良好的职业道德；
4. 阅读、了解国家有关债券发行的管理制度。

任务一 认知负债
Mission one

资金是企业从事生产经营活动的基本条件。新设立的企业需要开业资金，用于购置土地、厂房、设备，支付开办费，购进原材料，采购商品等；商品质量的提高和技术的提高需要足够的资金，用于技术改造，引进先进技术和设备；为了在竞争中取胜，需要大量资金，用于新产品的开发；企业规模的扩大，需要大量资金，用于扩大生产规模、扩建新厂、追加投资兼并其他企业；为维护企业信誉，保持已占领的市场而进行的售后服务，同样需要巨额资金。这就给企业提出了一个问题：如何筹集到更多的资金，以满足企业生产经营的需要。

其实，企业面临的资金渠道很多，包括国家资金、银行资金、非银行金融资金、其他企业资金、居民个人资金、企业内部资金、国外资金等。按其性质划分，企业筹集的资金包括权益资金和债务资金。权益资金是指企业所有者投入的不需要偿还的资金；债务资金是指企业借入的需要偿还的资金。

本能力单元主要学习企业借入的需要偿还的债务资金的核算，即负债的核算。

一、负债的内涵

负债是指企业过去的交易或者事项形成的、预期会导致经济利益流出企业的现时义务。

负债通常具有以下特征：

(1) 负债是基于企业过去的交易或事项而产生的。也就是说，导致负债的交易或事项必须已经发生，企业正在筹划的未来交易或事项，如借款计划等，不能确认为企业的负债。

(2) 负债是企业承担的现时义务，一般是由具有约束力的合同或因法定要求等而产生的。所谓现时义务，就是指企业在现行条件下已承担的义务。

(3) 负债的发生往往伴随着资产或劳务的取得，或者费用或损失的发生；负债清偿会导致企业经济利益的流出，因为负债需要企业在未来某一特定时日用资料或劳务去偿还。

二、负债的分类

负债一般按其偿还速度或偿还时间的长短划分为流动负债和非流动负债两类。

流动负债是指将在1年或超过1年的一个营业周期内偿还的债务，主要包括短期借款、应付票据、应付账款、应付利息、预收账款、应付职工薪酬、应交税费、应付股利、其他应付款等。其中，应付票据、应付账款、应付职工薪酬和应交税费的核算已在能力单元二中作出讲解，本能力单元重点讲解除以上内容的其他流动负债，包括短期借款、应付利息、应付股利和其他应付款的核算。

非流动负债是指流动负债以外的负债，其偿还期在一年或者超过一年的一个营业周期以上，主要包括长期借款、应付债券等。非流动负债除具有负债的共同特点外，与流动负债相比，还具有偿还期限长、可分期偿还、负债金额大等特点。

任务二　核算流动负债
Mission two

一、核算短期借款

短期借款是指企业向银行或其他金融机构等借入的期限在1年以下（含1年）的各种借款，通常是为了满足正常生产经营的需要。

1. 职业规范

企业应设置“短期借款”科目，核算短期借款的发生、偿还等情况。该科目贷方登记借入短期借款的本金；借方登记偿还短期借款的本金；期末余额在贷方，反映企业尚未归还短期借款的本金。“短期借款”科目除进行总分类核算外，还应按照借款种类、贷款人和币种进行明细核算。

短期借款的核算包括借入短期借款、发生利息、偿还短期借款等环节。

（1）借入短期借款。企业从银行或其他金融机构取得短期借款时，借记“银行存款”科目，贷记“短期借款”科目。

（2）发生短期借款利息。在实际工作中，银行一般于每季度末收取短期借款利息，为此，企业的短期借款利息一般采用月末预提按季支付的方式进行核算。短期借款利息属于筹资费用，应记入“财务费用”科目。企业应当在资产负债表日按照计算确定的短期借款利息费用，借记“财务费用”科目，贷记“应付利息”科目；实际支付利息时，借记“应付利息”科目，贷记“银行存款”科目。

（3）偿还短期借款。企业短期借款到期偿还本金时，借记“短期借款”科目，贷记“银行存款”科目。

短期借款业务的账务处理程序如图7－1所示。

2. 职业判断与操作

［任务7－1］　2011年10月1日，重庆机械制造有限公司根据生产经营需要向银行借款200 000元，期限为9个月，年利率为6%。根据与银行签署的借款协议，该项借款的本金到期后一次归还；利息分月预提，按季支付。要求进行相关账务处理。

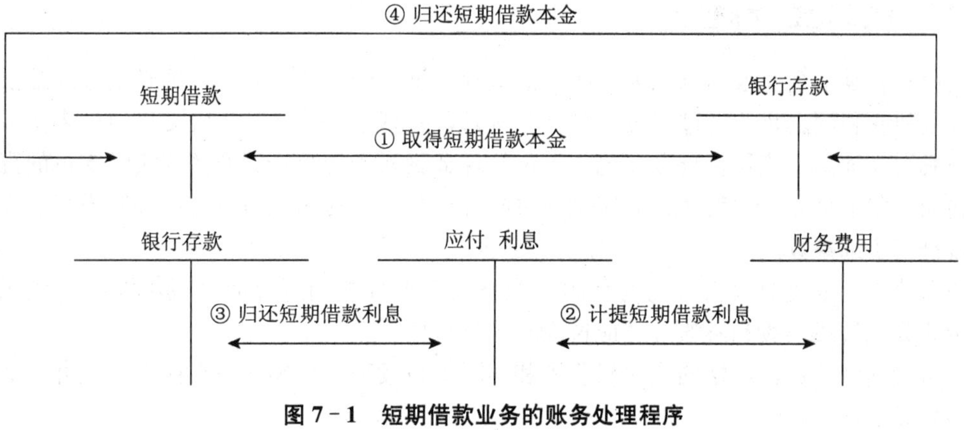

图7－1　短期借款业务的账务处理程序

任务分析：本任务中，借款期限为 9 个月，属于短期借款，根据短期借款职业规范要求，账务处理如下：

(1) 10 月 1 日借入短期借款。

借：银行存款　　200 000

　贷：短期借款　　200 000

(2) 10 月末，计提 10 月份应计利息。

本月应计提的利息金额＝200 000×6%÷12＝1 000（元）

借：财务费用　　1 000

　贷：应付利息　　1 000

11 月末计提 11 月份利息费用的处理与 10 月份相同。

(3) 12 月末需要支付一个季度银行借款利息，因此，12 月的利息不需预提，连同 10、11 月利息直接以银行存款支付。

借：财务费用　　1 000

　应付利息　　2 000

　贷：银行存款　　3 000

2012 年第二、三个季度的会计处理同上。

(4) 2012 年 7 月 1 日偿还银行借款本金。

借：短期借款　　200 000

　贷：银行存款　　200 000

二、核算应付利息业务

应付利息是指企业按照合同约定应支付的利息，包括短期借款、分期付息到期还本的长期借款、企业债券等应支付的利息。企业应设置“应付利息”科目，核算企业按照合同约定应付利息及支付情况。该科目贷方登记按合同利率计算确定的应付未付利息，借方登记实际支付的利息，期末贷方余额反映企业应付未付的利息。该科目应按照债权人设置明细科目进行明细核算。

应付利息的核算，包括确认利息费用、实际支付利息两个环节，在短期借款、长期借款、企业债券业务的核算中，都将涉及，这里不再单一阐述。

三、核算应付股利

应付股利是指企业根据股东大会或类似机构审议批准的利润分配方案确定分配给投资者的现金股利或利润。企业通过“应付股利”科目，核算企业确定或宣告支付但尚未实际支付的现金股利或利润。该科目贷方登记应支付的现金股利或利润，借方登记实际支付的现金股利或利润，期末贷方余额反映企业应付未付的现金股利或利润。该科目应按照投资者设置明细科目进行明细核算。

企业董事会或类似机构通过的利润分配方案中拟分配的现金股利或利润，不做账务处理。企业分配的股票股利不通过“应付股利”科目核算。

应付股利的核算，包括确认应付股利和实际支付股利两个环节，在能力单元九中的利润分配中将详细讲解。

四、核算其他应付款

1. 职业规范

其他应付款是指企业除应付票据、应付账款、预收账款、应付职工薪酬、应交税费、应付股利等经营活动以外的其他各项应付、暂收的款项，如应付租入包装物租金、存入保证金等。企业应通过“其他应付款”科目，核算其他应付款的增减变动及其结存情况。该科目贷方登记发生的各种应付、暂收款项，借方登记偿还或转销的各种应付、暂收款项；该科目期末贷方余额，反映企业应付未付的其他应付款项。该科目应按照其他应付款的项目和对方单位（或个人）设置明细科目进行明细核算。

企业发生其他各种应付、暂收款项时，借记“管理费用”等科目，贷记“其他应付款”科目；支付或退回其他各种应付、暂收款项时，借记“其他应付款”科目，贷记“银行存款”等科目。

2. 职业判断与操作

[任务7－2] 重庆机械制造有限公司从2011年9月1日起，以经营租赁方式租入管理用办公设备一批，每月租金4 000元，按季支付。11月30日，重庆机械制造有限公司以银行存款支付应付租金。要求进行账务处理。

任务分析：本任务中，经营租赁设备应付的租金属于其他应付款，根据权责发生核算基础的要求，企业应每月预提租金，计入其他应付款；由于租入的是管理用办公设置，租金应计入管理费用。同时，根据任务提示，租金按季支付，因此，本任务中的重庆机械制造有限公司对于该租金将按月预提，按季支付；对于租赁的办公设备，由于是经营租赁，不能作为自有固定资产进行核算，但需要在备查簿中予以注明。账务处理如下：

（1）9月30日计提应付经营租入办公设备的租金。

借：管理费用	4 000	
贷：其他应付款		4 000

10月底计提应付经营租入固定资产租金的会计处理同上。

（2）11月30日支付租金

借：其他应付款	8 000	
管理费用	4 000	
贷：银行存款		12 000

教学互动

1. 流动负债和非流动负债的区别是什么？
2. 短期借款利息是否通过“短期借款”科目核算？
3. [任务7－1] 中，如果偿还方式是到期一次还本付息，应如何进行账务处理？

任务三 核算非流动负债
Mission three

一、核算长期借款

1. 职业规范

长期借款是指企业向银行或其他金融机构借入的期限在1年以上（不含1年）的各项借款。一般用于固定资产的构建、改扩建工程、大修理工程、对外投资以及为了保持长期经营能力等方面。它是企业长期负债的重要组成部分，必须加强管理与核算。

企业应通过“长期借款”科目，核算长期借款的借入、归还等情况。本科目的贷方登记长期借款本息的增加额，借方登记本息的减少额，贷方余额表示企业尚未偿还的长期借款。该科目可按照贷款单位和贷款种类设置明细账，分别“本金”、“利息调整”等进行明细核算。

长期借款的核算包括取得长期借款、发生利息、偿还长期借款等环节。

(1) 取得长期借款。企业借入长期借款，应按实际收到的金额，借记“银行存款”科目，贷记“长期借款——本金”科目。如存在差额，还应借记“长期借款——利息调整”科目。

(2) 发生长期借款利息。长期借款计算确定的利息费用，应当按以下原则计入有关成本、费用：属于筹建期间的，计入管理费用；属于生产经营期间的，计入财务费用。如果长期借款用于构建固定资产等符合资本化条件的资产，在资产尚未达到预定可使用状态前，所发生的利息支出数应当资本化，计入在建工程等相关资产成本；资产达到预定可使用状态后发生的利息支出，以及按规定不予资本化的利息支出，计入财务费用。

在资产负债表日，企业应按摊余成本和实际利率计算确定的长期借款的利息费用，借记“在建工程”、“制造费用”、“财务费用”、“研发支出”等科目，按合同利率计算确定的应付未付利息，贷记“应付利息”或“长期借款——应计利息”科目，按其差额，贷记“长期借款——利息调整”科目。实际利率与合同利率差异较小的，也可以采用合同利率计算确定利息费用。

长期借款按合同利率计算确定的应付未付利息，如果属于分期付息的，记入“应付利息”科目，如果属于到期一次还本付息的，记入“长期借款——应计利息”科目。

(3) 偿还长期借款本金。企业归还的长期借款本金，借记“长期借款——本金”科目，贷记“银行存款”科目。同时，存在利息调整余额的，借记或贷记“在建工程”、“制造费用”、“研发支出”等科目，贷记或借记“长期借款——利息调整”科目。

2. 职业判断与操作

[任务7-3] 2012年7月1日，重庆机械制造有限公司为建造厂房从银行借入期限为2年的长期借款2 000 000元，年利率为9%，款项已存入银行。该厂房于借款当日开始建造，2013年12月31日完工，达到预定可使用状态。借款到期时，一次还本付息。要求进行账务处理。

任务分析： 本任务中，借款期限为 2 年，属于长期借款。借款用于建造厂房，并于借款当日开始建造，2012 年 12 月 31 日完工达到预定可使用状态，那么，从借款当月到 2013 年 12 月的利息应予以资本化，记入“在建工程”，2013 年 12 月之后的利息应予以费用化，记入“财务费用”。账务处理如下：

（1）2012 年 7 月取得借款时：

借：银行存款　　2 000 000

　贷：长期借款——本金　　2 000 000

（2）2012 年 12 月 31 日计提长期借款利息。

2012 年 12 月 31 日计提的长期借款利息=2 000 000×9%×6/12=90 000（元）

借：在建工程　　90 000

　贷：长期借款——应计利息　　90 000

（3）2013 年 12 月 31 日计提长期借款利息。

2013 年 12 月 31 日计提的长期借款利息=2 000 000×9%=180 000（元）

借：在建工程　　180 000

　贷：长期借款——应计利息　　180 000

（4）2014 年 7 月 1 日，偿还长期借款本息时：

借：财务费用　　90 000

　长期借款——本金　　2 000 000

　　　　——应计利息　　270 000

　贷：银行存款　　2 360 000

二、核算应付债券

1. 职业规范

应付债券是指企业为筹集长期资金而发行的债券。债券是企业为筹集长期使用资金而发行的一种书面凭证。企业通过发行债券取得资金是以将来履行归还购买债券者的资金和利息的义务作为保证的。

企业债券发行价格的高低一般取决于债券票面金额、债券票面利率、发行当时的市场利率以及债券期限的长短等因素。债券发行有面值发行、溢价发行和折价发行三种情况。企业债券按其面值出售时，称为面值发行。此外，债券还可能按低于或高于其面值的价格出售，即折价发行和溢价发行。折价发行是指债券以低于其面值的价格发行；溢价发行则是指债券按高于其面值的价格发行。

企业应设置“应付债券”科目，并在该科目下设置“面值”、“利息调整”、“应计利息”等明细科目，核算应付债券发行、计提利息、还本付息等情况。该科目贷方登记应付债券的本金和利息，借方登记归还的债券本金和利息，期末贷方余额表示企业尚未偿还的长期债券。

应付债券的核算包括发行债券、发生债券利息、债券的偿还等环节。

（1）发行债券。企业发行债券时，按照实际收到的金额，借记“银行存款”等科目，按债券票面金额，贷记“应付债券——面值”科目；存在差额的，还应借记或贷记“应付债券——利息调整”科目。

（2）发生债券利息。对于分期付息、一次还本的债券，企业应按应付债券的摊余成本和实际利率计算确定债券的利息费用，比照长期借款利息费用处理原则，借记“在建工程”、“制造费用”、“财务费用”、“研发支出”等科目，按面值与票面利率计算的应付未付利息，贷记“应付利息”科目，按其差额，借记或贷记“应付债券——利息调整”科目。

对于一次还本付息的债券，应按应付债券的摊余成本和实际利率计算确定债券的利息费用，借记“在建工程”、“制造费用”、“财务费用”、“研发支出”等科目，按面值与票面利率计算的应付未付利息，贷记“应付债券——应计利息”科目，按其差额，借记或贷记“应付债券——利息调整”科目。

（3）债券的偿还。长期债券到期，企业支付债券本息时，借记“应付债券——面值”和“应付债券——应计利息”、“应付利息”等科目，贷记“银行存款”等科目。同时，存在利息调整余额的，借记或贷记“在建工程”、“制造费用”、“财务费用”、“研发支出”等科目，贷记或借记“应付债券——利息调整”科目。

2. 职业判断与操作

[任务7-4] 2012年1月1日，重庆机械制造有限公司发行面值3 000 000元、期限3年的债券，债券到期时一次还本付息，票面利率6%。假定债券发行时的市场利率为6%，所筹资金实际取得银行存款3 000 000元（债券发行费用略），全部用于生产经营。要求进行账务处理。

任务分析：本任务中，票面利率与市场利率相等，属于平价发行。由于所筹集到的资金全部用于生产经营，因此，该债券的利息费用应计入财务费用。同时，由于偿还方式为到期一次还本，因此，平时预提的债券利息，要等到到期时才支付，应计入应计利息。账务处理如下：

（1）2012年1月1日，发行债券时：

借：银行存款	3 000 000
贷：应付债券——面值	3 000 000

（2）2012年12月31日，计提利息时：

每年应计债券利息＝3 000 000×6%＝180 000（元）；

借：财务费用	180 000
贷：应付债券——应计利息	180 000

2013年、2014年的会计处理同上。

（3）2015年1月1日还本息时：

借：应付债券——面值	3 000 000
应付债券——应计利息	540 000
贷：银行存款	3 540 000

[任务7-5] 2012年1月1日，重庆机械制造有限公司发放5年期一次还本、分期付息，面值6 000 000元的公司债券，债券利息在每年12月31日支付，票面利率6%。假定债券发行时的市场利率为5%，公司实际取得银行存款6 259 620元，全部用于生产经营。要求进行账务处理。

任务分析：本任务中，票面利率高于市场利率，债券应是溢价发行。此种情况下，企业应对溢价额进行摊销，通过摊销，使应付债券的摊余成本在债券到期时与面值相等，并应按债券摊余成本和实际利率计算的利息确认企业实际承担的利息费用，同时，该债券是一次还本、分期付息，因此，利息费用应计入应付利息。相关计算和账务处理如下：

根据上述资料，采用实际利率和摊余成本计算确定的利息费用情况如表 7－1 所示。

表 7－1　利息费用计算表　　元

计息日期	应付利息 (1) 面值×6%	利息费用 (2) 摊余成本×5%	摊销的利息调整 (3) (1)－(2)	应付债券摊余成本 (4) 上一期摊余成本－(3)
2012 年 12 月 1 日				6 259 620
2012 年 12 月 31 日	360 000	312 981	47 019	6 212 601
2013 年 12 月 31 日	360 000	310 630.05	49 369.95	6 163 231.05
2014 年 12 月 31 日	360 000	308 161.55	51 838.45	6 111 392.60
2015 年 12 月 31 日	360 000	305 569.63	54 430.37	6 056 962.23
2016 年 12 月 31 日	360 000	303 037.77	56 962.23	6 000 000

(1) 2012 年 1 月 1 日，发行债券时：

借：银行存款　　6 259 620

　　贷：应付债券——面值　　6 000 000

　　　　　　　　——利息调整　　259 620

(2) 2012 年 12 月 31 日，计提利息时：

借：财务费用　　312 981

　　应付债券——利息调整　　47 019

　　贷：应付利息　　360 000

(3) 2012 年 12 月 31 日，实际支付利息时：

借：应付利息　　360 000

　　贷：银行存款　　360 000

(4) 2013 年 12 月 31 日，计提利息时：

借：财务费用　　310 630.05

　　应付债券——利息调整　　49 369.95

　　贷：应付利息　　360 000

(5) 2014 年 12 月 31 日，计提利息时：

借：财务费用　　308 161.55

　　应付债券——利息调整　　51 838.45

　　贷：应付利息　　360 000

(6) 2015 年 12 月 31 日，计提利息时：

借：财务费用　　305 569.63

　　应付债券——利息调整　　54 430.37

　　贷：应付利息　　360 000

(7) 2013 年、2014 年、2015 年实际支付利息的会计处理同 (3)。

(8) 2016 年 12 月 31 日，归还债券本金及最后一期利息费用，编制会计分录如下：

借：财务费用　　　　　　　　　　　　　　303 037.77
　　应付债券——面值　　　　　　　　　　6 000 000
　　　　　　——利息调整　　　　　　　　56 962.23
　　贷：银行存款　　　　　　　　　　　　　6 360 000

三、核算长期应付款

长期应付款，是指企业除长期借款和应付债券以外的其他各种长期应付款项，包括应付融资租入固定资产的租赁费、以分期付款方式购入固定资产发生的应付款项等。

企业应设置“长期应付款”科目，用以核算企业融资租入固定资产和以分期付款方式购入固定资产时应付的款项及偿还情况。该科目可按长期应付款的种类和债权人进行明细核算。

1. 应付融资租赁款

应付融资租赁款，是指企业融资租入固定资产而发生的应付款，是在租赁开始日承租人应向出租人支付的最低租赁付款额。

融资租入固定资产时，在租赁期开始日，按应计入固定资产成本的金额（租赁开始日租赁资产公允价值与最低租赁付款额现值两者中较低者，加上初始直接费用），借记“在建工程”或“固定资产”科目，按最低租赁付款额，贷记“长期应付款”科目，按发生的初始直接费用，贷记“银行存款”等科目，按期差额，借记“未确认融资费用”科目。按期支付融资租赁费时，借记“长期应付款——应付融资租赁款”科目，贷记“银行存款”科目。

企业在计算最低租赁付款额的现值时，能够取得出租人租赁内含利率的，应当采用租赁内含利率作为折现率；否则，应当采用租赁合同规定的利率作为折现率。企业无法取得出租人的租赁内含利率且租赁合同没有规定利率的，应当采用同期银行贷款利率作为折现率。租赁内含利率，是指在租赁开始日，使最低租赁收款额的现值与未担保余值的现值之和等于租赁资产公允价值与出租人的初始直接费用之和的折现率。

未确认融资费用应当在租赁期内各个期间进行分摊。企业应当采用实际利率法计算确认当期的融资费用。

2. 具有融资性质的延期付款购买资产

企业购买资产有可能延期支付有关价款。如果延期支付的购买价款超过正常信用条件，实质上具有融资性质的，所购资产的成本应当以延期支付购买价款的现值为基础确定。实际支付的价款与购买价款的现值之间的差额，应当在信用期间内采用实际利率法进行摊销，计入相关资产成本或当期损益。具体来说，企业购入资产超过正常信用条件延期付款实质上具有融资性质时，应按购买价款的现值，借记“固定资产”、“在建工程”等科目，按应支付的价款总额，贷记“长期应付款”科目，按期差额，借记“未确认融资费用”科目。

重要相关能力

现值概念和应付债券

当公司发行债券时，购买者愿意为债券支付的价格取决于下列三个因素：

(1) 债券面值，它是债券到期日应偿还的金额。

（2）定期支付的债券利息。

（3）市场利率。

债券契约上标明了债券面值和定期支付的债券利息，定期利息以债券面值的百分比来表述。这一百分比或利率称为约定利率或息票利率。

市场利率或实际利率是由相似债券的买者或卖者间的交易决定的。市场利率受许多因素影响，不仅包括投资者对未来的预期，还包括投资者对当前经济环境的评估。

如果约定利率等于市场利率，那么债券就会以面值出售；如果市场利率高于约定利率，那么债券就会折价出售，即低于其面值出售。为什么会出现这种情况呢？购买者不愿意按面值购买那些约定利率低于市场利率的债券。实际上，折价代表对市场利率和约定利率差异的必要弥补。如果市场利率低于约定利率，那么债券就会溢价出售，即高于其面值出售。在这种情况下，购买者愿意以高于面值的价格购买那些约定利率高于市场利率的债券。

教学互动

（1）长期借款利息应记入哪些科目？

（2）［任务 7－3］中，如偿还方式为分季付息，到期还本，应如何进行账务处理？

（3）［任务 7－5］中，如市场利率为 8%，应如何进行账务处理？

关键词

短期负债（Current Liability）　长期负债（Long-term Liabilities）

短期借款（Short-term Borrowing）　应付利息（Accrued Interest）

应付股利（Dividends Payable）　其他应付款（Other Payables）

长期借款（Long-term Loans）　长期应付款（Long-term Account Payable）

应付债券（Bonds Payable）　债券面值（Face Value，Par Value）

能力训练

一、单项选择题

1. 下列各项中，不应通过“其他应付款”科目核算的是（　　）。

A. 应付的租入包装物租金　B. 应付的社会保险费

C. 应付的客户存入保证金　D. 应付的经营租入固定资产租金

2. 某公司 2008 年 7 月 1 日向银行借入资金 60 万元，期限 6 个月，年利率为 6%，到期还本，按月计提利息，按季付息。该企业 2008 年 7 月 31 日应计提的利息为（　　）万元。

A. 0.3　B. 0.6　C. 0.9　D. 3.6

3. 下列资产负债表各项目中，不属于流动负债的是（　　）。

A. 预收账款　B. 应交税费

C. 预付账款　D. 一年内到期的长期借款

4. 下列各项中，不应列入资产负债表“应付利息”项目的有（ ）。

A. 计提的应付票据的利息

B. 计提的短期借款利息

C. 计提的分期付息到期还本债券利息

D. 计提的分期付息到期还本长期借款利息

5. 某企业于 2007 年 7 月 1 日按面值发行 5 年期、到期一次还本付息的公司债券，该债券面值总额 8 000 万元，票面年利率为 4%，自发行日起计息。假定票面利率与实际利率一致，不考虑相关税费，2008 年 12 月 31 日该应付债券的账面余额为（ ）万元。

A. 8 000　　B. 8 160　　C. 8 320　　D. 8 480

6. 甲企业 2012 年 7 月 1 日按面值发行 5 年期债券 2 000 万元。该债券到期一次还本付息，票面年利率为 5%，实际利率也为 5%。甲企业 2012 年应确认的财务费用为（ ）万元。

A. 0　　B. 500　　C. 50　　D. 100

二、多项选择题

1. 下列项目中，属于其他应付款的有（ ）。

A. 职工未按期领取的工资

B. 经营租入固定资产和包装物的租金

C. 购买商品开出的商业汇票

D. 应付、暂收所属单位、个人的款项

2. “应付债券”账户的借方反映的内容有（ ）。

A. 债券溢价的摊销　　B. 债券折价的摊销

C. 期末计提应付券利息　　D. 归还债券本金

3. 下列对长期借款利息费用的会计处理，正确的有（ ）。

A. 生产经营期间发生的借款费用可能计入制造费用

B. 筹建期间的借款利息计入长期待摊费用

C. 日常生产经营活动的借款利息计入财务费用

D. 符合资本化条件的借款利息计入相关资产成本

4. 下列应通过长期应付款科目核算的有（ ）。

A. 融资租入固定资产的租赁费

B. 分期付款方式购入固定资产发生的应付款项

C. 经营租入固定资产发生的改良支出

D. 支付的三年的培训费

5. 企业在生产经营期间按面值发行债券，按期计提利息时，可能涉及的会计科目有（ ）。

A. 财务费用　　B. 在建工程

C. 应付债券　　D. 研发支出

三、判断题

1. 短期借款利息在预提或实际支付时均应通过“短期借款”科目核算。（ ）

2. 企业向银行或其他金融机构借入的各种款项所发生的利息均应计入财务费用。（ ）

3. 应付股利是指企业根据董事会或类似机构审议批准的利润分配方案确定分配给投资者的现金股利或利润。(　　)

4. 长期借款利息费用应当在资产负债表日按照实际利率法计算确定。(　　)

5. 应付债券利息不会计入在建工程。(　　)

四、计算分析题

1. 2012 年 7 月 1 日，甲公司根据生产经营需要向银行借款 900 000 元，期限为 6 个月，年利率为 5%。该项借款的本金到期后一次归还，利息分月预提，按季支付。

要求：根据上述资料，对甲公司业务进行账务处理。

2. 新华公司 2012 年 1 月 1 日向银行借入资金 1 000 万元，借款期限为 3 年，年利率为 5%，期满后一次还本付息，没有发生借款费用。该笔借款用于日常生产经营使用。

要求：根据上述资料，对新华公司业务进行账务处理。

五、综合题

2011 年 12 月 31 日，甲公司经批准发行 5 年期一次还本、分期付息的公司债券 10 000 000 元，债券利息在每年 12 月 31 日支付，票面利率为年利率 6%。假定债券发行时的市场利率为 5%。甲公司该批债券实际发行价格为 10 432 700 元。

根据上述资料，甲公司采用实际利率法和摊余成本计算确定的利息费用如表 7－2 所示。

表 7－2　利息费用计算表

元

计息日期	应付利息	利息费用	摊销的利息调整	应付债券摊余成本
2011 年 12 月 31 日				10 432 700
2012 年 12 月 31 日	600 000	521 635	78 365	10 354 335
2013 年 12 月 31 日	600 000	517 716.75	82 283.25	10 272 051.75
2014 年 12 月 31 日	600 000	513 602.59	86 397.41	10 185 654.34
2015 年 12 月 31 日	600 000	509 282.72	90 717.28	10 094 937.06
2016 年 12 月 31 日	600 000	505 062.94	94 937.06	10 000 000

要求：根据上述资料，编制相关的会计分录。

能力单元八

核算所有者权益

学习目标

1. 熟悉企业所有者权益的来源和构成内容，理解国家对企业实收资本、资本公积和留存收益等项目的管理制度；
2. 了解实收资本、资本公积和留存收益等业务的账务处理流程；
3. 掌握实收资本的核算方法；
4. 掌握资本公积的核算方法；
5. 掌握留存收益的核算方法。

教学重难点

重点：实收资本的核算，
难点：留存收益的核算。

教学时数

建议教学时数 6 学时，其中讲授 4 学时，实践 2 学时。

教学导航

教学指引：

1. 熟悉本能力单元的教学内容，明确教学目标，把握教学重难点；
2. 本教学单元的内容与利润核算内容有交叉点，教学中要做到既相互衔接教学，但是又要避免重复教学；
3. 准备实收资本、资本公积、留存收益的管理制度。

学习引导：

1. 所有者权益核算包括三个方面的内容。其中投资者投入资本是构成实收资本（或股本）的主体。资本公积的主要来源有两个方面：一是投资者缴纳的；二是企业因资本原因形成的。留存收益主要是企业经营利润中提取或者结余的；
2. 核算实收资本关键在计算投资者投入资金占总股份的比例与计入资本溢价的金额；
3. 核算资本公积重在分清楚其来源；
4. 核算留存收益要明确现行法规对利润分配的规定，依法分配实现利润和弥补亏损。

任务一 核算实收资本

Mission one

一、认知实收资本

所有者权益资金又称主权资本、权益资本，是企业依法筹集并长期拥有、自主支配的资本。我国企业权益资金，包括实收资本（或股本）、资本公积、留存收益（包括盈余公积和未分配利润），从会计要素角度来讲，又叫做“所有者权益”。因此，权益资金的核算包括核算实收资本（或股本）、核算资本公积、核算留存收益。

所有者权益资本具有以下特点：

（1）所有权归属于所有者。所有者可以此参与企业经营管理决策、取得收益，并对企业的经营承担有限责任。

（2）属于企业长期占用的“永久性资本”。形成法人财产权，在企业经营期内，投资者除依法转让外，不得以任何方式抽回资本，企业依法拥有财产支配权。

（3）没有还本付息的压力，筹资风险低。

（4）主要通过国家财政资金、其他企业资金、居民个人资金、外商资金等渠道，采用吸收直接投资、发行股票、留用利润等方式筹集形成。

实收资本是企业按照章程规定或合同、协议约定，接受投资者投入企业的资本。实收资本的构成比例或股东的股权比例，是确定所有者在企业所有者权益中份额的基础，也是企业进行利润或股利分配的主要依据。

《中华人民共和国公司法》中对实收资本的主要规定有以下三方面。

（1）对资本数量规定：有限责任公司注册资本的最低限额为人民币三万元；一人有限责任公司的注册资本最低限额为人民币十万元。股份有限公司注册资本的最低限额为人民币五百万元。法律、行政法规对有限责任公司注册资本的最低限额有较高规定的，从其规定。

（2）对股东或发起人缴纳出资规定：有限责任公司全体股东的首次出资额不得低于注册资本的百分之二十，也不得低于法定的注册资本最低限额，其余部分由股东自公司成立之日起两年内缴足；其中，投资公司可以在五年内缴足。一人有限责任公司的股东应当一次足额缴纳公司章程规定的出资额。股份有限公司全体发起人的首次出资额不得低于注册资本的百分之二十，其余部分由发起人自公司成立之日起两年内缴足。

（3）对股东出资形式规定：股东可以用货币出资，也可以用实物、知识产权、土地使用权等可以用货币估价并可以依法转让的非货币财产作价出资；但是，法律、行政法规规定不得作为出资的财产除外。企业应当对作为出资的非货币财产评估作价，核实财产，不得高估或者低估作价。法律、行政法规对评估作价有规定的，从其规定。全体股东的货币出资金额不得低于有限责任公司注册资本的30%。不论以何种方式出资，投资者如在投资过程中违反投资合约或协议约定，不按规定如期缴足出资额，企业可以依法追究投资者的违约责任。

二、核算实收资本的取得

1. 职业规范

企业应该按照国家统一会计制度的规定进行实收资本的核算，真实地反映所有者投入企业资本的增减变动情况，维护所有者各方在企业的权益。除股份有限公司以外，其他各类企业应设置“实收资本”账户。“实收资本”账户属于所有者权益类账户，用以核算企业实际收到投资者投入的资本增减变动的情况及其结果。该账户的贷方登记实收资本的增加数额，借方登记实收资本的减少数额，期末余额在贷方，反映企业期末实收资本的实有数额。该账户应按投资者设置明细账，进行明细分类核算。

在股份有限公司中，因为其筹集资本是以发行股票的方式进行的，所以应设置“股本”账户，核算股份有限公司核定的股本总额及在核定的股份总额范围内实际发行股票的面值。该账户属于所有者权益类账户，贷方登记公司在核定的范围实际发行股票的面值；借方登记公司按法定程序经批准，减少的股本数额；余额在贷方，反映公司的股本总额。

投资者作为注册资本投入企业的资金是指投资者投入的资金中按其占被投资企业注册资本总额的比例计算的部分，这部分投入资本记入“实收资本”或“股本”科目，超过部分则作为资本溢价，记入“资本公积”科目。在我国，企业的实收资本与其注册资本相一致。

2010 年 6 月 23 日，中国证监会会计部发布的《上市公司执行企业会计准则监管问题解答（2010 年第一期，总第四期）》规定：上市公司为发行权益性证券发生的承销费、保荐费、上网发行费、招股说明书印刷费、申报会计师费、律师费、评估费等与发行权益性证券直接相关的新增外部费用，应自所发行权益性证券的发行收入中扣减，在权益性证券发行有溢价的情况下，自溢价收入中扣除，在权益性证券发行无溢价或溢价金额不足以扣减的情况下，应当冲减盈余公积和未分配利润；发行权益性证券过程中发行的广告费、路演及财经公关费、上市酒会费等其他费用应在发生时计入当期损益。

2. 职业判断与操作

（1）接受现金资产投资。

[任务 8－1] 甲方、乙方、丙方三方共同投资设立 A 有限责任公司，注册资本为 20 000 000 元，甲、乙、丙分别占 60%、25%、15%。A 公司如期收到各投资者一次缴足的款项。要求进行账务处理。

任务分析：本任务中，企业收到投资者投入的货币资金时，按其实际收到的资金，借记“银行存款”科目，按其在实收资本中所拥有的份额，贷记“实收资本”科目，由于按比例实缴资本，因此不存在资本溢价，无须核算“资本公积”。因此，A 公司的账务处理如下：

借：银行存款	20 000 000
贷：实收资本——甲	12 000 000
——乙	5 000 000
——丙	3 000 000

实收资本的构成比例也是股东的股份比例，是确定所有者在企业所有者权益中所占有的份额和参与企业生产经营决策的基础，也是利润分配或者股利分配的依据。

[任务 8－2] 重庆中和股份有限公司于 2010 年 9 月 20 日发行普通股 30 000 000 股，每股面值 1 元，每股发行价格 4 元，股款 120 000 000 元全部收到，发行费用共计 1 200 000

元。要求进行账务处理。

任务分析：公司发行股票时，既可以按面值发行，也可以溢价发行（我国目前不准许折价发行）。股份有限公司在核定的股本总额及核定的股份总额的范围内发行股票时，按实际收到的金额，借记“银行存款”等科目，按每股面值和股份总额的乘积，贷记“股本”科目，按其差额（即股本溢价），贷记“资本公积”科目。本任务中，股本溢价 90 000 000 元，大于发行费用 1 200 000 元，因此，发行费用应从溢价中扣除。账务处理如下：

借：银行存款　　118 800 000
　贷：股本　　30 000 000
　　资本公积——股本溢价　　88 800 000

假设收取股款和支付发行费用没有同时进行，则本例应编制两张凭证。

借：银行存款　　120 000 000
　贷：股本　　30 000 000
　　资本公积——股本溢价　　90 000 000
借：资本公积——股本溢价　　1 200 000
　贷：银行存款　　1 200 000

（2）接受非现金资产投资。

股东对企业的投资除货币资金以外的所有实物资产投资，都可以成为“非现金资产投资”，即实物、知识产权、土地使用权等可以用货币估价并可以依法转让的非货币财产都可用来作价出资。但法律、行政法规规定不得作为出资的财产除外。按《公司法》规定：全体股东的货币出资金额不得低于有限责任公司注册资本的30%。对用作出资的非货币财产应当评估作价，核实财产，不得人为高估或者低估作价。不论以何种方式出资，投资者如在投资过程中违反投资合约，不按规定如期缴足出资额，企业可以依法追究投资者的违约责任。

企业接受非现金资产投资时，应按投资合同或协议约定价值确定非现金资产价值（但投资合同或协议约定价值不公允的除外）和在注册资本中应享有的份额。

[任务 8-3]　重庆太和股份有限公司于 2011 年 9 月 20 日接受 B 企业以一批原材料作为投资，投资各方确认的价值 2 000 000 元（即公允价值，不含增值税），增值税率 17%，该材料计划成本为 2 100 000 元。该项投资在注册资本中占有的份额为 1 400 000 元。

任务分析：股份公司收到投资者投入的原材料，按计划价核算原材料的企业，按计划成本，借记“原材料”科目，按专用发票上注明的增值税，借记“应交税金——应交增值税（进项税额）”科目，按投资各方确认的价值（含增值税）在注册资本中拥有的份额，贷记“股本”（或实收资本）科目，按资本溢价，贷记“资本公积”科目，按原材料计划成本与其投资各方确认的价值（不含增值税）之间的差额，借记或贷记“材料成本差异”科目。

本任务中应确认的增值税进项税额 34 万元（200×17%），应确认资本公积的金额 94 万元（200＋34－140）。太和股份有限公司 9 月 20 日接收材料投资的账务处理是：

借：原材料　　2 100 000
　应交税金——应交增值税（进项税额）　　340 000
　贷：股本　　1 400 000
　　资本公积　　940 000
　　材料成本差异　　100 000

［任务8-4］　甲有限责任公司在成立时收到乙公司作为资本投入的不需要安装的机器一台，合同约定该机器的价值为4 000 000元，增值税进项税额为680 000元，经约定甲公司接受乙公司的投入资本为4 680 000元。

任务分析： 企业收到投资者投入的房屋、建筑物、机器等固定资产，按投资各方确认的价值，借记“固定资产”科目，按其在注册资本中所拥有的份额，贷记“实收资本”科目，按其差额，贷记“资本公积”科目。本任务中，合同约定的固定资产价值与公允价值相符，不考虑其他因素，甲公司进行会计核算时，账务处理如下：

借：固定资产　　4 000 000
　　应交税费——应交增值税（进项税额）　　680 000
　　贷：实收资本——乙公司　　4 680 000

［任务8-5］　丙有限责任公司在公司设立时收到A公司作为资本投入的非专利技术一项，该非专利技术投资合同约定价值120 000元，同时收到B公司作为资本投入的土地使用权一项，投资合同约定价值160 000元。

任务分析： 企业收到投资者投入无形资产时，按投资各方确认的价值（为首次发行股票而接受投资者投入的无形资产，应按该项无形资产在投资方的账面价值），借记“无形资产”科目，按其在注册资本中所拥有的份额，贷记“实收资本”科目，按其差额，贷记“资本公积”科目。本任务中，假设丙公司接受该项非专利技术和土地使用权投资符合国家注册资本管理的有关规定，可按合同约定价值作为实收资本入账，合同约定的价值与公允价值相符，不考虑其他因素，丙公司进行会计核算时，账务处理如下：

借：无形资产——非专利技术　　120 000
　　无形资产——土地使用权　　160 000
　　贷：实收资本——A公司　　120 000
　　　　实收资本——B公司　　160 000

三、核算实收资本（或股本）的增减变动

1. 职业规范

我国企业法人登记管理条例规定，除国家另有规定外，企业的注册资金应当与实收资本相一致，一般情况下，企业的实收资本应相对固定不变。但是当实收资本比原注册资金增加或减少的幅度超过20%时，应持资金使用证明或验资证明，向原登记注册登记机关申请变更登记。如擅自改变注册资金或抽逃资金，要受到工商行政管理部门的处罚。

企业的实收资本在以下三种特定情况下，也可能发生增减变化：①接受投资者追加投资，资本公积转增资本、盈余公积转增资本，依据法定程序减少注册资本。在增减资本的形式上，除了常规的资产投入或者退出企业外，可以采用发放股票股利、可转换公司债券持有人行使转换权利、债务重组等形式，使资本发生增减变动。

企业实收资本减少的原因大体有两种，一是资本过剩，又暂时找到好的投资项目，需要减少注册资本；二是企业发生重大亏损，企业净资产与注册资本严重不符，也需要减少实收资本。企业因资本过剩而减资，一般要返还股款。有限责任公司和一般企业返还投资的会计处理比较简单，按法定程序报经批准减少注册资本的，借记“实收资本”科目，贷记“库存现金”、“银行存款”等科目。

股份有限公司通过股票回购的方式来减少公司股本而注销股份，达到调节资本结构的目的。此时，企业应设置“库存股”科目，核算股票回购和注销的情况。回购股票时，应按实际支付的回购价款借记“库存股”科目，贷记“银行存款”科目，注销所回购的股票时，应按股票面值和注销股数计算的股票面值总额，借记“股本”科目，按所注销库存股的账面余额，贷记“库存股”科目，按其差额，借记“资本公积——股本溢价”科目，股本溢价不足的，再冲减盈余公积，盈余公积仍不够冲减时，再冲减未分配利润；如果回购股票支付的价款低于股票面值总额，则应贷记“资本公积——股本溢价”科目。

2. 职业判断与操作

[任务 8-6] A 有限责任公司因扩大经营规模需要，经批准将注册资本扩大到 30 000 000 元，按原出资比例不变，见 [任务 8-1]，甲、乙、丙投资人按照原投资比例分别追加投资 6 000 000 元、2 500 000 元和 1 500 000 元，现收到甲、乙、丙投资人追加的现金投资。要求进行账务处理。

任务分析： 本任务中，A 股份公司扩大资本 10 000 000 元，由于甲、乙、丙各自投资比例为 60%、25%、15%，应分别投资 6 000 000 元、2 500 000 元、1 500 00 元。A 公司收到追加的投资时，应同时增加甲、乙、丙在公司的权益。账务处理如下

借：银行存款　　10 000 000
　　贷：实收资本——甲　　6 000 000
　　　　　　　　——乙　　2 500 000
　　　　　　　　——丙　　1 500 000

[任务 8-7] 承接 [任务 8-6]，假设 A 有限责任公司因扩大经营规模需要，经批准将资本公积 8 000 000 元转增资本，注册资本扩大到 38 000 000 元，增加的注册资本按原出资比例分配到各股东，见 [任务 8-1]，要求进行账务处理。

任务分析： 本任务中，A 公司将资本公积转增资本，资本公积减少，应在借方登记；实收资本增加，应在贷方登记。账务处理如下：

借：资本公积　　8 000 000
　　贷：实收资本——甲　　4 800 000
　　　　　　　　——乙　　2 000 000
　　　　　　　　——丙　　1 200 000

[任务 8-8] 承接 [任务 8-7]，假设 A 有限责任公司因扩大经营规模需要，经批准将盈余公积 4 000 000 元转增资本，注册资本扩大到 42 000 000 元，增加的注册资本按原出资比例分配到各股东，见 [任务 8-1]，要求进行账务处理。

任务分析： 本任务中，A 公司将盈余公积转增资本，则盈余公积减少，应在借方登记；实收资本增加，应在贷方登记。账务处理如下：

借：盈余公积　　4 000 000
　　贷：实收资本——甲　　2 400 000
　　　　　　　　——乙　　1 000 000
　　　　　　　　——丙　　600 000

[任务 8-9] B 股份有限公司截至 2012 年 12 月 31 日共发行股票 30 000 000 股，股票面值为 1 元，资本公积（股本溢价）88 800 000 元，盈余公积 40 000 000 元。经股东大会批

准，B公司以现金回购本公司股票5 000 000股并注销。假定B公司按照每股6元回购股票，不考虑其他因素。要求进行账务处理。

任务分析：其账务处理是：按购回股票的面值，借记“股本”科目，按支付的价款超过面值的部分依次借记“资本公积——股本溢价”、“盈余公积”、“利润分配——未分配利润”科目，按实际支付的价款，贷记“现金”、“银行存款”科目。购回股票支付的价款低于面值总额时，按股票面值，借记“股本”科目，按实际支付的价款，贷记“现金”、“银行存款”科目，按其差额，贷记“资本公积”科目。本任务中，库存股的成本=5 000 000×6=30 000 000（元）。账务处理如下：

借：库存股　30 000 000
　贷：银行存款　30 000 000
借：股本　5 000 000
　资本公积——股本溢价　25 000 000
　贷：库存股　30 000 000

[任务8-10]　续用[任务8-9]，假定B公司以每股0.9元回购股票，其他条件不变。要求进行账务处理。

任务分析：按有关规定如果购回的股票支付的价款低于面值总额的，所注销库存股的账面余额与冲减股本的差额，作为增加资本或者股本溢价处理。本任务中，B公司做股本溢价处理，账务处理如下：

借：库存股　45 000 000
　贷：银行存款　45 000 000
借：股本　50 000 000
　贷：库存股　45 000 000
　　资本公积——股本价　5 000 000

教学互动

（1）如何正确认识股票溢价发行？

（2）分组讨论：如果[任务8-9]中的资本公积（股本溢价）为20 000 000元，应如何进行账务处理？

（3）假设C股份有限公司截至2012年12月31日共发行股票50 000 000股，股票面值为1元，资本公积（股本溢价）28 800 000元，盈余公积20 000 000元。经股东大会批准，B公司以现金回购本公司股票10 000 000股并注销。假定C公司按照每股4元回购股票，不考虑其他因素，C公司应如何进行账务处理？

重要相关能力

注册资本与实收资本的区别

实收资本，指企业实际收到的投资者投入作为资本金的资金，以及按照有关规定由资本公积金、盈余公积金转为资本金的资金。开办企业必须依法筹集最低限度的资本金即注册资本。但是投资者的资本金，往往允许分次缴付，因此在核算上就有必要设置“实收资本”科目，来反映实际收入的资本金。投资者在缴清资本金后，企业的实收资本应与注册资本相一致。但是由于企业经营风险与有限责任的关系，投资者投入企业的资金，不一定都能作为资本金，如有限责任公司投资者交付的出资额大于按合同、协议所规定的出资比例计算的部分，股份有限公司股东在股票溢价发行时超过股票面值的溢价，都只能列作资本公积金，不能作为资本金记入“实收资本”科目。

公司的注册资本是公司的登记机关登记注册的资本额，也叫法定资本。注册资金是国家授予企业法人经营管理的财产或者企业法人自有财产的数额体现。注册资本与注册资金的概念有很大差异。注册资金所反映的是企业经营管理权；注册资本则反映的是公司法人财产权，所有的股东投入的资本一律不得抽回，由公司行使财产权。注册资金是企业实有资产的总和，注册资本是出资人实缴的出资额的总和。注册资金随实有资金的增减而增减，即当企业实有资金比注册资金增加或减少 20%以上时，要进行变更登记。而注册资本非经法定程序，不得随意增减。

实收资本账面上等于注册资本，可以是钱、物、可以是债权、技术等无形资产，在经评估后按估价计入实收资本，产生的费用支出计入资本公积。它是对各股东所占份额的确认。在各股东所占比例确定时，股东多投入的部分不能计入实收资本，应计资本公积。实收资本，在股份公司应叫股本。有限责任公司的注册资本为在公司登记机关登记的全体股东认缴的出资额。公司全体股东的首次出资额不得低于注册资本的 20%，也不得低于法定的注册资本最低限额（3 万），其余部分由股东自公司成立之日起两年内缴足；其中，投资公司可以在 5 年内缴足。现金不低于注册资本的 30%。

任务二 核算资本公积 Mission two

一、认知资本公积

资本公积是指企业收到投资者的超出企业注册资本（或股本）中所占份额的那部分投资额，以及直接计入所有者权益的利得和损失等。在不同类型的企业中，所有者投入资本大于其在注册资本中所占份额的差额的表现形式有所不同。在股份有限公司，资本公积主要表现为超面值缴入股本，即实际出资额大于股票面值的差额，称为股本溢价；在其他企业，则表现为资本溢价。直接计入所有者权益的利得和损失，是指不应计入当期损益、会导致所有者权益发生增减变动的、与所有者投入资本或向所有者分配利润无关的利得或损失。比如企业的长期股权投资采用“权益法”核算时，因被投资单位除净资产损益以外所有者权益的其他变动，投资企业应享有份额而增加或者减少的资本公积金。

此外，企业根据国家有关规定实行股权激励的，如果在等待期内取得了授予的权益工具，企业应该在进行权益工具加速行权处理时，将剩余等待期内应确认的金额立即计入当期损益，并同时确认资本公积。

因此，资本公积包括资本溢价（或股本溢价）及直接计入所有者权益的利得和损失。资本公积的核算包括资本溢价（或股本溢价）的核算，其他资本公积的核算和资本公积转增资本的核算等内容。

二、核算资本溢价（或股本溢价）

1. 职业规范

企业会计准则规定，企业形成的资本公积在“资本公积”账户核算。该账户按“资本溢价或股本溢价”和“其他资本公积”两个明细科目进行会计核算。其贷方登记企业资本公积的增加数，借方登记资本公积的减少数，期末余额在贷方，反映企业资本公积实有数。

2. 职业判断与操作

[任务 8－11]　承 [任务 8－8]，A 有限责任公司由甲、乙、丙三位投资者设立。两年后，为扩大经营规模，经批准将增加注册资本 50 000 000 元，由引入的第四位投资者丁投入。按照投资协议，丁需缴纳 8 800 000 元，同时享有该公司 16%的股份，原甲、乙、丙在公司中的投资份额也相应调整为 50.4%、21%、12.6%（截至 [任务 8－8]，A 公司的实收资本总额已达 4 200 万元，新引入投资者丁后，原股东的股权份额发生了改变）。丁已按协议全额缴纳投资款。

任务分析： 除股份有限公司以外的企业，在重组或有新的投资者加入时，常常会出现资本溢价。因为在企业进行正常生产经营后，其资本利润率通常要高于企业初创阶段，另外，企业有内部积累，新投资者加入企业后，对这些积累也要分享，所以新加入的投资者往往要与 [任务 8－11] 中的丁那样付出大于原投资者的出资额，才能取得相应的投资比例。投资者多缴的部分就形成了资本溢价。会计上需要通过“资本公积——资本溢价”对投资者多缴的部分进行核算。本任务中，丁投资者投入 8 800 000 元，但只享有 A 公司 16%的股份，即 8 000 000 元，多交的 800 000 元，对于 A 公司而言，就是资本溢价。A 公司账务处理如下：

借：银行存款	8 800 000	
贷：实收资本		8 000 000
资本公积——资本溢价		800 000

对于股本溢价的核算，请参见前述 [任务 8－2] 的案例，此不赘述。

三、核算其他资本公积

1. 职业规范

其他资本公积是指除资本溢价（或股本溢价）以外所形成的资本公积，主要是指直接计入所有者权益的利得和损失。按照财政部先行会计制度规定，其具体包括以下几方面：

（1）股权投资价值变动，即投资单位对被投资单位的长期股权投资采用权益法核算时，在持股比例不变的情况下，被投资单位除净损益以外所有者权益的其他变动，投资单位按其持股比例计算应享有的份额。本内容核算举例见 [任务 8－12]，也可参见本教材相关的“核算长期投资”教学内容。

（2）套期保值产生利得或损失。

（3）将持有至到期投资重分类为可供出售金融资产时，公允价值与账面余额之间的差额。

（4）可供出售金融资产的公允价值变动及减值损失。

（5）递延所得税涉及的资本公积。

（6）自用房地产或存货转换为采用公允价值模式计量的投资性房地产时，公允价值大于其账面价值的差额。

其他资本公积是资本公积下的二级科目，其核算原理同资本溢价的核算。企业因投资而增加其他资本公积时，在贷方登记“资本公积——其他资本公积”科目；因减少投资而减少时其他资本公积时，在借方登记“资本公积——其他资本公积”科目。

2. 职业判断与操作

[任务 8-12] 假设丙公司于 2012 年 1 月 1 日向戊公司投资 24 000 000 万元，拥有该公司 25%的股份，丙对该公司具有重大影响，因此丙公司对此项长期股权投资采用“权益法”核算。到 2012 年 12 月 31 日，戊公司净损益之外的所有者权益增加了 300 000 万元，并假定除此之外戊公司没有别的所有者权益变动，丙公司的持股比例没有变化，戊公司的资产账面价值与公允价值一致，不考虑其他因素的变动。要求对丙公司的其他资本公积进行账务处理。

任务分析：本任务中，丙公司的长期股权投资采用权益法核算，在戊公司的所有者权益增加时，应按持股比例增加长期股权投资的账面价值，并相应地增加其他资本公积。账务处理如下：

借：长期股权投资——戊公司　　750 000

　　贷：资本公积——其他资本公积　　750 000

丙公司增加的资本公积＝3 000 000×25%＝750 000（万元）。

四、核算资本公积转增资本

经股东大会或类似机构决议，用资本公积转增资本时，应冲减资本公积，同时按照转增前的实收资本（或股本）的结构或比例，将转增的金额记入“实收资本”（或股本）科目下各所有者的明细分类账。

资本公积转增资本的会计核算方法，请参见本能力单元 [任务 8-7]。

重要相关能力

资本公积与实收资本（或者股本）、利润和留存收益的区别

资本公积与实收资本虽然都属于投入资本范畴，但两者有区别。实收资本一般是投资者投入的，为了谋求投资利益的法定资本，与企业注册资本相一致，因此，实收资本在来源和资金上，都有严格限制；资本公积有特定来源，另外有些来源形成的资本公积，并不需要由原投资者投入，也并不一定需要谋求投资利益。

资本公积与净利润不同。在会计中通常需要将业务活动划分资本和收益的界限。收益是企业经营活动产生的结果，可分配给股东。资本公积是企业所有者投入资本的一部分，具有资本属性，与企业净利润无关，所以不能作为净利润的一部分。

资本公积与留存收益的区别。留存收益是企业从历年实现的利润中提取或者形成的留存于企业的内部积累，来源于企业生产经营活动实行的利润。资本公积的来源不是企业实现的

利润，是因资本的原因形成的，其主要是来自资本溢价（或股本溢价）等。

教学互动

1. 资本公积转增资本，是否缴纳企业所得税？
2. 资本公积用于弥补企业经营亏损时，如何进行账务处理？

任务三 核算留存收益
Mission three

一、认知留存收益

留存收益是指企业从历年实现的利润中提取或留存于企业的内部积累，它来源于企业的生产经营活动所实现的净利润。包括企业的盈余公积和未分配利润两个部分。

1. 盈余公积

盈余公积是指企业按照有关规定从净利润中提取的积累资金。公司制企业的盈余公积包括法定盈余公积和任意盈余公积。法定盈余公积是指企业按照《公司法》的规定比例，每年从实现的净利润中提取的盈余公积；任意盈余公积是指企业按照股东会或股东大会章程、或者决议提取的盈余公积。

公司制企业的法定盈余公积按照税后利润的10％提取，非公司制企业法定盈余公积的提取比例可超过净利润的10％。需注意的是，在计算提取法定盈余公积的基数时，不应包括企业年初未分配利润。法定盈余公积累计额已达注册资本的50％时可以不再提取。

公司制企业的任意盈余公积是根据股东大会章程、或者决议提取。非公司制企业由其权力机构批准，也可提取任意盈余公积。法定盈余公积和任意盈余公积的区别就在于其各自计提的依据不同。前者以国家的法律或行政规章为依据提取；后者则由公司权力机构自行决定提取。

企业提取的盈余公积可用于弥补亏损、转增资本、发放现金股利或利润等。

2. 未分配利润

未分配利润是企业当年实现的净利润，经过弥补亏损、提取盈余公积、向投资者分配利润等利润分配环节之后还剩余的利润，是企业留待以后年度进行分配的历年结存的利润。

二、核算留存收益

由于提取盈余公积和未分配利润的形成，都与利润分配相关，因此，为节约篇幅，在此不作核算的阐述，具体核算请参见本教材能力单元九的“核算利润”相关内容及任务案例。

关键词

所有者权益（Owner's Equity）　　实收资本（Paid in Capital）
资本公积（Capital Reserve）　　留存收益（Retained Earnings）

能力训练

一、单项选择题

1. 将“本年利润”科目和“利润分配”科目下的其他有关明细科目的余额转入“未分配利润”明细科目后，“未分配利润”明细科目的贷方余额，就是（　　）。

A. 当年实现的净利润　　B. 累计留存收益
C. 累计实现的净利润　　D. 累计未分配的利润数额

2. 某企业委托券商代理发行股票 5 000 万股，每股面值 1 元，每股发行价格 9 元，按发行价格的 1%向券商支付发行费用，发行股票期间冻结的利息收入为 75 万元，该企业在收到股款时，应记入“资本公积”科目的金额为（　　）万元。

A. 36 975　　B. 37 050　　C. 39 625　　D. 25 000

3. 下列各项中，属于利得的是（　　）。

A. 出租无形资产取得的收入
B. 投资者的出资额大于其在被投资单位的主持资本中所占份额的金额
C. 出租固定资产产生的收入
D. 出售无形资产取得的收益

4. 企业本年增加实收资本 40 万元，其中包括盈余公积转增资本 25 万元；1 月 1 日接受固定资产投资 60 000 元（使用年限 5 年，采用直线法提取折旧，不考虑残值，自接受之日起投入使用）；接受货币投资 90 000 元，该企业在年末影响所有者权益增加（　　）元。

A. 150 000　　B. 400 000　　C. 90 000　　D. 60 000

5. 某企业 2005 年年初未分配利润的贷方余额为 300 万元，本年度实现的净利润为 150 万元，分别按 10%和 5%提取法定盈余公积和法定公益金，分配现金股利 100 万元。假定不考虑其他因素，该企业 2005 年年末未分配利润的贷方余额应为（　　）万元。

A. 207.5　　B. 282.5　　C. 305　　D. 327.5

6. 下列各项能够引起企业所有者权益减少的是（　　）。

A. 股东大会宣告派发现金股利　　B. 以盈余公积转增资本
C. 提取法定盈余公积　　D. 提取任意盈余公积

7. 采用溢价发行股票方式筹集资本，其“股本”科目所登记的金额是（　　）。

A. 实际收到的款项
B. 实际收到的款项减去付给证券商的费用
C. 实际收到的款项加上冻结资金期间利息收入
D. 股票面值乘以股份总数

8. 企业接受非现金资产投资时，应按（　　）（其不公允的除外）确定非现金资产价值和在注册资本中应享有的份额。

A. 投资合同约定的价值　　B. 被投资方确定的价值

C. 投资方非现金资产的账面价值　　D. 投资方确定的价值

9. 下列各项中会引起留存收益总额发生增减变动的是（　）。

A. 用盈余公积分派现金股利　　B. 盈余公积补亏

C. 资本公积转增资本　　D. 用税后利润补亏

10. 有限责任公司在增资扩股时，如有新投资者加入，新加入的投资者缴纳的出资额大于其在注册资本中所占的份额部分，不记入“实收资本”科目，而作为（　）。

A. 盈余公积　　B. 资本公积　　C. 未分配利润　　D. 营业外收入

11. 如果企业的法定盈余公积累计额已达到注册资本的（　）时可以不再提取。

A. 20%　　B. 50%　　C. 80%　　D. 100%

12. 下列各项中能引起所有者权益总额发生增减变动的是（　）。

A. 资本公积转增资本　　B. 接受投资者投入货币资金

C. 宣告发放股票股利　　D. 盈余公积补亏

13. 法定盈余公积和任意盈余公积的主要区别在于（　）。

A. 计提的依据不同　　B. 计提的比例不同

C. 用途不同　　D. 计提的基数不同

14. 某企业年初所有者权益总额 160 万元，当年以其中的资本公积转增资本 50 万元。当年实现净利润 300 万元，提取盈余公积 30 万元，向投资者分配利润 20 万元。该企业年末所有者权益总额为（　）万元。

A. 400　　B. 490　　C. 440　　D. 390

15. 股份有限公司采用收购本公司方式减资，下列说法正确的是（　）。

A. 应按股票面值和注销股数计算的股票面值总额减少股本

B. 应按股票面值和注销股数计算的股票面值总额减少库存股

C. 应按股票面值和注销股数计算的股票面值总额增加股本

D. 应按股票面值和注销股数计算的股票面值总额增加库存股

二、多项选择题

1. 下列各项中，使留存收益减少的有（　）。

A. 提取盈余公积　　B. 盈余公积转增资本

C. 盈余公积弥补亏损　　D. 分派股票股利

2. 在下列事项中，（　）可以记入“资本公积”科目。

A. 股票溢价收入

B. 接受现金和非现金资产捐赠属于形成资本公积的部分

C. 用国家拨入专款实施的技术改造项目完成后，属于形成资产价值的部分

D. 外币资本折算差额

3. 下列各项中，可能引起资本公积变动的有（　）。

A. 经批准将资本公积转增资本

B. 宣告发放现金股利

C. 投资者投入的资金大于按约定比例在注册资本中拥有的份额

D. 直接计入所有者权益的利得

4. 企业减少实收资本应按法定程序报经批准，一般发生在企业(　　)而需要减资的情况下。

A. 资本过剩　　B. 发生重大亏损　　C. 投资者要求　　D. 盈利

5. 下列各项中，能够引起企业留存收益总额发生变动的有（　　）。

A. 本年度实现净利润　　B. 提取法定盈余公积

C. 向投资者宣告分配现金股利　　D. 盈余公积补亏

6. 股份有限公司采用收购本公司股票方式减少注册资本的，下列说法正确的是（　　）。

A. 按股票面值和注销股数计算的股票面值总额减少股本

B. 按股票面值和注销股数计算的股票面值总额减少库存股

C. 按所注销库存股的账面余额减少库存股

D. 购回股票支付的价款低于面值总额的，应按股票面值总额，借记“股本”科目，按所注销库存股的账面余额，贷记“库存股”科目，按其差额贷记“资本公积——股本溢价”科目。

7. “利润分配——未分配利润”科目的借方发生额可能表示（　　）。

A. 转入“本年利润”科目年末余额

B. 转入“盈余公积”科目的年末余额

C. 转入“利润分配”科目下的其他明细科目期末余额

D. 转入“资本公积”科目年末余额

8. 下列各项中，能同时引起资产和所有者权益发生增减变化的是（　　）。

A. 计提短期借款的利息　　B. 计提行政管理部门固定资产折旧

C. 支付超标的业务招待费　　D. 无形资产摊销

9. 下列各项中，仅引起所有者权益结构发生变动的有（　　）。

A. 用盈余公积弥补亏损　　B. 用盈余公积转增资本

C. 宣告发放现金股利　　D. 分配股票股利

10. 下列项目中，属于资本公积核算的内容有（　　）。

A. 企业收到投资者出资额超过其在注册资本或股本中所占份额的部分

B. 直接计入所有者权益的利得

C. 直接计入所有者权益的损失

D. 企业收到投资者的出资额

三、判断题

1. 由于所有者权益和负债都是对企业资产的要求权，因此它们的性质是一致的。（　　）

2. 某企业年初未分配利润 600 万元，本年实现净利润 3 000 万元，提取法定盈余公积 450 万元，提取任意盈余公积 150 万元，该企业年末可供投资者分配利润为 3 000 万元。（　　）

3. 盈余公积累计额已达注册资本的 50%时可以不再提取。（　　）

4. 企业宣告发放现金股利和股票股利时，应作为负债和利润分配处理。（　　）

5. 公司溢价发行股票所支付的发行费用，在减去发行股票冻结期间所产生的利息收入和溢价发行收入之后还有剩余的，应冲减盈余公积和未分配利润。（　　）

6. “利润分配——未分配利润”科目的年末贷方余额，反映企业累积未弥补亏损的数额。（　　）

7. 收入能够导致企业所有者权益增加，因此导致所有者权益增加的一定都是收入。（　　）

8. 在计算提取法定盈余公积的基数时，不应包括企业年初未分配利润。（　）

9. 未分配利润的数额等于企业当年实现的净利润加上上年初未分配利润，减去已提取的盈余公积。（　）

10. 企业以盈余公积向投资者分配利润，不会引起留存收益总额的变动。（　）

四、计算分析题

1. 丙公司 2007 年年初未分配利润为 250 000 元，本年实现净利润为 1 500 000 元。本年提取法定盈余公积金 150 000 元，宣告发放现金股利 400 000 元。因扩大经营规模的需要，经批准，丙公司决定将资本公积 100 000 元和盈余公积 200 000 元转增资本。

要求：

（1）编制丙公司上述业务的会计分录。

（2）计算丙公司 2007 年末“利润分配——未分配利润”科目的期末余额。

2. 丁公司 2007 年 12 月 31 日的股份数为 8 000 000 股，面值为 1 元，资本公积（股本溢价）2 000 000 元，盈余公积 3 000 000 元，未分配利润 6 000 000 元。经股东大会批准，丁公司以现金回购本公司股票 1 000 000 股并注销。假定不考虑其他因素。

要求：

（1）如果丁公司按每股 3 元回购股票，作出相关的会计分录。

（2）如果丁公司按每股 5 元回购股票，作出相关的会计分录。

（3）如果丁公司按每股 0.5 元回购股票，作出相关的会计分录。

3. 东方公司 2011 年年初未分配利润 300 000 元，任意盈余公积 200 000 元，当年实现税后利润为 1 800 000 元，公司董事会决定按 10%提取法定盈余公积，25%提取任意盈余公积，分派现金股利 500 000 元。东方公司现有股东情况如下：A 公司占 25%，B 公司占 30%，C 公司占 10%，D 公司占 5%，其他占 30%。2012 年 5 月，经公司股东大会决议，以任意盈余公积 500 000 元转增资本，并已办妥转增手续。2008 年东方公司亏损 350 000 元。

要求：

（1）根据以上资料，编制 2011 年有关利润分配的会计处理。

（2）编制东方公司盈余公积转增资本的会计分录。

（3）编制 2012 年末结转亏损的会计分录，并计算未分配利润的会计处理。

五、综合题

资料：甲公司系工业企业，是增值税一般纳税人，由 A、B、C 三位股东于 2011 年 12 月 31 日共同出资设立，注册资本 800 万元。出资协议规定，A、B、C 三位股东的出资比例分别为 40%、35%和 25%。相关详细资料如下：

1. 2011 年 12 月 31 日三位股东的出资方式及出资额如 8－1 表所示（各位股东的出资已全部到位，并经中国注册会计师验证，有关法律手续已经办妥）。

表 8－1　股东的出资方式及金额　　万元

出资者	货币资金	实物资产	无形资产	合计
A	270		50（专利权）	320
B	130	150（设备）		280
C	170	30（轿车）		200
合计	570	180	50	800

2.2012 年甲公司实现净利润 400 万元，决定分配现金股利 100 万元，计划在 2013 年 2 月 10 日支付。

3.2013 年 12 月 31 日，吸收 D 股东加入本公司，将甲公司注册资本由原 800 万元增加到 1 000 万元。D 股东以银行存款 100 万元、原材料 58.5 万元（增值税专用发票中注明材料计税价格为 50 万元，增值税 8.5 万元）出资，占增资后注册资本 10%的股份；其余的 100 万元增资由 A、B、C 三位股东按原持股比例以银行存款出资。2013 年 12 月 31 日，四位股东的出资已全部到位，并取得 D 股东开出的增值税专用发票，有关的法律手续已经办妥。

要求：

（1）编制甲公司 2011 年 12 月 31 日收到出资者投入资本的会计分录（“实收资本”科目要求写出明细科目）。

（2）编制甲公司 2012 年决定分配现金股利的会计分录（“应付股利”科目要求写出明细科目）。

（3）计算甲公司 2013 年 12 月 31 日吸收 D 股东出资时产生的资本公积。

（4）编制甲公司 2013 年 12 月 31 日收到 A、B、C 股东追加投资和 D 股东出资的会计分录

（5）计算甲公司 2013 年 12 月 31 日增资扩股后各股东的持股比例。

（金额单位用万元表示）

能力单元九

核算收入、费用和利润

学习目标

1. 掌握销售商品收入的核算、完工百分比法确认提供劳务收入的核算、让渡资产使用权的使用费收入的核算、政府补助的核算；
2. 熟悉收入核算一般流程；
3. 掌握费用与所得税的核算；
4. 正确认知费用与成本的关系；
5. 掌握营业外收支的会计处理；
6. 掌握利润的计算与结转、利润分配与弥补亏损的核算；
7. 熟悉利润分配的顺序；
8. 能正确地根据相关业务单据制作记账凭证。

教学重难点

重点：收入、费用和利润的核算。

难点：提供劳务和政府补助收入的核算、利润分配的核算。

教学时数

建议教学时数 8 学时，其中讲授 6 学时，实践 2 学时。

教学导航

教学指引：

1. 设计会计信息的案例；
2. 准备记账凭证、库存现金和银行存款日记账、其他货币资金明细账及三种货币资金的总账、会计准则等多种教学材料；
3. 准备相关视频教学资料、网络教学资源，多媒体教室及设备；
4. 准备收入、费用、利润核算与管理的制度。

学习引导：

1. 能按会计准则的要求进行各项收入、费用、利润的确认，培养良好的职业道德；
2. 积极参与小组讨论、小组成员互评、共同提高，培养合作能力；
3. 能总结出收入、费用、利润核算流程的特点，以自主学习未来新的收益业务相关的内容；
4. 能独立获取和利用信息，通过网络等辅助工具分析利用技术资料。

任务一 核算收入
Mission one

一、认知收入

收入是指企业在日常活动中形成的、会导致所有者权益增加的、与所有者投入资本无关的经济利益的总流入。

1. 收入的分类

（1）收入按从事日常活动在企业的重要性不同，分为主营业务收入和其他业务收入。

主营业务收入是指企业为完成其经营目标所从事的日常活动所实现的收入。主营业务收入一般占企业总收入的较大比重，对企业的经济效益产生较大影响。

其他业务收入是指企业为完成其他经营目标所从事的与日常活动相关的活动实现的收入。

划分主营业务收入和其他业务收入根据经营业务的主次作具体的判断。如工业企业购入材料生产产品，销售产品实现的收入就是主营业务收入，销售多余或变质材料实现的收入就是其他业务收入。

（2）收入按企业从事的日常活动的性质不同，可以分为三类：销售商品收入、提供劳务收入和让渡资产使用权收入。

销售商品收入是指企业通过销售商品实现的收入，这里的商品包括制造业企业自己生产的产品、商品流通企业为转售而采购的商品。企业销售的其他存货，如原材料和包装物等，也视同商品。

提供劳务收入是指企业通过提供劳务实现的收入，包括提供运输服务、旅游服务、代理服务、培训服务、咨询服务、产品安装服务等实现的收入。

让渡资产使用权收入是指企业让渡资产使用权实现的收入。在不同的企业，让渡资产使用权收入的形式可能不同，但可以概括为利息收入和使用费收入。利息收入主要是指金融企业对外贷款形成的利息收入，以及同业之间发生往来形成的利息收入等；使用费收入主要是指企业出租固定资产、包装物、低值易耗品、无形资产等，出租使用权的收入就是让渡资产使用权。

2. 收入的特点

根据会计准则对收入的定义，可以概括出收入的三大特征。

（1）收入是企业在日常活动中形成的经济利益的总流入。

在收入的概念中，对于没有会计实践经验的学习者而言，“日常活动”可能不容易理解。《企业会计准则指南》中作了明确解释：“日常活动”是指企业为完成其经营目标所从事的经常性活动以及与之相关的活动。比如，工业企业制造并销售产品、商品流通企业销售商品、保险公司签发保单、咨询公司提供咨询服务、软件企业为客户开发软件、安装公司提供安装服务、商业银行对外贷款、租赁公司出租资产等，均属于企业为完成其经营目标所从事的经常性活动，由此产生的经济利益的总流入构成收入。工业企业转让无形资产使用权、出售不需用原材料等，属于与经常性活动相关的活动，由此产生的经济利益的总流入也构成收入。

收入形成于企业日常活动的特征使其与产生于非日常活动的利得相区分。日常活动不是偶发性的活动，利得是偶发性的，因此，收入是日常的，利得是非日常的。比如，企业处置固定资产、无形资产等活动，不是企业为完成其经营目标所从事的经常性活动，也不属于与经常性活动相关的活动，由此产生的经济利益的总流入不构成收入，应当确认为营业外收入。

(2) 收入会导致企业所有者权益的增加。

在不考虑费用的情况下，收入的确认会导致企业所有者权益的增加。因为收入形成的经济利益总流入的形式多种多样，既可以表现为资产的增加，如增加银行存款、应收账款、应收票据等，也可能表现为负债的减少，如预收账款、应付账款的减少等；还可能表现为两者的组合，如销售实现时，部分冲减预收账款，部分增加银行存款。收入形成的经济利益总流入表现为资产增加或负债减少或两者兼而有之三种形式，根据“资产－负债＝所有者权益”的会计等式，在不考虑费用的情况下，收入一定能增加所有者权益。如果考虑费用因素，当收入扣除与之相配比的费用后的净额，既可能增加所有者权益，也可能减少所有者权益。

(3) 收入与所有者投入资本无关。

所有者投入资本主要是为谋求享有企业资产的剩余权益，由此形成的经济利益的总流入不是企业日常活动形成的经济利益总流入，因此不构成收入，而应确认为企业所有者权益的组成部分。

二、核算销售商品收入

1. 职业规范

企业应该加强销售商品收入的核算，是因为销售商品是企业的主营业务，同时也是企业利润的主要来源。商品包括企业为销售而产生的产品和为销售而购进的商品，如工业企业生产的产品、商业企业购进的商品等等，企业销售的其他存货，如原材料、包装物等，也要视同企业的商品。

销售商品收入要得以确认，必须同时满足以下几个条件：

(1) 企业已将商品所有权上的主要风险和报酬转移给购货方，即与商品所有权有关的主要风险和报酬同时转移。这是构成确认销售商品收入的重要条件。其中，与商品所有权有关的主要风险，是指商品可能发生的减值或毁损等形式的损失；与商品所有权有关的报酬，是指商品价值或通过使用商品等形成的经济利益。判断企业是否已经将商品所有权上的主要风险和报酬转移给购货方，应当关注交易的实质，而不是形式，并结合所有权凭证的转移或实物的交付进行判断。在某些情况下，转移商品所有权凭证但未交付实物，商品所有权上的主要风险和报酬随之转移，企业只保留了次要风险和报酬，如交款提货方式销售商品。有时，已交付实物但未转移商品所有权凭证，商品所有权上的主要风险和报酬未随之转移，如采用支付手续费方式委托代销的商品，在发出商品时就不能确认收入。

(2) 企业既没有保留通常与所有权相联系的继续管理权，也没有对已售出的商品实施有效控制。企业将商品所有权上的主要风险和报酬转移给买方后，如仍然保留通常与所有权相联系的继续管理权，或仍然对售出的商品实施控制，则此项销售不能成立，不能确认相应的销售收入，如售后租回。如企业对售出的商品保留了与所有权无关的管理权，则不受本条件的限制。

（3）相关的经济利益很可能流入企业。当销售商品应收的价款收回的可能性超过 50%时，便可认定经济利益很可能流入企业。企业在销售商品的当时，如估计销售价款收回的可能性小于 50%，即使收入确认的其他条件已满足，也不能确认收入。如企业销售商品当时已了解到买方信誉较差，或买方资金周转十分困难等，就属于这种情况。

（4）收入的金额能够可靠地计量。这是确认收入的基本前提。一般情况下，企业销售商品时，数量和价格已经确定，金额也就能够计量。但由于销售过程中一些不确定因素的影响，也可能导致销售价格发生变动的情况，新价格未确定之前，就不能确认商品销售收入。如附有销售退回条件的商品销售，如果企业不能合理估计退货的可能性，则无法确认收入的实现，就应在售出商品退货期满、销售商品价格能够可靠计量时确认收入。

按照《企业会计准则第 14 号——收入》的规定，企业应当按照从购货方已收或应收的合同或协议价款确定商品销售收入金额，已收或应收的合同或协议价款显失公允的除外。

应收的合同或协议价款与其公允价值相差较大的，应按照公允价值确定销售商品收入金额，应收的合同或协议价款与其公允价值之间的差额，应当在合同或协议期间内采用实际利率法进行摊销，计入当期损益。

为了核算商品销售收入及与之相关的商品成本的增减变动情况，企业应设置以下账户：

（1）"主营业务收入"账户。该账户属于损益类，用来核算企业经常性、主要业务所产生的收入，贷方登记企业实现的各项主营业务收入，借方登记期末结转到"本年利润"账户的主营业务收入，结转后该账户无余额。

（2）"主营业务成本"账户。该账户属于损益类，用来核算企业主营业务活动所发生的成本，借方登记企业销售商品发生的主营业务成本，贷方登记期末结转到"本年利润"账户的主营业务成本，结转后该账户无余额。

对于分期收款销售业务，还应当设置"长期应收款"和"未实现融资收益"账户。

企业销售商品的方式主要有一般销售、折扣或折让销售、委托代销、预收货款、分期收款、其他销售。不同方式下，收入的确认与核算有所不同。

2. 职业判断与操作

（1）一般销售业务。

[任务 9-1] 重庆机械制造有限公司 2011 年 9 月 15 日向晨光百货销售甲商品 100 件，开出的增值税专用发票上注明售价为 500 000 元，增值税为 85 000 元。商品已经发出，并办妥托收手续；该批商品的成本为 350 000 元。要求进行账务处理。

任务分析：一般销售商品业务，是指企业自己直接销售，且在销售时没有折扣、折让及预收货款等条件的销售。通常情况下，从购货方已收或应收的合同或协议价款即为其公允价值，应当以此确定销售商品收入的金额，确认收入并结转相关成本。本任务中，商品已发出并已办妥托收手续，符合收入确认条件。但款项还未收到，在确认收入的同时，应确认应收账款。账务处理如下：

借：应收账款——晨光百货　　585 000
　贷：主营业务收入　　500 000
　　应交税费——应交增值税（销项税额）　　85 000

同时，结转成本：

借：主营业务成本　　350 000

　　贷：库存商品——甲商品　　350 000

[任务9-2]　重庆机械制造有限公司2011年9月15日销售甲商品200件给丙公司，开出的增值税专用发票上注明售价为100 000元，增值税为17 000元。商品发出的当天，得知对方因自然灾害发生重大损失，导致资金暂时困难，近期无法收回款项。商品的成本为70 000元。

任务分析：如果企业售出商品不符合销售商品收入确认的五个条件，则不能确认收入。由于商品已经发出，库存商品已不再存在于本企业，故应将商品成本转出。此时，需设置“发出商品”科目，用来核算已经发出但尚未确认收入的商品成本。本任务中，购货方资金困难无法收回款项，销售商品收入确认条件中的“相关的经济利益很可能流入企业”不能满足，则不确认商品销售收入，只需作移库处理。账务处理如下：

借：发出商品　　70 000

　　贷：库存商品　　70 000

同时，由于开出了增值税专用发票，纳税义务已经发生，则应确认应交的增值税销项税额。

借：应收账款——丙公司　　17 000

　　贷：应交税费——应交增值税（销项税额）　　17 000

如未开增值税专用发票，即未发生纳税义务，则不作这笔账务处理。

对于此种销售业务，应在对方资金好转并承诺付款时，再确认收入，并结转销售成本。确认收入时的账务处理为：

借：应收账款　　100 000

　　贷：主营业务收入　　100 000

借：主营业务成本　　70 000

　　贷：发出商品　　70 000

（2）折扣、折让销售业务。

[任务9-3]　2011年9月20日，重庆机械制造有限公司向宗申公司销售甲商品300件，每件500元（不含增值税），每件实际成本为350元。由于是成批销售，重庆机械制造有限公司给予宗申公司10%的商业折扣，并在合同中约定按价款总额给予现金折扣，现金折扣条件为“2/10，1/10，N/10”。商品已于当日发出，并符合商品销售实现条件。9月22日，宗申公司付清全部款项。

任务分析：商业折扣是指企业为促进商品销售而在商品标价上给予的价格扣除，即商品销售过程中常见的“打折”。销售商品涉及商业折扣的，应当按照扣除商业折扣后的金额来确认销售商品收入金额。

现金折扣是指债权人为鼓励债务人在规定的期限内付款而向债权人提供的债务折扣。根据现行会计准则对现金折扣应采用总价法核算，即销售商品涉及现金折扣的，应当按照扣除现金折扣前的金额来确认销售商品收入金额。现金折扣实际上是企业为了尽快回笼资金而发生的理财费用，在实际发生时计入当期损益，列入“财务费用”。现金折扣一般用符号“折扣率/付款期限”表示，如“2/10，1/10，N/10”表示：购货方在10天内付款，销货方将给予对方2%的折扣，如在20天内付款，则按1%折扣，如在21至30天内付款，将不给予折扣。

本任务中，在销售当时涉及商业折扣，应按折扣后的金额确认销售收入，实际确认的收入为 300×500（1−10%）=135 000（元）。9 月 20 日的账务处理如下：

借：应收账款——宗申公司　　157 950
　贷：主营业务收入　　135 000
　　应交税费——应交增值税（销项税额）　　22 950

如果没有商业折扣，则按一般销售商品业务处理。

9 月 22 日，宗申公司付清全部款项，按照合同规定应享受 2%的现金折扣，折扣金额为 157 950×2%=3 159（元）。会计分录为：

借：银行存款　　154 791
　财务费用　　3 159
　贷：应收账款——宗申公司　　157 950

（3）销售折让销售业务。

[任务 9-4]　重庆机械制造有限公司 2011 年 9 月 24 日接到晨光公司通知，9 月 22 日销售的 100 件甲商品因质量问题，要求给予 5%的折让，否则退货。经查验，重庆机械制造有限公司同意折让，并开具了红字增值税专用发票。要求为重庆机械制造有限公司进行账务处理。

任务分析：销售折让是指企业因售出商品的质量、规格等不符合要求而在售价上给予的减让。销售折让如发生在确认销售收入之前，则应直接按扣除销售折让后的金额确认销售收入；已经确认销售商品收入的售出商品发生销售折让，且不属于资产负债表日后事项的，应当在发生时冲减当期销售商品收入。如按规定允许扣减增值税税额的，还应冲减已确认的销项税额。本任务中，9 月 22 日销售的 100 件甲商品已经确认收入，现在发生折让，应按折让退回金额冲减销售收入和销项税额，冲减的收入额为 50 000×5%=2 500（元），冲减的销项税额为 85 00×5%=425（元）。账务处理如下：

借：主营业务收入　　2 500
　应交税费——应交增值税（销项税额）　　425
　贷：应收账款——重庆晨光百货　　2 925

（4）销售退回销售业务。

[任务 9-5]　重庆机械制造有限公司 2011 年 9 月 25 日收到上月销售给乙公司因质量问题退回的甲商品 20 件，该批商品货款 10 000 元，增值税 1 700 元，成本 7 000 元，已于上月确认收入并收到全部款项。重庆机械制造有限公司同意退货，于退货当日按规定开具了红字增值税专用发票，支付了退货款。要求为重庆机械制造有限公司进行账务处理。

任务分析：销售退回是指企业售出的商品由于质量、品种不符合要求等原因而发生的退货。企业应分不同情况对销售退回进行会计处理：退回的已售商品如没有确认销售收入，则只需冲减“发出商品”科目，同时增加“库存商品”；对于已经确认销售商品收入的售出商品发生销售退回的，只要不是资产负债表日后事项，则应当在发生时，冲减当期的商品销售收入。即不论本期还是以前各期销售的商品发生退回，均冲减退回当期的销售商品收入，并冲减当期销售成本，按规定允许扣减增值税的应同时扣减已确认的增值税销项税额；如该项销售退回已发生现金折扣，还应同时冲减财务费用。

本任务中，由于20件甲商品已于上月确认收入并结转成本，现在全部退回，相当于20件甲商品没有销售，因此，应将原来确认的收入和成本全部冲销，同时增加库存商品。账务处理如下：

借：主营业务收入　　10 000
　　应交税费——应交增值税（销项税额）　　1 700
　　贷：银行存款　　11 700

借：库存商品　　7 000
　　贷：主营业务成本　　7 000

（5）预收货款销售业务。

［任务9-6］ 重庆机械制造有限公司采用预收款方式向永强公司销售甲商品300件，每件500元（不含增值税），实际成本每件350元。9月24日预收货款150 000元。9月26日交付商品时，永强公司支付余款。要求为重庆机械制造有限公司进行账务处理。

任务分析：预收款销售方式下，在预收到货款时，商品尚未转移给购货方，商品所有权上的主要风险和报酬也还未转移，因此，不能确认收入，只能将预收的款项确认为“预收账款”。等到收到最后一笔款项并交付商品时，才确认收入，并用预收款项冲抵应收款项，多退少补。账务处理如下：

9月24日预收款项时，应确认为预收账款。

借：银行存款　　150 000
　　贷：预收账款　　150 000

9月26日交付商品收到余款时，应确认收入，并结转成本。

借：预收账款　　150 000
　　银行存款　　25 500
　　贷：主营业务收入　　150 000
　　　　应交税费——应交增值税（销项税额）　　25 500

借：主营业务成本　　105 000
　　贷：库存商品　　105 000

（6）委托代销销售业务。

［任务9-7］ 重庆机械制造有限公司委托晨光百货公司销售甲商品150件，每件成本350元，合同约定每件售价500元，并按售价的10%支付手续费，已于2011年9月17日发出商品。28日，晨光公司交来代销清单，已销售100件。重庆机械制造有限公司开出增值税专用发票，收到款项并支付手续费。要求为双方进行账务处理。

任务分析：委托代销是指销售方以支付手续费方式将商品委托给另一方代其销售。此种方式下，委托方发出商品时，商品所有权上的主要风险和报酬均未转移，只有在收到受托方开出的代销清单并向受托方开具增值税专用发票时，才能证明商品销售实现并确认商品销售收入、结转商品销售成本，同时将支付的代销手续费计入销售费用。为了反映委托代销发出商品的成本，委托方需设置“委托代销商品”科目。

对于受托方，收到的商品并非本企业所有，不能在库存商品中核算，此时应设置“受托代销商品”和“受托代销商品款”两个科目，并按售价核算。在实现销售时，由于销售的不是本企业商品，不能确认收入，应结转受托代销商品，并确认销项税额。在收到委托方开具的增值税专用发票时，再确认进项税额。收到的代销手续费应作为“其他业务收入”处理。相关账务处理如下：

9 月 17 日发出商品时，销售并未实现，则不能确认收入，只能将“库存商品转移到“委托代销商品”。

借：委托代销商品　52 500
　贷：库存商品　52 500

28 日收到代销清单，开出增值税专用发票并收到款项，证明销售已经实现，应确认商品销售收入并结转销售成本。

借：银行存款　53 500
　销售费用　5 000
　贷：主营业务收入　50 000
　　应交税费——应交增值税（销项税额）　8 500
借：主营业务成本　35 000
　贷：委托代销商品　35 000

受托方晨光公司的会计处理如下：

9 月 17 日收到代销商品时：

借：受托代销商品　75 000
　贷：受托代销商品款　75 000

对外销售时：

借：银行存款　58 500
　贷：受托代销商品　50 000
　　应交税费——应交增值税（销项税额）　8 500

收到机械制造有限公司开具的增值税专用发票时：

借：应交税费——应交增值税（进项税额）　8 500
　贷：应付账款　8 500

支付货款并收取手续费时：

借：受托代销商品款　50 000
　应付账款　8 500
　贷：银行存款　53 500
　　其他业务收入　5 000

（7）分期收款销售业务。

[任务 9-8] 重庆机械制造有限公司 2011 年 9 月 22 日采用分期收款方式向 H 公司销售一批产品，合同约定销售价格为 2 340 万元（含税），分 5 次于每年 12 月 31 日等额收取。该批产品成本为 1 500 万元。在现销方式下，该批产品销售价格为 1 600 万元。9 月 22 日，重庆机械制造有限公司发出商品并开出增值税专用发票，注明增值税额为 340 万元。假定实际利率为 7.9%。要求为重庆机械制造有限公司进行账务处理。

任务分析：本任务中的销售属于分期收款销售业务。对于分期收款销售业务，企业应按合同或协议约定价款的公允价值确认收入，贷记“主营业务收入”科目，按应收的合同或协议价款借记“长期应收款”科目，按其差额贷记“未实现融资收益”科目。并采用实际利率法摊销合同价款与公允价值之间的差额，确定为利息收入。摊销时，借记“未实现融资收益”，贷记“财务费用”。“未实现融资收益”期末贷方余额，反映企业尚未转入当期收益的未实现融资收益。

每期未实现融资收益摊销金额见表 9-1。

表 9-1　每期未实现融资收益摊销金额　　万元

日期	未收本金 ①=上期①-上期④	财务费用 ②=①×7.9%	收现总额 ③	已收本金 ④=③-②
2011 年 9 月 22 日	1 600			
2011 年 12 月 31 日	1 600	126.40	400.00	273.60
2012 年 12 月 31 日	1 326.40	104.79	400.00	295.21
2013 年 12 月 31 日	1 031.19	81.46	400.00	318.54
2014 年 12 月 31 日	712.65	56.30	400.00	343.70
2015 年 12 月 31 日	368.95	31.05 *	400.00	368.95
总额		400	2 000	1 600

注：“*”号为尾数调整。

重庆机械制造有限公司的账务处理如下：

(1) 2011 年 9 月 22 日销售实现时：

借：长期应收款	20 000 000	
应收账款	3 400 000	
贷：主营业务收入		16 000 000
应交税费——应交增值税（销项税额）		3 400 000
未实现融资收益		4 000 000
借：主营业务成本	15 000 000	
贷：库存商品		15 000 000

(2) 2011 年 12 月 31 日收到第一笔货款时：

借：银行存款	4 000 000	
贷：长期应收款		4 000 000
借：未实现融资收益	1 264 000	
贷：财务费用		1 264 000

以后各年收到货款时，比照 2011 年 12 月 31 日收款的账务处理进行。

(8) 其他销售业务。

[任务 9-9]　重庆机械制造有限公司 9 月 29 日销售不需用甲材料一批，售价 50 000 元，增值税 8 500 元，款项已收存银行。该批材料实际成本为 42 500 元。要求为重庆机械制造有限公司进行账务处理。

任务分析：企业在日常活动中，还可能发生对外销售不需用的原材料、随同商品对外销售单独计价的包装物等业务，这些销售业务收入确认和计量原则比照商品销售的确认和计量，其收入记入“其他业务收入”科目，如销售材料、出租包装物和商品、出租固定资产、出租无形资产等实现的收入；结转的相关成本记入“其他业务成本”科目，如销售材料的成本、出租固定资产的折旧额、出租无形资产的摊销额、出租包装物的成本或摊销额等。如果企业存货按计划成本核算，结转成本时还应结转其材料成本差异。账务处理如下：

借：银行存款　　58 500

　贷：其他业务收入　　50 000

　　应交税费——应交增值税（销项税额）　　8 500

借：其他业务成本　　42 500

　贷：原材料　　42 500

三、核算提供劳务收入

1. 职业规范

提供劳务收入是指企业从事建筑安装、修理修配、交通运输、仓储租赁、金融保险、邮电通信、咨询经纪、文化体育、科学研究、技术服务、教育培训、餐饮住宿、中介代理、卫生保健、社区服务、旅游、娱乐、加工以及其他劳务服务活动取得的收入。

提供劳务的划分标准有多种，为便于会计核算，一般以提供的劳务是否属于同一会计期间作为划分标准。从而把劳务分为在同一会计期间内开始并完成的劳务、开始和完成分属不同会计期间的劳务。无论是哪一种劳务，根据现行会计准则的规定，企业均应当按照从接受劳务方已收或应收的合同或协议价款确定提供劳务收入总额，已收或应收的合同或协议价款显失公允的除外，即提供劳务收入的计量采用与销售商品收入一样的计量原则：公允价值模式。

对于确认的劳务收入，应根据劳务性质分别作为主营业务收入或其他业务收入处理，结转的相关成本也相应作为主营业务成本或其他业务成本处理。

为核算提供劳务收入的实现及其成本的发生情况，企业除设置前面学过的收入、成本账户外，还需要设置“劳务成本”账户，用来核算需要一段时间才能完成的劳务的成本。成本发生时，借记“劳务成本”，劳务完成转入主营业务成本或其他业务成本时，贷记“劳务成本”。

2. 职业判断与操作

（1）一次性完成的劳务。

[任务 9-10]　重庆机械制造有限公司 9 月 20 日对外提供一项设备安装任务，该安装任务属非主营业务，可一次完成。合同总价款 90 000 元，用银行存款购买安装材料 50 000 元，不考虑相关税费，安装费尚未收到。要求为重庆机械制造有限公司进行账务处理。

任务分析：对于一次就能完成的劳务，企业应在提供劳务完成时按所确定的收入金额，借记“应收账款”、“银行存款”等科目，贷记“主营业务收入”或“其他业务收入”科目；对于发生的有关支出，借记“主营业务成本”或“其他业务成本”科目，贷记“银行存款”等科目。该安装劳务由于是非主营业务，且一次完成，因此应在完成时确认收入为“其他业务收入”，并将发生的安装成本记入“其他业务成本”。9 月 20 日的账务处理如下：

借：应收账款　　90 000

　贷：其他业务收入　　90 000

借：其他业务成本　　50 000

　贷：银行存款　　50 000

(2) 需要一段时间但在同一会计期间完成的劳务。

若 [任务 9-10] 中的安装任务需花费一段时间（不超过本会计期间）才能完成，则应在为提供劳务发生有关支出时：

借：劳务成本

　　贷：银行存款、应付职工薪酬等

（注：以上分录未写明金额。主要是由于实际发生成本 50 000 元是个总计数，而每笔归集劳务成本的分录金额不同。）

待安装完成确认所提供劳务的收入并结转该项劳务总成本时：

借：应收账款（或银行存款）	90 000	
贷：其他业务收入		90 000
借：其他业务成本	50 000	
贷：劳务成本		50 000

(3) 需在不同会计期间完成的劳务。

[任务 9-11]　重庆机械制造有限公司作为其他业务与乙公司签订了一份劳务合同，为乙公司建造办公楼一幢，总造价 8 000 万元，2011 年 9 月 1 日工程开工，预计在 2012 年 12 月底完工。2011 年 9 月 30 日，甲公司预收乙公司支付的工程款 3 000 万元存入银行，其余款项等完工交付使用后结算。该工程全部成本为 5 600 万元，2011 年重庆机械制造有限公司为该工程实际发生的劳务成本为 2 240 万元。至 2011 年 12 月 31 日，重庆机械制造有限公司为该工程累计实际发生劳务成本 5 040 万元，该合同按完工百分比法确认收入。要求为重庆机械制造有限公司进行账务处理。

任务分析：如劳务的开始和完成分属不同会计期间，应根据企业在资产负债表日提供劳务交易的结果是否能够可靠估计分别进行处理。

企业在资产负债表日提供劳务交易的结果能够可靠估计的，应当按照完工百分比法确认提供劳务收入。提供劳务交易的结果能够可靠估计应同时具备以下条件：收入的金额能够可靠计量；相关的经济利益很可能流入企业；交易的完工进度能够可靠确定；交易中已发生的和将发生的成本能够可靠计量。

完工百分比法的运用：企业应当在资产负债表日按提供劳务收入总额乘以完工进度扣除以前会计期间累计已确认提供劳务收入后的金额，确认当期提供劳务收入；同时，按照提供劳务总成本乘以完工进度扣除以前会计期间累计已确认提供劳务成本后的金额，确认当期提供劳务成本。

完工进度的确定：企业确定提供劳务交易的完工进度，可以选用下列方法：

(1) 已完工作的测量，即由专业测量师对已提供的劳务进行测量，并按一定方法计算确定劳务完工进度。

(2) 已经提供的劳务占应提供的劳务总量的比例。

(3) 已发生的成本占估计总成本的比例。

本任务中，重庆机械制造有限公司的账务处理如下：

(1) 2011 年：

平时发生成本时：

借：劳务成本　　22 400 000

　　贷：银行存款、应付职工薪酬等　　22 400 000

（注：实际工作中，劳务的成本可能是多次发生，2 240万元是多次成本之和，则应编制多张凭证，其合计数为2 240万元。）

9月30日收到预付款时：

借：银行存款　　30 000 000

　　贷：预收账款　　30 000 000

期末确认收入时：

工程进度＝2 240÷5 600×100％＝40％

应确认的收入＝8 000×40％＝3 200（万元）

借：预收账款　　32 000 000

　　贷：其他业务收入　　32 000 000

借：其他业务成本　　22 400 000

　　贷：劳务成本　　22 400 000

（2）2012年：

平时发生成本时：

借：劳务成本　　28 000 000

　　贷：银行存款、应付职工薪酬等　　28 000 000

工程完工确认收入时：

工程进度＝5 040÷5 600×100％＝90％

应确认的收入＝8 000×90％－3 200＝4 000（万元）

应结转的成本＝5 040－2 240＝2 800（万元）

借：银行存款　　42 000 000

　　贷：其他业务收入　　40 000 000

　　　　预收账款　　2 000 000

借：其他业务成本　　28 000 000

　　贷：劳务成本　　28 000 000

（4）交易结果不能可靠估计的劳务。

[任务9-12]　某培训机构A于2011年9月受托为B企业培训的一批学员，培训期为6个月，9月1日开学。双方签订的协议注明，B企业应支付培训费总额为60 000元，分三次支付：第一次在开学时预付；第二次在2012年1月1日支付；第三次在培训结束时支付。每期支付20 000元。B企业已在9月1日预付第一期款项。2011年，A培训机构共发生培训支出30 000元，且在12月31日，得知B企业当年效益不好，经营发生困难，后两次的培训费是否能收回，没有把握。要求为A培训机构进行账务处理。

任务分析：如果企业在资产负债表日提供劳务交易结果不能可靠估计，即不能同时满足前述四个条件，不能按完工百分比法确认劳务收入，则应当分别按下列情况处理：已发生的劳务成本预计能够得到补偿，应按已经发生的劳务成本金额确认收入，并按相同金额结转成本；已发生的劳务成本如果只能获得部分补偿，应按补偿金额确认收入，并按实际支出结转劳务成本；已发生的劳务成本预计不能够得到补偿的，应当将已经发生的劳务成本计入当期损益，不确认提供劳务收入。

本任务中，属于上述第二种情况，A培训机构的账务处理如下：

2011年9月1日，收到B企业预付的培训费时：

借：银行存款　20 000

　贷：预收账款　20 000

A企业发生成本时：

借：劳务成本　30 000

　贷：应付职工薪酬　30 000

2012年12月31日，确认收入并结转成本：

借：预收账款　20 000

　贷：主营业务收入　20 000

借：主营业务成本　30 000

　贷：劳务成本　30 000

四、核算让渡资产使用权收入

1. 职业规范

让渡资产使用权收入是指出租、出借资产给他人使用而形成的经济利益的流入，包括让渡无形资产使用权的使用费收入、出租固定资产的租金、进行债权投资收取的利息、进行股权投资取得的现金股利等。

让渡资产使用权的使用费收入同时满足下列条件时，才能予以确认：

(1) 与交易相关的经济利益很可能流入企业。

(2) 收入的金额能够可靠地计量。

使用费收入应按有关合同协议的收费时间和方法确认：如果合同、协议规定使用费一次支付，且不提供后续服务的，应视同该项资产的销售一次确认收入；如提供后续服务的，应在合同、协议规定的有效期内分期确认收入；如合同规定分期支付使用费的，应按合同规定的收款时间和金额或合同规定的收费方法计算的金额分期确认收入。

让渡资产使用权一般都不是企业的主营业务，因此，企业应设置“其他业务收入”和“其他业务成本”账户。“其他业务收入”账户用来核算让渡资产使用权取得的收入的增减变化情况。收入实现时在贷方登记，期末转入本年利润时在借方登记；“其他业务成本”账户用来核算被让渡的资产的摊销额或计提的折旧额。摊销或计提折旧时在贷方登记，期末结转到本年利润时在贷方登记。

同时，按照税法规定，让渡资产使用权取得的收入，需要交纳营业税，因此，企业在核算让渡资产使用权取得的收入时，还要设置“应交税费——应交营业税”账户。

2. 职业判断与操作

[任务9-13]　重庆机械制造有限公司9月10日向甲公司，转让某软件使用权，一次性收取使用费8万元，不提供后续服务，款项已收到，营业税税率为5%。

任务分析：企业确认的让渡资产使用权的使用费收入，一般作为其他业务收入处理；让渡资产所计提的摊销额或折旧额等，一般作为其他业务成本处理；涉及营业税的，应通过营业税金及附加处理。根据上述原理，会计分录如下：

借：银行存款　　80 000
　　贷：其他业务收入　　80 000
借：营业税金及附加　　4 000
　　贷：应交税费——应交营业税　　4 000

五、核算政府补助收入

1. 职业规范

政府补助是指企业从政府无偿取得货币性资产或非货币性资产，但不包括政府作为企业所有者投入的资本。其中，“政府”包括各级人民政府以及政府组成部门（如财政、卫生部门）、政府直属机构（如税务、环保部门）等。联合国、世界银行等类似国际组织，也视同为政府。

政府补助收入的形式包括：

（1）财政拨款。这是政府为了支持企业而无偿拨付的款项。为了体现财政拨款的政策引导作用，这类拨款通常具有严格的政策条件，只有符合申报条件的企业才能申请拨款；同时，有明确的使用条件，政府在批准拨款时就规定了资金的具体用途，企业必须按规定用途使用资金。

（2）财政贴息。这是政府为了支持特定领域或区域发展，根据国家宏观经济形势和政策目标，对承贷企业的银行贷款利息给予的补贴。财政贴息主要有两种方式：一是财政将贴息资金直接支付给受益企业；二是财政将贴息资金直接拨付贷款银行，由贷款银行以低于市场利率的优惠利率向企业提供贷款。

（3）税收返还。这是指政府按照国家有关规定采取先征后返（退）、即征即退等办法向企业返还的税款，属于以税收优惠形式给予的一种政府补助。

按照政府补助收入与企业资产和收益的相关程度不同，政府补助收入可分为：

（1）与资产相关的政府补助。企业取得的、用于构建或以其他方式形成长期资产的政府补助称为与资产相关的政府补助，如政府拨付的用于企业购买无形资产的财政拨款、政府对企业用于建造固定资产的相关贷款给予的财政贴息等。这类补助一般以银行转账的方式拨付，应当在实际收到款项时按照到账的实际金额确认和计量；在很少的情况下，也可能表现为政府向企业无偿划拨长期非货币性资产，应当在实际取得资产并办妥相关受让手续时按照其公允价值确认和计量，公允价值不能可靠取得的，按照名义金额（1元人民币）计量。

（2）与收益相关的政府补助。这是指除与资产相关的政府补助之外的政府补助，如按照有关规定对企业先征后返的增值税、储备粮的存储费用补贴等。这类补助通常以银行转账方式拨付。企业应当在实际收到款项时按照到账的实际金额确认和计量。只有存在确凿证据表明该项补助是按照固定的定额标准拨付的，才可以在这项补助成为应收款时予以确认并按照应收的金额计量。

（3）与资产和收益均相关的政府补助。政府补助的对象常常是综合性项目，既包括设备等长期资产的处置，也包括人工费、购买服务费、管理费等费用化支出的补偿，这种政府补助与资产和收益均相关。如企业获得的研发补贴，既可用于购置该研发项目所需设备，又可购买试剂、支付劳务费等。

政府补助收入不属于企业日常生产经营所得，因此，应记入“营业外收入”科目。取得或确认的补助收入，在贷方登记；期末转入本年利润时，在借方登记。

为核算企业取得补偿以后各期发生的费用或损失的补助收入，企业需要设置“递延收益”账户。该账户属于损益类，用来核算企业取得的不能全部计入当期损益、应当在以后年度内分期摊销的补助收入，即收到补助收入时，先记入“递延收益”科目，以后各期摊销时再确认为企业的损益，记入“营业外收入”科目。

2. 职业判断与操作

[任务 9－14]　重庆机械制造有限公司生产一种先进的模具产品，按照国家相关规定，该企业的这种产品适用增值税先征后返政策，按实际缴纳增值税额返还 70%。2011 年 9 月，实际缴纳增值税额 200 万元。10 月 30 日，实际收到返还的增值税额 140 万元。要求为重庆机械制造有限公司进行账务处理。

任务分析：与收益相关的政府补助应当在其补偿的相关费用或损失发生的期间计入当期损益，用于补偿企业已发生费用或损失的，取得时直接计入当期营业外收入。企业在日常活动中按照固定的定额标准取得的政府补助，应当按照应收金额计量，借记“其他应收款”或“银行存款”科目，贷记“营业外收入”科目。账务处理如下：

借：银行存款　　1 400 000

　贷：营业外收入　　1 400 000

[任务 9－15]　重庆机械制造有限公司，2011 年实际粮食储备量 1 亿斤（1 斤＝500 克）。根据国家有关规定，财政部门按照企业的实际储备量给予每斤 0.03 元的粮食保管费补贴，于每个季度初支付。2011 年 1 月 20 日，A 企业收到财政拨付的补贴款。

任务分析：用于补偿企业以后期间费用或损失的，在取得时先确认为递延收益，然后在确认相关费用的期间计入当期营业外收入；借记“银行存款”等科目，贷记“递延收益”科目。涉及按期分摊递延收益的，借记“递延收益”科目，贷记“营业外收入”科目。会计分录如下：

（1）2011 年 1 月 1 日，确认应收的财政补贴款。

借：其他应收款　　3 000 000

　贷：递延收益　　3 000 000

（2）2011 年 1 月 20 日，实际收到财政补贴款。

借：银行存款　　3 000 000

　贷：其他应收款　　3 000 000

（3）2011 年 1 月末，将补偿 1 月份保管费的补贴计入当期收益。

借：递延收益　　1 000 000

　贷：营业外收入　　1 000 000

（4）3 月末的账务处理同 1 月末。

[任务 9－16]　2002 年 1 月 1 日，政府拨付重庆机械制造有限公司 500 万元财政拨款（同日到账），要求用于购买大型科研设备 1 台；并规定若有结余，留归企业自行支配。2002 年 2 月 1 日，A 企业购入大型设备（假设不需安装），实际成本为 480 万元，使用寿命为 10 年。2010 年 2 月 1 日，A 企业出售了这台设备。要求为重庆机械制造有限公司进行账务处理。

任务分析：根据配比原则，企业取得与资产相关的政府补助，不能全额确认为当期收益，应当随着相关资产的使用逐渐计入以后各期的收益。起点为相关资产可供使用时，终点为资产使用寿命结束或被处置时。借记“银行存款”等科目，贷记“递延收益”。在相关资产使用寿命内分配递延收益，借记“递延收益”，贷记“营业外收入”科目。会计分录如下：

(1) 2002 年 1 月 1 日实际收到财政拨款，确认政府补助。

借：银行存款　　5 000 000

　　贷：递延收益　　5 000 000

(2) 2002 年 2 月 1 日购入设备。

借：固定资产　　4 800 000

　　贷：银行存款　　4 800 000

(3) 在该项固定资产的使用期间，每个月计提折旧和分配递延收益。

借：研发支出　　40 000

　　贷：累计折旧　　40 000

借：递延收益（5 000 000÷10÷12）　　41 667

　　贷：营业外收入

(4) 2011 年 2 月 1 日出售该设备

借：固定资产清理　　960 000

　　累计折旧　　3 840 000

　　贷：固定资产　　4 800 000

借：递延收益　　1 000 000

　　贷：营业外收入　　1 000 000

[任务 9-17]　A 公司 2011 年 12 月申请某国家级研发补贴。申报书中的有关内容如下：本公司于 2011 年 1 月启动数字印刷技术开发项目，预计总投资 360 万元、为期 3 年，已投入资金 120 万元。项目还需新增投资 240 万元（其中，购置固定资产 80 万元、场地租赁费 40 万元、人员费 100 万元、市场营销 20 万元），计划自筹资金 120 万元、申请财政拨款 120 万元。2012 年 1 月 1 日，主管部门批准了 A 公司的申报，签订的补贴协议规定：批准 A 公司补贴申请，共补贴款项 120 万元，分两次拨付。合同签订日拨付 60 万元，结项验收时支付 60 万元。（如果不通过验收，则不支付第二笔款项）。要求为 A 公司进行账务处理。

任务分析：政府补助分两次进行，第一次 60 万元是与资产相关的补助，结项验收时的 60 万元是与收益相关的补助。对于这类与资产和收益都相关的补助，需要将其分解为与资产相关的部分和与收益相关的部分，分别进行会计处理；难以区分的，将政府补助整体归类为与收益相关的政府补助，视情况不同计入当期损益，或者在项目期内分期确认为当期收益。会计分录如下：

(1) 2012 年 1 月 1 日，实际收到拨款 60 万元。

借：银行存款　　600 000

　　贷：递延收益　　600 000

(2) 自 2012 年 1 月 1 日至 2014 年 1 月 1 日。

每个资产负债表日，分配递延收益（假设按年分配）。

借：递延收益　　300 000

贷：营业外收入　　300 000

（3）2013 年项目完工并通过验收，于 12 月 31 日实际收到拨付 60 万元。

借：银行存款　　600 000

贷：营业外收入　　600 000

教学互动

1. 如何确定企业的各种收入？
2. 分组讨论总结收入的账务处理。

任务二　核算费用

Mission two

一、认知费用

费用是指企业在日常活动中发生的、会导致所有者权益减少的、与向所有者分配利润无关的经济利益的总流出。

1. 费用的分类

企业的费用按不同标准可以分为不同的种类，但其主要内容包括主营业务成本、其他业务成本、营业税金及附加、期间费用（销售费用、管理费用、财务费用）。

（1）主营业务成本，是企业销售商品、提供劳务等经常性活动所发生的成本。企业一般在确认销售商品、提供劳务等主营业务收入时，或在月末将已销售商品、已提供劳务的成本结转入主营业务成本。

（2）其他业务成本，是企业确认的除主营业务活动以外的其他经营活动所发生的成本，包括销售材料的成本、出租固定资产的折旧额、出租无形资产的摊销额、出租包装物的成本或摊销额等。

（3）营业税金及附加，指企业经营活动应负担的相关税费，包括营业税、消费税、城市维护建设税、资源税和教育费附加等。

（4）销售费用，指企业在销售商品和材料、提供劳务过程中发生的各项费用，包括企业在销售商品过程中发生的保险费、包装费、展览费和广告费、商品维修费、预计产品质量保证损失、运输费、装卸费等以及为销售本企业商品而专设的销售机构的职工薪酬、业务费、折旧费等经营费用。企业发生的与专设销售机构相关的固定资产修理费用等后续支出，应在发生时计入销售费用。

（5）管理费用，指企业为组织和管理生产经营活动而发生的各种管理费用，包括企业在筹建期间发生的开办费、董事会和行政管理部门在企业的经营管理中发生的或者应由企业统一负担的公司经费（包括行政管理部门职工薪酬、物料消耗、低值易耗品摊销、办公费和差旅费）、董事会费（包括董事会成员津贴、会议费和差旅费等）、聘请中介机构费、咨询费（含顾问费）、诉讼费、业务招待费、房产税、车船使用税、土地使用税、印花税、技术转让费、矿产资源补偿费、研究费用、排污费等。企业行政管理部门等发生的固定资产修理费用等后续支出，应在发生时计入管理费用。

(6) 财务费用，指企业为筹集生产经营所需资金等而发生的筹资费用，包括利息支出(减利息收入)、汇兑损益以及相关的手续费、企业发生或收到的现金折扣等。

2. 费用的特点

(1) 费用是企业在日常活动中发生的经济利益的总流出。费用的这一特征使其与产生于非日常活动的损失相区分。

(2) 费用会导致企业所有者权益的减少。费用表现为企业资产的减少或负债的增加，从而导致企业所有者权益的减少。

(3) 费用与向所有者分配的利润无关。向所有者分配的利润或股利属于企业利润分配的内容，不构成企业的费用。

二、核算费用

1. 职业规范

关于主营业务成本、其他业务成本、营业税金及附加等费用，我们在前面有关能力单元已经学习，在此，主要学习期间费用的核算。为了核算期间费用的增减变动情况，企业需要设置一些科目和账户。

(1)“管理费用”账户。该账户属于损益类，借方登记企业发生的各项管理费用，贷方登记期末转入“本年利润”账户的管理费用，结转后该账户应无余额。实际工作中应按管理费用的费用项目进行明细核算。

(2)“财务费用”账户。该账户属于损益类，借方登记企业发生的各项财务费用，贷方登记收到利息或折扣等冲减的财务费用及期末结转到“本年利润”账户的财务费用。期末结转后该账户应无余额。实务中应按财务费用的项目进行明细核算。

(3)“销售费用”账户。该账户属于损益类，借方登记企业所发生的各项销售费用，贷方登记期末结转入“本年利润”账户的销售费用，结转后该账户应无余额。实际工作中应按费用项目进行明细核算。

由于财务费用在短期借款和长期借款中都已涉及，因此，在这里不再赘述。

2. 职业判断与操作

[任务 9-18] 重庆机械制造有限公司 9 月 30 日计算确定行政人员工资 80 000 元，行政部门专用办公设备折旧费 10 000 元，并用现金支付行政办公室主任差旅费 1 000 元。要求为重庆机械制造有限公司进行账务处理。

任务分析：本任务中，行政人员工资、办公设备的折旧、差旅费都是因企业管理而发生的，属于管理费用，企业应通过“管理费用”科目进行核算。账务处理如下：

借：管理费用	91 000	
贷：应付职工薪酬		80 000
累计折旧		10 000
库存现金		1 000

[任务 9-19] 重庆机械制造有限公司为宣传新产品发生广告费 10 000 元，已于 9 月 29 日用银行存款支付。要求为重庆机械制造有限公司进行账务处理。

任务分析： 本任务中，宣传新产品发生的广告费的目的是为了扩大销售，因此，该笔费用应通过“销售费用”科目核算。为宣传新产品发生的广告费、销售人员工资、销售部门固定资产折旧均属于销售费用。账务处理如下：

借：销售费用　　10 000

　　贷：银行存款　　10 000

教学互动

分组讨论管理费用、销售费用、财务费用的确认范围。

任务三　核算利润

Mission three

一、认知利润

利润，是指企业在一定会计期间的经营成果，包括收入减去费用后的净额、直接计入当期利润的利得和损失等。

直接计入当期利润的利得和损失，是指应当计入当期损益、会导致所有者权益发生增减变动的、与所有者投入资本或者向所有者分配利润无关的利得或损失。

根据我国企业会计准则规定，企业的利润一般分为营业利润、利润总额和净利润。

1. 营业利润

营业利润＝营业收入－营业成本－营业税金及附加－销售费用－管理费用－财务费用－资产减值损失＋公允价值变动收益（－公允价值变动损失）＋投资收益（－投资损失）

其中，营业收入是指企业经营业务所确认的收入总额，包括主营业务收入和其他业务收入。

营业成本是指企业经营业务所发生的实际成本总额，包括主营业务成本和其他业务成本。

资产减值损失是指企业计提各项资产减值准备所形成的损失。

公允价值变动收益（或损失）是指企业交易性金融资产等公允价值变动形成的应计入当期损益的利得（或损失）。

投资收益（或损失）是指企业以各种方式对外投资所取得的收益（或发生的损失）。

2. 利润总额

利润总额＝营业利润＋营业外收入－营业外支出

3. 净利润

净利润＝利润总额－所得税费用

其中，所得税费用是指企业确认的应从当期利润总额中扣除的所得税费用。要注意，所得税费用不一定是当期应纳所得税。

二、核算营业外收入

1. 职业规范

营业外收入是指企业发生的与其日常活动无直接关系的各项利得。营业外收入不是企业经营资金耗费所产生的，不需要企业付出代价，实际上是经济利益的净流入，不需要与有关的费用配比。营业外收入主要包括非流动资产处置利得、盘盈利得、罚没利得、捐赠利得、确实无法支付而按规定程序经批准后转作营业外收入的应付款项等。

为核算营业外收入的取得和结转情况，企业应设置"营业外收入"账户。该账户属于损益类，贷方登记企业确认的各项营业外收入，借方登记期末结转到本年利润的营业外收入，结转后本账户应无余额。该账户应按营业外收入的项目设置明细账进行核算。

2. 职业判断与操作

[任务9-20] 重庆机械制造有限公司2011年9月25日，经核实前欠大华公司的货款及增值税款共计3 510元，因该公司变更登记而无法偿还，经批准转入营业外收入。要求为重庆机械制造有限公司进行账务处理。

任务分析：本任务中，应付账款因对方变更登记而无法偿还，经批准转入营业外收入，营业外收入增加，应在贷方登记；相应地应付账款被转出而减少，应在借方登记。账务处理如下：

借：应付账款——大华公司　　3 510

　　贷：营业外收入　　3 510

[任务9-21] 重庆机械制造有限公司2011年9月26日接受捐赠一批原材料，账面成本为80万元，市场价格为100万元（不含税），已开具的增值税专用发票上注明价款100万元、增值税1.7万元。要求为重庆机械制造有限公司进行账务处理。

任务分析：对于接受非货币资产捐赠，如果捐赠方提供了有关凭据的，按凭据上标明的金额加上应支付的相关税费，作为入账价值。如果凭据上标明的金额与受赠资产的公允价值相差较大，应当按照受赠资产的公允价值入账。如果捐赠方没有提供有关凭据的，受赠资产应当以其公允价值作为入账价值。公允价值的确定顺序如下：如同类或类似资产存在活跃市场，应按同类或类似资产的市场价格估计的金额加上应支付的相关税费作为入账价值；如同类或类似资产不存在活跃市场的，应按接受捐赠资产的预计未来现金流量现值作为入账价值；如果以上方法均无法确定受赠资产的入账价值，则以其名义金额作为入账价值。

本任务中，公司接受的是非货币资产捐赠。而且合同价格与市场公允价值不符，应按市场公允价值确认原材料成本，账务处理如下：

借：原材料　　1 000 000

　　应交税金——应交增值税（进项税额）　　170 000

　　贷：营业外收入——捐赠利得　　1 170 000

如果接受的是现金资产捐赠，则直接按实际捐赠金额确认货币资产和营业外收入即可。

关于非流动资产处置利得的核算，详见能力单元四中固定资产处置的核算。盘盈利得的核算详见能力单元一中货币资金清查的核算。罚没利得的核算，直接按罚没收入借记"库存现金"或"银行存款"，贷记"营业外收入"即可。

三、核算营业外支出

1. 职业规范

营业外支出是指企业发生的与其日常活动无直接关系的各项损失，主要包括非流动资产处置损失、盘亏损失、罚款支出、公益性捐赠支出、非常损失（自然灾害）等。非流动资产处置损失包括固定资产处置损失和无形资产出售损失；盘亏损失主要指对于固定资产清查中盘亏的固定资产，在查明原因处理时按确定的损失（在固定资产和无形资产的核算中已经涉及）；罚款支出是指企业由于违反税收法规、经济合同等而支付的各种滞纳金和罚款。

企业应设置“营业外支出”账户核算营业外支出的取得和结转情况。该账户借方登记企业发生的各项营业外支出，贷方登记期末结转入本年利润的营业外支出。结转后该账户应无余额。实际工作中应按营业外支出的项目进行明细核算。

2. 职业判断与操作

[任务9－22]　重庆机械制造有限公司2011年9月28日，因没按合同规定按期交货，用银行存款支付违约金10 000元。要求为重庆机械制造有限公司进行账务处理。

任务分析：本任务中，违约金支出是与日常生产经营活动无直接关系的支出，属于营业外支出中的罚没支出。实际支付时应在借方登记营业外支出。账务处理如下：

借：营业外支出　　10 000

　　贷：银行存款　　10 000

四、核算所得税费用

1. 职业规范

所得税费用是指企业确认的应从当期利润总额中扣除的所得税费用，是企业在计算确认当期所得税以及递延所得税费用（或收益）的基础上确认的，并在利润表中反映的所得税费用（或收益）。

所得税费用＝当期所得税＋递延所得税费用－递延所得税收益

递延所得税费用＝递延所得税负债的增加额＋递延所得税资产的减少额

递延所得税收益＝递延所得税负债的减少额＋递延所得税资产的增加额

（1）当期所得税的计算。

应纳税所得额是在企业税前会计利润（即利润总额）的基础上根据税法规定进行调整确定的。计算公式为：

应纳税所得额＝税前会计利润＋纳税调整增加额－纳税调整减少额

纳税调整增加额主要包括税法规定允许扣除项目中企业已计入当期费用但超过税法规定扣除标准的金额，如超过税法规定标准的工资支出、业务招待费支出等，以及企业已计入当期损失但税法规定不允许扣除项目的金额，如税收滞纳金、罚款、罚金等。

纳税调整减少额主要包括按税法规定允许弥补的亏损和准予免税的项目，如前五年内的未弥补亏损和国债利息收入等。

企业当期所得税的计算公式为：

应交所得税＝应纳税所得额×所得税税率

（2）所得税费用的核算。

为核算企业所得税费用的发生与结转情况，企业应设置四个科目与账户。

①“所得税费用”科目，核算企业根据所得税准则确认的应从当期利润总额中扣除的所得税费用，并按照“当期所得税费用”、“递延所得税费用”进行明细核算。期末，应将该科目的余额转入“本年利润”科目，结转后本科目应无余额。

②“递延所得税资产”科目，核算企业根据所得税准则确认的可抵扣暂时性差异产生的所得税资产，并按照可抵扣暂时性差异的具体项目进行明细核算。该科目期末借方余额反映企业已确认的递延所得税资产的余额。根据税法规定可用以后年度税前利润弥补的亏损及税款抵减产生的所得税资产，也在该科目核算。

③“递延所得税负债”科目，核算企业根据所得税准则确认的应纳税暂时性差异产生的所得税负债，并按照应纳税暂时性差异的具体项目进行明细核算。该科目期末贷方余额反映企业已确认的递延所得税负债的余额。

④“应交税费——应交所得税”科目，核算企业当期应交的所得税。贷方登记应交纳的所得税，借方登记已交纳的所得税，贷方余额表示尚未交纳的所得税。

2. 职业判断与操作

[任务 9-23] 重庆机械制造有限公司 2011 年全年利润总额为 10 200 000 元，其中包括本年收到的国库券利息收入 200 000 元，所得税税率为 25%，无其他纳税调整事项。递延所得税负债年初数为 400 000 元，年末数为 500 000 元，递延所得税资产年初数为 250 000 元，年末数为 200 000 元。要求计算该公司所得税费用并进行账务处理。

任务分析：本任务中，因有国库券利息收入，故存在调整项目，同时，根据税法规定，国库券利息收入不需要纳税，因此，应在利润总额的基础上扣除国库券利息得到应纳税所得额。相关计算和账务处理如下：

应纳税所得额＝10 200 000－200 000＝10 000 000（元）

当期所得税＝10 000 000×25%＝2 500 000（元）

递延所得税费用＝（500 000－400 000）＋（250 000－200 000）＝150 000（元）

所得税费用＝2 500 000＋150 000＝2 650 000（元）

借：所得税费用	2 650 000
贷：应交税费——应交所得税	2 500 000
递延所得税负债	100 000
递延所得税资产	50 000

[任务 9-24] 重庆机械制造有限公司于 9 月 30 日计算该公司利润总额，假设利润总额为 150 000 万元，2011 年 9 月应纳所得税适用税率为 25%。假定不存在纳税调整事项。要求为重庆机械制造有限公司进行账务处理。

任务分析：由于无纳税调整事项，因此利润总额就是应纳税所得额。

当期应交所得税额＝150 000×25%＝375 00（元）

9 月 30 日计算出应交所得税时的账务处理如下：

借：所得税费用	375 00
贷：应交税费——应交所得税	375 00

五、核算利润

1. 核算本年利润

（1）职业规范。

会计期末，企业应将所有损益类账户金额结转到本年利润账户，损益类账户中的收入类结转到本年利润的贷方，损益类账户中的成本费用类结转到本年利润的借方，结转后本年利润账户的借贷差额就是当期实现的利润。如贷方大于借方，则为盈利，反之为亏损。

在结转损益类账户到本年利润账户时，有表结法和账结法两种结转方法。

表结法下，各损益类账户每月月末只需要结计出本月发生额和月末累计余额，不结转到“本年利润”账户，只在年末时才将全年累计余额转入“本年利润”账户。但每月月末要将损益类账户的本月发生额合计数填入利润表的本月数栏，同时将本月末累计余额填入利润表的本年累计数栏，通过利润表计算反映各期的利润（或亏损）。

账结法下，每月月末均需要编制转账凭证，将在账上结计出的各损益类账户的余额转入“本年利润”账户，结转后“本年利润”账户的本月供不应求数反映当月实现的利润或发生的亏损，“本年利润”账户的本年累计数反映本年累计实现的利润或发生的亏损。

目前，我国大多数企业采用账结法。

（2）职业判断与操作。

［任务 9－25］ 重庆机械制造有限公司 2011 年 9 月份有关损益类科目的期末余额如表 9－2 所示，要求采用账结法计算重庆机械制造有限公司的本年利润并进行账务处理（所得税税率为 25%）。

表 9－2　损益类科目的期末余额

元

科目名称	金额	方向	科目名称	金额	方向
主营业务收入	6 000 000	贷	主营业务成本	4 000 000	借
其他业务收入	700 000	贷	其他业务成本	400 000	借
公允价值变动损益	150 000	贷	营业税金及附加	80 000	借
投资收益	600 000	贷	销售费用	500 000	借
营业外收入	50 000	贷	管理费用	770 000	借
			财务费用	200 000	借
			资产减值损失	100 000	借
			营业外支出	250 000	借

任务分析：在账结法下，期末应将损益类中的收入类账户结转到本年利润的贷方，将成本费用类账户结转到本年利润的借方，相关计算和账务处理如下

（1）结转各项转入、利得类科目。

借：主营业务收入　　6 000 000
　　其他业务收入　　700 000
　　公允价值变动损益　　150 000
　　投资收益　　600 000

营业外收入　　50 000

贷：本年利润　　7 500 000

(2) 结转各项费用、损失类科目：

借：本年利润　　6 300 000

贷：主营业务成本　　4 000 000

其他业务成本　　400 000

营业税金及附加　　80 000

销售费用　　500 000

管理费用　　770 000

财务费用　　200 000

资产减值损失　　100 000

营业外支出　　250 000

(3) 利润总额＝贷方 7 500 000－借方 6 300 000＝1 200 000（元）。

假设无纳税调整事项，应纳税所得额为 1 200 000 元，则

应交所得税额＝1 200 000×25%＝300 000（元）

借：所得税费用　　300 000

贷：应交税费——应交所得税　　300 000

(4) 所得税费用结转。

借：本年利润　　300 000

贷：所得税费用　　300 000

(5) 2011 年 9 月净利润＝1 200 000－300 000＝900 000（元）。

(6) 假设 2011 年全年净利润为 1 000 000 元。

借：本年利润　　1 000 000

贷：利润分配——未分配利润　　1 000 000

2. 核算利润分配

(1) 职业规范。

利润分配是指企业根据国家有关规定和企业章程、投资协议等，对企业当年可供分配的利润所进行的分配。盈余公积是指企业按规定从净利润中提取的企业积累资金。二者构成企业的留存收益。

企业当年实现的税后净利润，应按国家规定的顺序进行分配。如果企业发生亏损，应按规定程序进行弥补，如属年度亏损可以用下一年度的利润进行弥补。下一年度利润不足弥补的，可以在 5 年内延续税前弥补；5 年内不足弥补的，应当用税后利润弥补。企业发生的年度亏损以及超过用利润抵补 5 年期限的，还可以用企业的公积金弥补。如果企业以前年度亏损未弥补完，不得提取法定盈余公积金；在提取盈余公积金以前，不得向投资者分配利润。

利润分配的顺序依次是：弥补以前年度的亏损，提取法定盈余公积，提取任意盈余公积，向投资者分配利润。

可供分配的利润＝当年实现的净利润＋年初未分配利润（－年初未弥补亏损）＋其他转入

未分配利润是经过弥补亏损、提取法定盈余公积、提取任意盈余公积、向投资者分配利

润等利润分配之后剩余的利润，是企业留待以后年度进行分配的历年结存的利润。

我国公司法规定，公司制企业应当按照净利润（减弥补以前年度亏损，下同）的10%提取法定盈余公积。非公司制企业可超过净利润的10%提取法定盈余公积。法定盈余公积累计额达到注册资本的50%时，可以不再提取。需要注意的是，在计算提取法定盈余公积的基数时，不应包括年初未分配利润。

公司制企业可根据股东大会的决议提取任意盈余公积。非公司制企业经类似权力机构批准，也可提取任意盈余公积。企业提取的盈余公积经批准可用于弥补亏损、转增资本、发放现金股利或利润。

企业应设置“利润分配”账户，核算企业利润的分配（或亏损的弥补）和历年分配（或弥补）后的未分配利润（或未弥补亏损）。该科目应分别设“提取法定盈余公积”、“提取任意盈余公积”、“应付现金股利（或应付利润）”、“盈余公积补亏”、“未分配利润”等进行明细核算。企业未分配利润通过“利润分配——未分配利润”明细科目进行核算。年度终了，企业应将全年实现的净利润或发生的净亏损，自“本年利润”转入“利润分配——未分配利润”科目，并将“利润分配”科目所属其他明细科目的余额，转入“未分配利润”明细科目。结转后，“利润分配——未分配利润”科目如为贷方余额，表示累积未分配的利润数额；如为借方余额，表示累积未弥补的亏损数额。

同时，企业还应当设置“盈余公积”科目，用来核算盈余公积的提取、使用、结存情况，并分别设“法定盈余公积”和“任意盈余公积”进行明细核算。贷方登记盈余公积提取额，借方登记弥补亏损、转增资本、发放现金股利或利润等使用额，期末贷方余额，反映企业提取的盈余公积余额。

当用盈余公积弥补亏损时，应借记“盈余公积”科目，贷记“利润分配——盈余公积补亏”科目；用盈余公积转增资本时，应借记“盈余公积”科目，贷记“股本（或实收资本）”科目；用盈余公积发放现金股利或利润时，应借记“盈余公积”科目，贷记“应付股利（或应付利润）”科目。

（2）职业判断与操作。

［任务9－26］　假定重庆机械制造有限公司2009年全年实现净利润1 000 000元，年初未分配利润余额为600 000元。12月31日按规定提取法定盈余公积，并宣告分派现金股利800 000元。要求为重庆机械制造有限公司进行账务处理。

任务分析：本任务中，重庆机械制造有限公司2009年年初未分配利润不参与计提法定盈余公积金，因该利润在以前年度已提取。故按本年实现净利润1 000 000元的10%提取法定盈余公积，进行利润分配。利润分配完毕，还需要将已分配利润转入利润分配的未分配利润中，通过未分配利润的余额来反映2009年分配后还有多少没分配完可留待以后年度分配的利润。账务处理如下：

提取法定盈余公积、宣告分派现金股利时：

借：利润分配——提取法定盈余公积　　100 000

　　　　　　——应付现金股利　　800 000

　贷：盈余公积——法定盈余公积　　100 000

　　　应付股利——应付现金股利　　800 000

结转利润分配时：

借：利润分配——未分配利润　　900 000
　　贷：利润分配——提取法定盈余公积　　100 000
　　　　　　　——应付现金股利　　800 000

教学互动

在［任务9-26］中，重庆机械制造有限公司还有多少可供分配的利润？

重要相关能力

资产负债表债务法核算所得税的原理

资产负债表债务法就是从资产负债表出发，通过比较资产负债表上列示的资产、负债按照企业会计准则规定确定的账面价值与按照税法规定确定的计税基础，对两者之间的差额分别应纳税暂时性差异和可抵扣暂时性差异确认相关的递延所得税负债与递延所得税资产。

（1）计税基础。

①资产的计税基础。

资产的计税基础是指企业收回资产账面价值过程中，按照税法规定计算应纳税所得额时可以自应税经济利益中抵扣的金额，即该项资产在未来使用或最终处置时，允许作为成本或费用在税前列支的金额。

资产的计税基础＝未来可税前列支的金额

资产在某一资产负债表日的计税基础＝资产成本－以前期间已税前列支的金额

例如，对某项已投入使用的固定资产来说，其账面价值等于其入账时的实际成本减去已计提的累计折旧和减值准备后的余额，而其计税基础等于其入账时的实际成本减去已计提的累计折旧后的余额。

通常情况下，资产在取得时其入账价值（账面价值）与其计税基础是相同的。但由于在后续计量过程中因企业会计准则规定与税法规定不同，使得资产的账面价值与计税基础之间产生了暂时性差异。

假设某环保设备的原价为1 000万元，使用年限为10年，会计处理时按直线法计提折旧，税收处理时按双倍余额递减法计算税前扣除折旧费用，净残值为0。在使用2年后的会计期末，企业对该项设备计提了80万元的固定资产减值准备。则在该会计期末，该设备账面价值为1 000－100－100－80＝720（万元），计税基础为1 000－200－160＝640（万元），二者之间的暂时性差异为80万元。

②负债的计税基础。

负债的计税基础是指负债的账面价值减去未来期间按照税法规定计算应纳税所得额时可予抵扣的金额。

负债的计税基础＝负债的账面价值－未来可税前列支的金额

通常情况下，短期借款、应付票据、应付账款、其他应付款等负债的确认和偿还，不会对当期损益和应纳税所得额产生影响，因此其计税基础即为账面价值。但在某些情况下，对从费用中提取的负债的确认可能会影响损益，并影响不同期间的应纳税所得额，使其计税基础与账面价值之间产生差额。

假定企业因产品售后服务确认了100万元预计负债，计入当期损益。按照税法规定，与预计负债相关的费用，视相关交易事项的具体情况，一般在实际发生时准予税前扣除，因此该项预计负债的计税基础为零。这就是说，在期末资产负债表中，该项预计负债的账面价值为100万元，计税基础为0，二者之间的暂时性差异为100万元。

(2) 暂时性差异。

暂时性差异是指资产或负债的账面价值与其计税基础之间的差额。按照暂时性差异对未来期间应税金额的影响，可将暂时性差异分为应纳税暂时性差异和可抵扣暂时性差异。

①应纳税暂时性差异是指在确定未来收回资产或清偿负债期间的应纳税所得额时将导致产生应税金额的暂时性差异。假定某企业持有一项交易性金融资产，成本为1 000万元，期末的公允价值为1 500万元，即期末账面价值为1 500万元，而计税基础仍维持1 000万元不变。由于该项资产的升值部分500万元，在将来收回时将会产生应交所得税，因此该项资产的账面价值1 500万元与其计税基础1 000万元之间的差额500万元属于应纳税暂时性差异。

②可抵扣暂时性差异，是指在确定未来收回资产或清偿负债期间的应纳税所得额时将导致产生可抵扣金额的暂时性差异。某企业期末持有一批存货，原账面价值（账面成本）为1 000万元，估计其可变现净值为800万元，按照存货准则规定，计提了存货跌价准备200万元。但是税法规定存货跌价损失在发生实质性损失前不允许税前扣除，因此该批存货的计税基础仍为1 000万元。由于存货跌价准备在存货处置时可从应纳税所得额中扣除，在期末资产负债表中，该批存货的账面价值800万元与其计税基础1 000万元之间的差额200万元属于可抵扣暂时性差异。

(3) 递延所得税资产和递延所得税负债的确认和计量。

①递延所得税资产和递延所得税负债的确认。

期末，企业应按照暂时性差异与适用所得税税率计算的结果确定递延所得税资产和递延所得税负债。其中，根据可抵扣暂时性差异和适用所得税税率计算的结果为递延所得税资产，根据应纳税暂时性差异和适用所得税税率计算的结果为递延所得税负债。

②递延所得税资产和递延所得税负债的计量。

可抵扣暂时性差异×适用税率 ＝递延所得税资产

应纳税暂时性差异×适用税率＝递延所得税负债

关键词

收入（Income Certificate）　费用（Expense）　利润（Profit）

营业利润（Profit from Operation）　利润总额（Total Profit）

净利润（Net Profit）　未分配利润（Retained Profit after Appropriation）

能力训练

一、单项选择题

1. 下列关于收入确认的表述中，不正确的是（　　）。

A. 按照企业从事日常活动的性质，收入可以分为主营业务收入和其他业务收入

B. 收入与所有者投入资本无关

C. 收入形成于企业的日常经营活动

D. 收入和利得的区别在于其是否形成于日常经营活动

2. 东方公司于 2010 年 10 月向北方公司提供某专利权的使用权，合同规定的使用期为 20 年，一次性收取使用费 500 000 元，且不提供后续服务，款项已经收到。则东方公司当年应确认的使用费收入为（　　）元。

A. 0　　B. 6 250　　C. 500 000　　D. 250 000

3. 甲公司本年度委托乙商店代销一批零配件，代销价款 300 万元（不含增值税）。本年度收到乙商店交来的代销清单，代销清单列明已销售代销零配件的 70%，甲公司收到代销清单时向乙商店开具增值税发票。乙商店按代销价款的 5%收取手续费。该批零配件的实际成本为 180 万元。则甲公司本年度因此项业务应确认的销售收入为（　　）万元。

A. 300　　B. 180　　C. 210　　D. 120

4. 2009 年 9 月 1 日，东大公司与客户签订一项安装劳务合同，预计 2010 年 12 月 31 日完工；合同总金额为 800 万元，预计总成本为 500 万元。截至 2009 年 12 月 31 日，该公司实际发生成本 150 万元，预计还将发生成本 350 万元。假定该合同的结果能够可靠地估计，按已经发生的成本占估计总成本的比例确认完工进度。2009 年度对该项合同确认的收入为（　　）万元。

A. 150　　B. 240　　C. 350　　D. 500

5. 甲企业销售 A 产品每件 500 元，若客户购买 100 件（含 100 件）以上可得到 10%的商业折扣。乙公司于 2010 年 11 月 5 日购买该企业产品 200 件，款项尚未支付。按规定现金折扣条件为 2/10，1/20，N/30。适用的增值税税率为 17%。甲企业于 11 月 23 日收到该笔款项时，实际收到的金额为（　　）元。（假定计算现金折扣时不考虑增值税）

A. 117 000　　B. 117 900　　C. 104 400　　D. 900

6. 企业取得的与收益相关的政府补助，用于补偿企业以后期间的相关费用或损失的，企业在收到补助时，应确认为（　　）。

A. 营业外收入　　B. 递延收益

C. 营业外支出　　D. 管理费用

7. 按照会计准则的规定，下列项目中不应确认为收入的是（　　）。

A. 出售原材料取得的收入　　B. 设备出租收入

C. 违约金收入　　D. 销售商品收取的不含税价款

8. 企业采用预收账款方式销售商品，确认销售收入的时点通常是（　　）。

A. 收到第一笔货款时　　B. 按合同约定的收款日期

C. 发出商品时　　D. 收到支付凭证时

9. 某工业企业 2010 年度营业利润为 2 510 万元，主营业务收入为 4 000 万元，主营业

务成本为 1 580 万元，管理费用为 25 万元，营业外收入为 120 万元，营业外支出为 100 万元，所得税税率为 25%。假定不考虑其他因素，该企业 2010 年度的净利润应为（　　）万元。

A. 3693.75　　B. 1897.5　　C. 1505.6　　D. 1882.5

10. 某企业全年实现利润总额 105 万元，其中包括国债利息收入 35 万元，税收滞纳金 20 万元，超标的业务招待费 10 万元。该企业的所得税税率为 25%。假设不存在递延所得税，则计算的本期所得税费用为（　　）万元。

A. 25　　B. 26.25　　C. 35　　D. 31.25

二、多项选择题

1. 收入的特征表现为（　　）。

A. 收入会导致所有者权益的增加

B. 收入包括代收的增值税

C. 收入从日常活动中产生，而不是从偶发的交易或事项中产生

D. 收入与所有者投入资本无关

2. 下列有关收入确认的表述中，正确的有（　　）。

A. 在同一会计期间内开始并完成的劳务，应按完工百分比法确认收入

B. 在资产负债表日，已发生的合同成本预计全部不能收回时，应将已发生的成本确认为当期损益，不确认收入

C. 在提供劳务交易的结果不能可靠估计的情况下，已经发生的劳务成本预计能够得到补偿时，应在资产负债表日按已经发生的劳务成本确认成本

D. 劳务的开始和完成分属不同的会计期间，在劳务的交易结果能够可靠地计量的情况下，应在资产负债表日按完工百分比法确认收入

3. 甲企业 2010 年 10 月售出产品一批，并确认了收入，2010 年 12 月由于质量问题被退回时，在退回当期不应记入（　　）科目的借方。

A. 库存商品　　B. 营业外支出　　C. 利润分配　　D. 主营业务收入

4. 下列各项中，属于让渡资产使用权收入的有（　　）。

A. 转让无形资产使用权取得的收入

B. 以经营租赁方式出租固定资产取得的租金

C. 进行债权投资收取的利息

D. 进行股权投资取得的现金股利

5. 关于政府补助的计量，下列说法中正确的有（　　）。

A. 政府补助为货币性资产的，应当按照收到或应收的金额计量

B. 政府补助为非货币性资产的，公允价值能够可靠计量时，应当按照公允价值计量

C. 政府补助为非货币性资产的，应当按照账面价值计量

D. 政府补助为非货币性资产的，如不能可靠取得公允价值的，应当按照名义金额计量

6. 以下属于“营业税金及附加”科目核算的是（　　）。

A. 契税　　B. 城市维护建设税

C. 印花税　　D. 房产税

7. 企业专设销售机构人员的工资应记入（　　）账户。

A. 管理费用　　B. 销售费用
C. 制造费用　　D. 其他业务成本

8. 企业发生的下列各项支出，计入财务费用的是（　　）。
A. 发生的现金折扣　　B. 发生的销售折让
C. 进行股票投资支付的手续费　　D. 满足资本化条件的长期借款利息

9. 企业筹建期间发生的长期借款利息支出不能资本化的部分应该计入（　　）。
A. 财务费用　　B. 营业外收入　　C. 管理费用　　D. 在建工程

10. 下列各项中，不属于企业期间费用的是（　　）。
A. 固定资产维修费
B. 聘请中介机构费
C. 生产用固定资产折旧
D. 企业发生的现金折扣

11. 下列各项利息中，不应该记入“财务费用”科目的是（　　）。
A. 长期借款在筹建期间的利息
B. 带息应付票据的应计利息
C. 长期借款在生产经营期间的不符合资本化条件的利息
D. 带息应收票据的应计利息

12. 企业的营业成本包括（　　）。
A. 主营业务成本　　B. 其他业务成本
C. 营业税金及附加　　D. 生产成本

13. 下列各项中，应在发生时直接确认为期间费用的有（　　）。
A. 专设销售机构人员的薪酬　　B. 展览费支出
C. 固定资产安装工人薪酬　　D. 管理人员薪酬

14. 下列各项中，应计入销售费用的有（　　）。
A. 销售产品发生的商业折扣
B. 销售商品过程中发生的商品维修费
C. 出租包装物的摊销
D. 结转随同商品出售但不单独计价的包装物成本

15. 下列各项税费中，应通过“管理费用”科目核算的有（　　）。
A. 审计费　　B. 房产税
C. 技术转让费　　D. 行政管理部门固定资产修理费

16. 下列各项中，属于企业销售费用核算范围的有（　　）。
A. 广告费　　B. 业务招待费
C. 预计产品质量保证费　　D. 专设销售机构发生的固定资产修理费

三、判断题

1. 企业在确定商品销售收入金额时，应该考虑各种可能发生的现金折扣和销售折让。（　　）

2. 收入不一定表现为企业资产的增加。（　　）

3. 作为六大会计要素之一的收入，通常不包括处置固定资产净收益、转让无形资产使

用权取得的款项等。（　　）

4. 如果企业取得的与收益相关的政府补助，用于补偿企业已发生的相关费用或损失，则应在取得时记入营业外收入。（　　）

5. 政府给予企业的货币性或非货币性资产，均属于政府补助。（　　）

6. 企业的收入包括主营业务收入、其他业务收入和营业外收入。（　　）

7. 企业销售商品一批，并已收到款项，即使商品的成本不能够可靠地计量，也要确认相关的收入。（　　）

8. 企业专设销售机构销售人员的工资应记入“管理费用”科目。（　　）

9. 制造费用与管理费用不同，本期发生的管理费用直接影响本期损益，而本期发生的制造费用不一定影响本期的损益。（　　）

10. 计提的长期借款的利息费用均记入到财务费用中。（　　）

11. 企业应交的房产税、教育费附加、印花税、矿产资源补偿费均应记入“管理费用”科目。（　　）

12. 企业出售固定资产发生的处置净损失属于企业的费用。（　　）

13. 费用是指企业在日常活动中发生的、会导致资产减少的、与向所有者分配利润无关的经济利益的总流出。（　　）

14. 营业成本包括主营业务成本和其他业务成本、营业税金及附加。（　　）

15. 出租固定资产的折旧额，记入利润表中的营业成本项目中。（　　）

四、计算分析题

1. 甲公司为增值税一般纳税人，适用的增值税税率为17%。2010年3月份发生下列销售业务：

（1）3日，向A公司销售商品1 000件，每件商品的标价为80元。为了鼓励多购商品，甲公司同意给予A公司10%的商业折扣。开出的增值税专用发票上注明的售价为72 000元，增值税额为12 240元。商品已发出，货款已收存银行。

（2）5日，向B公司销售商品一批，开出的增值税专用发票上注明的售价为60 000元，增值税额为10 200元。甲公司为了及早收回货款，在合同中规定的现金折扣条件为：2/10，1/20，N/30。

（3）13日，收到B公司扣除所享受现金折扣后的全部款项，并存入银行。假定计算现金折扣时不考虑增值税。

（4）15日，向C公司销售商品一批，开出的增值税专用发票上注明的售价为90 000元，增值税额为15 300元。货款尚未收到。

（5）20日，C公司发现15日所购商品不符合合同规定的质量标准，要求甲公司在价格上给予8%的销售折让。甲公司经查明后，同意给予折让，收到C公司转来的税务部门出具的增值税专用发票（红字）。

要求：编制甲公司上述销售业务的（1）～（5）会计分录。

（“应交税费”科目要求写出明细科目和专栏名称；本题不要求编制结转销售成本的会计分录）

2. A、B两公司签订了一份400万元的劳务合同，A公司为B公司开发一套软件系统（以下简称项目）。2009年3月2日项目开发工作开始，预计2011年2月26日完工。预计开发完成该项目的总成本为 360 万元。其他有关资料如下：

（1）2009 年 3 月 31 日，A 公司预收 B 公司支付的项目款 170 万元存入银行。（A 公司单独设置了“预收账款”账户）

（2）2009 年 A 公司为该项目实际发生劳务成本 126 万元。

（3）至 2010 年 12 月 31 日，A 公司为该项目累计实际发生劳务成本 315 万元。

（4）A 公司在 2009 年、2010 年年末均能对该项目的结果予以可靠估计。

软件开发属于 A 公司的主营业务，且假定不考虑相关税费。

要求：

（1）计算 A 公司 2009 年、2010 年该项目的完成程度。

（2）计算 A 公司 2009 年、2010 年该项目确认的收入和费用。

（3）编制 A 公司 2009 年收到项目款、确认收入和费用的会计分录。

（金额单位用万元表示）

3. 甲公司为国营工业企业，2006 年 12 月申请国家级研发补贴。申报书相关内容如下：本公司于 2006 年 7 月 1 日启动数字智能化喷漆技术，预计总投资 480 万元，为期 2 年，已投入资金 160 万元。项目还需新增投资 320 万元（其中，购置相关设备 180 万元，实验场地租赁费 60 万元，人员费 80 万元），计划自筹资金 120 万元，申请财政拨款 200 万元。2007 年 1 月 10 日，主管部门批准了甲公司申报，签订的补贴协议规定：批准甲公司补贴申请，共补贴款 200 万元，分两次拨付，合同签订日拨付 90 万元，项目完工验收时再支付 110 万元。如果不能通过验收，那么第二笔 110 万元将不再支付。

要求：做出甲公司的会计处理过程。

4. 新华公司在 2008 年 12 月 31 日，各损益类账户 12 月余额为：主营业务收入 20 000 元，主营业务成本 15 000 元，营业税金及附加 2 000 元，其他业务收入 15 000 元，其他业务成本 400 元，投资收益 5 500 元，销售费用 600 元，管理费用 3 000 元，财务费用 7 000 元，营业外收入 3 500 元，营业外支出 500 元，按应纳税所得额的 25%缴纳所得税。

要求：

（1）结转损益类账户。

（2）计算当期应纳所得税。

（3）提取法定盈余公积。

（4）进行相关账务处理。

能力单元十

编制企业财务报告

学习目标

1. 认知企业财务报告；
2. 掌握资产负债表的内容、格式和编制方法；
3. 掌握利润表的内容、格式和编制方法；
4. 掌握现金流量表的内容、格式和编制方法。

教学重难点

重点：资产负债表、利润表的编制。
难点：现金流量表的编制。

教学时数

建议教学时数 10 学时，其中讲授 6 学时，实践 4 学时。

教学导航

教学指引：

1. 了解学生基本信息；
2. 准备一个企业真实报表，看填列情况；
3. 到手工模拟实训室看做好的模拟账进行剖析，提出异议或建议；
4. 准备资产负债表、利润表、现金流量表空表等教学材料；
5. 设计一个较好的教学引入情景，如财务报表分析视频等；
6. 从真实企业取一套完整的实习业务题；
7. 网上在线对某一上市公司报表等组织解读。

学习引导：

近年来无论是国内还是国外，影响较大的舞弊案绝大多数都与财务报表的造假有关。美国法尔莫公司就是典型的例子。该公司先后收购了 299 家药店，从而组建了全美连锁的法尔莫公司。不幸的是，这一切辉煌都是建立在财务报表造假——未审计出来的存货高估和虚假利润的基础上。是把实际上并不盈利且未经审计的药店报表拿来，用自己的笔为其加上并不存在的存货和利润，然后凭一套夸大了的报表，在一年之内骗得了足够的投资用以收购其他药店。这种骗局持续了十年之久。由于舞弊手段巧妙，注册会计师们一直未能发现；由于不应该的疏忽，注册会计师也为此付出了昂贵的代价。这项审计失败使该会计师事务所在民事诉讼中损失了 3 亿美元，该公司财务总监被判 33 个月的监禁，公司总裁莫纳斯本人则被判入狱 5 年。

作为会计专业学生，学会财务报表的编制与阅读是非常重要的。

任务一 认知企业财务报告

Mission one

一、财务报表与财务报告的关系

财务报告是企业对外提供的反映企业某一特定日期的财务状况和某一会计期间的经营成果、现金流量等会计信息的文件。

财务报告的目标是向财务会计报告使用者提供与企业财务状况、经营成果和现金流量等有关的会计信息，反映企业管理层受托责任履行情况，有助于财务报告使用者作出经济决策。基本准则对财务报告目标进行了明确定位，将保护投资者利益、满足投资者信息需求放在了突出位置，彰显了财务报告在企业会计准则体系中的重要作用。

财务报告使用者主要包括投资者、债权人、政府及其有关部门和社会公众等。满足投资者的信息需要是企业财务报告编制的首要出发点。如果企业在财务报告中提供的会计信息与投资者的决策无关，那么财务报告就失去了其编制的意义。

财务报告包括财务报表和其他应当在财务报告中披露的相关信息和资料。其中，财务报表由报表本身及其附注两部分构成，附注是财务报表的有机组成部分，而报表至少应当包括资产负债表、利润表和现金流量表等报表。考虑到小企业规模较小，外部信息需求相对较低，因此，小企业编制的报表可以不包括现金流量表。

（1）资产负债表是反映企业在某一特定日期的财务状况的会计报表。企业编制资产负债表的目的是通过如实反映企业的资产、负债和所有者权益金额及其结构情况，从而有助于使用者评价企业资产的质量以及短期偿债能力、长期偿债能力和利润分配能力等。

（2）利润表是反映企业在一定会计期间的经营成果的会计报表。企业编制利润表的目的是通过如实反映企业实现收入、发生的费用以及应当计入当期利润的利得和损失等金额及其结构情况，从而有助于使用者分析评价企业的盈利能力及其构成与质量。

（3）现金流量表是反映企业在一定会计期间的现金和现金等价物流入和流出的会计报表。企业编制现金流量表的目的是通过如实反映企业各项活动的现金流入、流出情况，从而有助于使用者评价企业的现金流和资金周转情况。

（4）附注是对会计报表中所列项目的进一步说明，以及对未能在这些报表中列示的项目的说明等。企业编制附注的目的是通过对财务报表本身作补充说明，以更加全面、系统地反映企业财务状况、经营成果和现金流量的全貌，从而有助于向使用者提供更为有用的信息，作出更加科学合理的决策。

财务报表是财务报告的核心内容，但是除了财务报表之外，财务报告还应当包括其他相关信息，具体可以根据有关法律法规的规定和外部使用者的信息需求而定。如企业可以在财务报告中披露其承担的社会责任、对社区的贡献、可持续发展能力等信息，这些信息与使用者作决策也是相关的，尽管属于非财务信息，无法包括在财务报表中，但是如果有规定或者使用者有需求的话，企业就应当在财务报告中予以披露，有时，企业也可以自愿在财务报告中披露相关信息。

二、财务报表分类

财务报表可按不同的标准分为以下几类：

（1）按照财务报表反映的内容，可分为资产负债表、利润表、现金流量表和所有者权益变动表。

（2）按照反映活动的方式不同，可以分为静态报表和动态报表。

静态财务报表是指综合反映一定时点企业资产、负债和所有者权益的会计报表，如资产负债表；动态财务报表是指反映企业一定时期内资金耗费和资金收回的报表，如利润表。

（3）按财务报表编报期间的不同，可以分为中期财务报表和年度财务报表。

中期财务报表是以短于一个完整会计年度的报告期间为基础编制的财务报表，包括月报、季报和半年报等。新企业会计准则——中期财务报告中规定，中期财务报告至少应当包括资产负债表、利润表、现金流量表和附注。中期资产负债表、利润表和现金流量表应当是完整报表，其格式和内容应当与上年度财务报表相一致。与年度财务报表相比，中期财务报表中的附注披露可适当简略。

（4）按财务报表编报主体的不同，可以分为个别财务报表和合并财务报表。

个别财务报表是反映企业自身的财务状况、经营成果和现金流量情况的财务报表。合并财务报表是以母公司和子公司组成的企业集团为会计主体，由母公司编制的综合反映企业集团财务状况、经营成果及现金流量的财务报表。

任务二　编制资产负债表

Mission two

一、认知资产负债表

资产负债表是反映企业在某一特定日期财务状况的报表。由于它是对企业某一时点财务状况的反映，所以又称静态报表。资产负债表是依据“资产＝负债＋所有者权益”这一会计等式，按照一定的分类标准和顺序，把企业在一定日期的全部资产、负债和所有者权益项目进行适当分类、汇总、排列后编制而成。资产负债表是企业的主要会计报表之一。

1. 资产应当按照流动资产和非流动资产两大类别分别列示

资产负债表中列示的流动资产项目通常包括货币资金、应收票据、应收账款、预付款项、应收利息、应收股利、其他应收款、存货和一年内到期的非流动资产等。

非流动资产是指流动资产以外的资产。资产负债表中列示的非流动资产项目通常包括长期股权投资、固定资产、在建工程、工程物资、固定资产清理、无形资产、开发支出、长期待摊费用以及其他非流动资产等。

2. 负债包括流动负债和非流动负债

资产负债表中列示的流动负债项目通常包括短期借款、应付票据、应付账款、预收款项、应付职工薪酬、应交税费、应付利息、应付股利、其他应付款、一年内到期的非流动负债等。

非流动负债是指流动负债以外的负债。非流动负债项目通常包括长期借款、应付债券和其他非流动负债等。

3. 所有者权益一般按照实收资本、资本公积、盈余公积和未分配利润分项列示

二、解读资产负债表的结构

资产负债表包括表首、正表和附注三部分。

表首概括地说明报表的名称、编制单位、编制日期、报表编号和计量单位等。

正表是资产负债表的主体，列示了用于说明企业财务状况的各个项目。我国企业的资产负债表采用账户式结构。分左右两方，左方为资产项目，大体按资产的流动性大小排列，流动性大的资产如“货币资金”、“交易性金融资产”等排在前面，流动性小的资产如“长期股权投资”、“固定资产”等排在后面。右方为负债及所有者权益项目，一般按要求清偿时间的先后顺序排列：“短期借款”、“应付票据”、“应付账款”等需要在一年以内或者长于一年的一个正常营业周期内偿还的流动负债排在前面，“长期借款”等在一年以上才需偿还的非流动负债排在中间，在企业清算之前不需要偿还的所有者权益项目排在后面，资产负债表的基本格式见表 10－3。通过账户式资产负债表，可以反映资产、负债、所有者权益之间的内在关系，即“资产＝负债＋所有者权益”。

附注则是进一步说明报表的主要项目和编制基础。

三、编制资产负债表

1. 职业规范

资产负债表各项目均需填列“年初余额”和“期末余额”两栏。其中“年初余额”栏内各项数字，应根据上年末资产负债表的“期末余额”栏内所列数字填列。“期末余额”栏主要有以下几种填列方法。

（1）根据总账科目余额填列。

①根据总账科目的期末余额直接填列。如“交易性金融资产”、“应收股利”、“应收利息”、“固定资产清理”、“工程物资”、“短期借款”、“应付票据”、“应付职工薪酬”、“应付股利”、“应交税费”、“其他应付款”、“实收资本”、“资本公积”、“盈余公积”等项目，根据相应总账科目的期末余额直接填列。

②根据几个总账科目的余额计算填列。有些项目则需根据几个总账科目的期末余额计算填列，如“货币资金”项目，需根据“库存现金”、“银行存款”、“其他货币资金”三个总账科目的期末余额的合计数填列。

[任务 10－1]　某企业年末结账后的“库存现金”科目余额为 5 000 元，“银行存款”科目余额为 600 000 元，“其他货币资金”科目余额为 100 000 元。要求计算该企业资产负债表中货币资金项目的金额。

任务分析：资产负债表中的货币资金项目是企业的库存现金、银行存款、其他货币资金余额总和，因此，某企业年末资产负债表中的“货币资金”项目金额应为：5 000＋600 000＋100 000＝705 000（元）。

（2）根据明细账科目余额计算填列。

如“应收账款”项目，根据“应收账款”和“预收账款”两个科目所属的相关明细科目的期末借方余额计算填列，应收账款已计提坏账准备的，还应以扣减相应坏账准备后的金额填列；“预收款项”项目，根据“预收账款”和“应收账款”两个科目所属的相关明细科目的期末贷方余额计算填列；“预付款项”项目，根据“预付账款”和“应付账款”两个科目所属的相关明细科目的期末借方余额计算填列；“应付账款”项目，根据“应付账款”和“预付账款”两个科目所属的相关明细科目的期末贷方余额计算填列。

［任务 10－2］　某企业 2011 年 12 月 31 日结账后有关明细科目余额如表 10－1 所示，要求计算该企业资产负债表中应收账款、应付账款、预收账款、预付账款项目的金额。

表 10－1　科目余额表

元

科目名称	借方余额	贷方余额
应收账款——A 企业	1 000 000	
——B 企业		200 000
预付账款——C 企业	700 000	
——D 企业		400 000
应付账款——E 企业	300 000	
——F 企业		1 600 000
预收账款——G 企业	500 000	
——H 企业		1 100 000

任务处理：该企业 2011 年 12 月 31 日资产负债表中相关项目的金额如下：

①“应收账款”项目金额为：1 000 000＋500 000＝1 500 000（元）

②“预付款项”项目金额为：700 000＋300 000＝1 000 000（元）

③“应付账款”项目金额为：400 000＋1 600 000＝2 000 000（元）

④“预收款项”项目金额为：1 100 000＋200 000＝1 300 000（元）

（3）根据总账科目和明细账科目余额分析计算填列。

如“持有至到期投资”项目，根据“持有至到期投资”账户期末余额扣除一年内到期的余额后的数字填列；“长期应收款”、“应付债券”、“长期借款”、“长期应付款”等项目，应根据“长期应收款”、“应付债券”、“长期借款”、“长期应付款”账户余额减去各该账户一年内将到期收回或应偿还金额后的余额填列。

［任务 10－3］　某企业 2011 年 12 月 31 日长期借款明细表如表 10－2 所示，要求计算该企业资产负债表中长期借款项目的金额。

表 10－2　长期借款明细表

借款起始日期	借款期限/年	金额/元
2011 年 1 月 1 日	3	1 500 000
2010 年 1 月 1 日	5	2 500 000
2009 年 7 月 1 日	3	1 000 000

任务处理：本任务中，企业应当根据“长期借款”总账科目余额 5 000 000 元，计算该企业

资产负债表中长期借款项目的金额，但其中2009年7月1日借入的1 000 000元即将在一年内到期，应在流动负债下“一年内到期的非流动负债”项目中反映，因此，资产负债表中长期借款项目的金额应为：

1 500 000＋2 500 000＝4 000 000（元）

（4）根据有关科目余额减去其备抵科目余额后的净额填列。

如资产负债表中的“应收账款”、“长期股权投资”、“固定资产”、“无形资产”等项目，应当根据“应收账款”、“长期股权投资”、“固定资产”、“无形资产”等科目的期末余额减去“坏账准备”、“长期股权投资减值准备”、“累计折旧”、“固定资产减值准备”、“累计摊销”、“无形资产减值准备”等科目余额后的净额填列。

2. 职业判断与操作

［任务10－4］ 重庆机械制造有限公司为一般纳税人，适用增值税税率为17%，所得税税率为25%；原材料采用计划成本进行核算。该公司2010年年末资产负债表如表10－3所示。其中，“应收账款”科目的期末余额为800 000元，“坏账准备”科目的期末余额为1 800元。其他资产都没有计提资产减值准备。

表10－3 资产负债表

编制单位：重庆机械制造有限公司　　2010年12月31日　　会企01表　　元

资产	期末余额	年初余额	负债和所有者权益（或股东权益）	期末余额	年初余额
流动资产：		略	流动负债：		略
货币资金	2 812 600		短期借款	600 000	
交易性金融资产	30 000		交易性金融负债	0	
应收票据	492 000		应付票据	400 000	
应收账款	798 200		应付账款	1 909 600	
预付款项	200 000		预收款项	0	
应收利息	0		应付职工薪酬	220 000	
应收股利	0		应交税费	73 200	
其他应收款	610 000		应付利息	0	
存货	5 160 000		应付股利	0	
一年内到期的非流动资产	0		其他应付款	100 000	
其他流动资产	0		一年内到期的非流动负债	2 000 000	
流动资产合计	10 102 800		其他流动负债	0	
非流动资产：			流动负债合计	5 302 800	
可供出售金融资产	0		非流动负债：		
持有至到期投资	0		长期借款	1 200 000	
长期应收款	0		应付债券	0	
长期股权投资	500 000		长期应付款	0	
投资性房地产	0		专项应付款	0	

续表

资　　产	期末余额	年初余额	负债和所有者权益（或股东权益）	期末余额	年初余额
固定资产	1 600 000		预计负债	0	
在建工程	3 000 000		递延所得税负债	0	
工程物资	0		其他非流动负债	0	
固定资产清理	0		非流动负债合计	1 200 000	
生产性生物资产	0		负债合计	6 502 800	
油气资产	0		所有者（股东）权益：		
无形资产	1 200 000		实收资本（股本）	10 000 000	
开发支出	0		资本公积	0	
商誉	0		减：库存股	0	
长期待摊费用	0		盈余公积	200 000	
递延所得税资产	0		未分配利润	100 000	
其他非流动资产	400 000		股东权益合计	10 300 000	
非流动资产合计	6 700 000				
资产总计	16 802 800		负债和股东权益总计	16 802 800	

2011 年，甲公司共发生如下经济业务：

（1）销售产品一批，开出的增值税专用发票上注明的销售价款为 1 400 000 元，增值税销项税额为 238 000 元，款项已存入银行。销售产品的实际成本为 840 000 元。

（2）销售产品一批，开出增值税专用发票上注明的销售价款为 600 000 元，增值税销项税额为 102 000 元，货款尚未收到。该批产品实际成本 360 000 元，产品已发出。

（3）收到应收账款 102 000 元，存入银行。

（4）销售产品一批，开出的增值税专用发票上注明的销售价款为 500 000 元，增值税销项税额为 85 000 元，收到 585 000 元的商业承兑汇票一张，产品实际成本为 300 000 元。

（5）公司将上述承兑汇票到银行办理贴现，贴现息为 40 000 元。

（6）公司将到期的一张面值为 400 000 元的无息银行承兑汇票交银行办理转账，款项已收存银行。

（7）用银行存款支付到期的商业承兑汇票 200 000 元。

（8）购入原材料一批，收到增值税专用发票上注明的原材料价款为 300 000 元，增值税进项税额为 51 000 元，款项已通过银行转账支付，材料尚未验收入库。

（9）收到原材料一批，实际成本 200 000 元，计划成本 190 000 元，材料已验收入库，货款已于上月支付。

（10）用银行汇票支付采购材料价款，公司收到开户银行转来银行汇票多余款收账通知，通知上填写的多余款为 468 元，购入材料及运费 199 600 元，支付的增值税进项税额 33 932 元，原材料已验收入库，该批原材料计划价格 200 000 元。

（11）购入不需安装的设备一台，收到的增值税专用发票上注明的设备价款为 170 940

元，增值税进项税额为 29 060 元，支付包装费、运费等 2 000 元。均以银行存款支付。设备已交付使用。

（12）购入工程物资一批，收到的增值税专用发票上注明的物资价款和增值税进项税额合计为 300 000 元，款项已通过银行转账支付。

（13）在建工程应付薪酬 456 000 元。

（14）一项工程完工，交付生产使用，已办理竣工手续，固定资产价值 2 800 000 元。

（15）基本生产车间一台机床报废，原价 400 000 元，已提折旧 360 000 元，清理费用 1 000 元，残值收入 1 600 元，均通过银行存款收支。

（16）公司出售一台不需用设备，收到价款 600 000 元，该设备原价 800 000 元，已提折旧 300 000 元。

（17）基本生产领用原材料，计划成本为 1 400 000 元。

（18）领用低值易耗品，计划成本 100 000 元，采用一次摊销法摊销。

（19）结转领用原材料和低值易耗品应分摊的材料成本差异。材料成本差异率为 5%。

（20）支付工资 1 000 000 元，其中包括支付在建工程人员的工资 400 000 元。

（21）分配应支付的职工工资 600 000 元，其中生产人员工资 550 000 元，车间管理人员工资 20 000 元，行政管理部门人员工资 30 000 元。

（22）提取职工福利费 84 000 元，其中生产工人福利费 77 000 元，车间管理人员福利费 2 800 元，行政管理部门福利费 4 200 元。

（23）计提固定资产折旧 200 000 元，其中基本生产车间 160 000 元、行政管理部门 40 000元。

（24）计提无形资产摊销 120 000 元。

（25）以银行存款支付基本生产车间水电费 180 000 元。

（26）用银行存款支付广告展览费 40 000 元。

（27）计算并结转本期发生的制造费用。

（28）计算并结转本期完工产品成本 2 564 800 元。没有期初在产品，本期生产的产品全部完工入库。

（29）从银行借入 3 年期借款 3 000 000 元，借款已存入银行账户。

（30）提取分期付息的长期借款利息费用 420 000 元，其中，在建工程应负担的 400 000 元，计入本期损益 20 000 元。

（31）支付长期借款利息 420 000 元。

（32）归还短期借款本金 500 000 元，偿还长期借款 2 000 000 元。

（33）上年度销售产品一批，开出的增值税专用发票上注明的销售价款为 20 000 元，增值税销项税额为 3 400 元，购货方开出商业承兑汇票。本期由于购货方发生财务困难，无法按合同规定偿还债务，经双方协议，甲公司同意购货方用产品抵偿该应收票据。用于抵债的产品市价为 16 000 元，增值税税率为 17%。

（34）公司将交易性金融资产（股票投资）兑现 33 000 元，该投资的成本为 26 000 元，公允价值变动为增值 4 000 元，投资收益为 3 000 元，均存入银行。

（35）以存款购入交易性金融资产（股票投资），价款 206 000 元，交易费用 4 000 元。

（36）年末持有的交易性金融资产的公允价值为 210 000 元。

（37）结转本期产品销售成本 1 500 000 元。

（38）公司本期产品销售应交纳的教育费附加为 4 000 元。

（39）计提应收账款坏账准备 1 800 元，计提固定资产减值准备 60 000 元。

（40）将各收入科目结转本年净利润。

（41）将各支出科目结转本年净利润。

（42）假设本例中，除计提固定资产减值准备 60 000 元造成固定资产账面价值与其计税基础存在差异外，不考虑其他项目的所得税费用影响。计算应交的企业所得税并结转所得税费用。

（43）按照净利润的 10％提取法定盈余公积金。

（44）将利润分配各明细科目的余额转入“未分配利润”和明细科目，结转本年利润。

（45）用银行存款交纳增值税 200 000 元，教育费附加 4 000 元以及当年应交的所得税。

要求：为重庆机械制造有限公司进行业务处理，并编制资产负债表。

任务处理：

1. 编制重庆机械制造有限公司 2011 年度经济业务的会计分录如下（代替记账凭证）。

（1）借：银行存款　　1 638 000
　　贷：主营业务收入　　1 400 000
　　　　应交税费——应交增值税（销项税额）　　238 000

（2）借：应收账款　　702 000
　　贷：主营业务收入　　600 000
　　　　应交税费——应交增值税（销项税额）　　102 000

（3）借：银行存款　　102 000
　　贷：应收账款　　102 000

（4）借：应收票据　　585 000
　　贷：主营业务收入　　500 000
　　　　应交税费——应交增值税（销项税额）　　85 000

（5）借：财务费用　　40 000
　　　　银行存款　　545 000
　　贷：应收票据　　585 000

（6）借：银行存款　　400 000
　　贷：应收票据　　400 000

（7）借：应付票据　　200 000
　　贷：银行存款　　200 000

（8）借：材料采购　　300 000
　　　　应交税费——应交增值税（进项税额）　　51 000
　　贷：银行存款　　351 000

（9）借：原材料　　190 000
　　　　材料成本差异　　10 000
　　贷：材料采购　　200 000

（10）借：材料采购　　199 600

银行存款 468
应交税费——应交增值税（进项税额） 33 932
贷：其他货币资金 234 000
借：原材料 200 000
贷：材料采购 199 600
材料成本差异 400
（11）借：固定资产 172 940
应交税费——应交增值税（进项税额） 29 060
贷：银行存款 202 000
（12）借：工程物资 300 000
贷：银行存款 300 000
（13）借：在建工程 456 000
贷：应付职工薪酬 456 000
（14）借：固定资产 2 800 000
贷：在建工程 2 800 000
（15）借：固定资产清理 40 000
累计折旧 360 000
贷：固定资产 400 000
借：固定资产清理 1 000
贷：银行存款 1 000
借：银行存款 1 600
贷：固定资产清理 1 600
借：营业外支出——处置固定资产净损失 39 400
贷：固定资产清理 39 400
（16）借：固定资产清理 500 000
累计折旧 300 000
贷：固定资产 800 000
借：银行存款 600 000
贷：固定资产清理 600 000
借：固定资产清理 100 000
贷：营业外收入——处置固定资产净收益 100 000
（17）借：生产成本 1 400 000
贷：原材料 1 400 000
（18）借：制造费用 100 000
贷：周转材料 100 000
（19）借：生产成本 70 000
制造费用 5 000
贷：材料成本差异 75 000
（20）借：应付职工薪酬 1 000 000

贷：银行存款　　1 000 000

(21) 借：生产成本　　550 000
制造费用　　20 000
管理费用　　30 000
贷：应付职工薪酬　　600 000

(22) 借：生产成本　　77 000
制造费用　　2 800
管理费用　　4 200
贷：应付职工薪酬　　84 000

(23) 借：制造费用　　160 000
管理费用　　40 000
贷：累计折旧　　200 000

(24) 借：管理费用　　120 000
贷：累计摊销　　120 000

(25) 借：制造费用　　180 000
贷：银行存款　　180 000

(26) 借：销售费用　　40 000
贷：银行存款　　40 000

(27) 借：生产成本　　467 800
贷：制造费用　　467 800

(28) 借：库存商品　　2 564 800
贷：生产成本　　2 564 800

(29) 借：银行存款　　3 000 000
贷：长期借款　　3 000 000

(30) 借：在建工程　　400 000
财务费用　　20 000
贷：应付利息　　420 000

(31) 借：应付利息　　420 000
贷：银行存款　　420 000

(32) 借：长期借款　　2 000 000
短期借款　　500 000
贷：银行存款　　2 500 000

(33) 借：库存商品　　16 000
应交税费——应交增值税（进项税额）　　2 720
营业外支出——债务重组损失　　4 680
贷：应收票据　　23 400

(34) 借：银行存款　　33 000
贷：交易性金融资产——成本　　26 000
——公允价值变动　　4 000

投资收益	3 000
借：公允价值变动损益	4 000
贷：投资收益	4 000
(35) 借：交易性金融资产——成本	206 000
投资收益	4 000
贷：银行存款	210 000
(36) 借：交易性金融资产——公允价值变动	4 000
贷：公允价值变动损益	4 000
(37) 借：主营业务成本	1 500 000
贷：库存商品	1 500 000
(38) 借：营业税金及附加	4 000
贷：应交税费——应交教育费附加	4 000
(39) 借：资产减值损失	6 1800
贷：坏账准备	1 800
固定资产减值准备	60 000
(40) 借：主营业务收入	2 500 000
营业外收入	100000
投资收益	3 000
贷：本年利润	2 603 000
(41) 借：本年利润	1 904 080
贷：主营业务成本	1 500 000
营业税金及附加	4 000
销售费用	40 000
管理费用	194 200
财务费用	60 000
资产减值损失	61 800
营业外支出	44 080

(42) 利润总额＝2 603 000－1 904 080＝698 920（元）

应纳税所得额＝698 920＋60 000＝758 920（元）

应交所得税为＝758 920×25％＝189 730（元）

递延所得税资产＝60 000×25％＝15 000（元）

所得税费用＝189 730－15 000＝174 730（元）

借：所得税费用	174 730
递延所得税资产	15 000
贷：应交税费——应交所得税	189 730
借：本年利润	174 730
贷：所得税费用	174 730

(43) 净利润＝698 920－174 730＝524 190（元）

提取法定盈余公积＝524 190×10％＝52 419（元）

借：利润分配——提取法定盈余公积　　52 419
　贷：盈余公积——法定盈余公积　　52 419

（44）借：利润分配——未分配利润　　52 419
　贷：利润分配——提取法定盈余公积　　52 419
借：本年利润　　524 190
　贷：利润分配——未分配利润　　524 190

（45）借：应交税费——应交增值税（已交税金）　　200 000
——应交教育费附加　　4 000
——应交所得税　　189 730
　贷：银行存款　　393 730

登记账簿、结账略。

2. 根据年初资产负债表和上述会计分录编制年末资产负债表如表10-4所示。

表10-4 资产负债表

编制单位：重庆机械制造有限公司　　2011年12月31日　　会企01表　　元

资　　产	期末余额	年初余额	负债和所有者权益（或股东权益）	期末余额	年初余额
流动资产：			流动负债：		
货币资金	3 100 938	2 812 600	短期借款	100 000	600 000
交易性金融资产	210 000	30 000	交易性金融负债	0	0
应收票据	68 600	492 000	应付票据	200 000	400 000
应收账款	1 396 400	798 200	应付账款	1 909 600	1 909 600
预付款项	200 000	200 000	预收款项	0	0
应收利息	0	0	应付职工薪酬	360 000	220 000
应收股利	0	0	应交税费	210 548	73 200
其他应收款	610 000	610 000	应付利息	0	0
存货	5 165 400	5 160 000	应付股利	0	0
一年内到期的非流动资产	0	0	其他应付款	100 000	100 000
其他流动资产	0	0	一年内到期的非流动负债	2 000 000	0
流动资产合计	10 751 338	10 102 800	其他流动负债	0	0
非流动资产：			流动负债合计	4 880 148	3 302 800
可供出售金融资产	0	0	非流动负债：		
持有至到期投资	0	0	长期借款	1 200 000	1 500 000
长期应收款	0	0	应付债券	0	0
长期股权投资	500 000	500 000	长期应付款	0	0
投资性房地产	0	0	专项应付款	0	0
固定资产	3 802 000	1 600 000	预计负债	0	0

续表

资　产	期末余额	年初余额	负债和所有者权益（或股东权益）	期末余额	年初余额
在建工程	1 056 000	3 000 000	递延所得税负债	0	0
工程物资	300 000	0	其他非流动负债	0	0
固定资产清理	0	0	非流动负债合计	1 200 000	1 200 000
生产性生物资产	0	0	负债合计	6 080 148	9 502 800
油气资产	0	0	所有者权益（或股东权益）：		
无形资产	1 080 000	1 200 000	实收资本（或股本）	10 000 000	10 000 000
开发支出	0	0	资本公积	0	0
商誉	0	0	减：库存股	0	0
长期待摊费用	0	0	盈余公积	252 419	200 000
递延所得税资产	15 000	0	未分配利润	571 771	100 000
其他非流动资产	400 000	400 000	所有者权益（或股东权益）合计	10 824 190	10 300 000
非流动资产合计	7 153 000	6 700 000			
资产总计	17 904 338	16 802 800	负债和所有者权益（或股东权益）总计	17 904 338	16 802 800

注：应收账款年末余额 1 400 000 元，坏账准备年末余额 3 600 元。

任务三 编制利润表

Mission three

一、认知利润表

利润表是反映企业在一定会计期间的经营成果的报表。它是一张动态报表。利润表一般有表首、正表和补充资料三部分组成。其中，表首说明报表的名称、编制单位、编制日期、报表编号、计量单位等；正表是利润表的主体，反映形成经营成果的各个项目和计算过程；补充资料是列示一些特殊项目的利润（或亏损）情况。

我国企业的利润表采用多步式格式，利润表的基本格式见表 10－6。

二、编制利润表

1. 职业规范

我国利润表的主要编制步骤和内容如下：

第一步，以营业收入为基础，减去营业成本、营业税金及附加、销售费用、管理费用、财务费用、资产减值损失，加上公允价值变动收益（减去公允价值变动损失）和投资收益（减去投资损失），计算出营业利润；

第二步，以营业利润为基础，加上营业外收入，减去营业外支出，计算出利润总额；

第三步，以利润总额为基础，减去所得税费用，计算出净利润（或亏损）。

普通股或潜在普通股已公开交易的企业，以及正处于公开发行普通股或潜在普通股过程中的企业，还应当在利润表中列示每股收益信息。

利润表各项目均需填列“本期金额”和“上期金额”两栏。其中“上期金额”栏内各项数字根据上年该期利润表的“本期金额”栏内所列数字填列。“本期金额”栏内各期数字，除“基本每股收益”和“稀释每股收益”项目外，应当按照相关科目的发生额分析填列。

（1）“营业收入”项目，应根据“主营业务收入”、“其他业务收入”科目的发生额分析计算填列。

（2）“营业成本”项目，应根据“主营业务成本”、“其他业务成本”科目的发生额分析计算填列。

（3）“营业税金及附加”、“销售费用”、“管理费用”、“财务费用”、“资产减值损失”项目，应根据相应科目的发生额分析填列。

（4）“公允价值变动收益”、“投资收益”项目，应根据“公允价值变动收益”、“投资收益”科目的发生额分析填列；如为损失，以“—”号填列。

（5）“营业利润”项目，反映企业实现的营业利润。如为亏损，以“—”号填列。

（6）“营业外收入”、“营业外支出”项目，应分别根据“营业外收入”、“营业外支出”科目的发生额分析填列。

（7）“利润总额”项目，反映企业实现的利润总额。如为亏损，以“—”号填列。

（8）“所得税费用”项目，应根据“所得税费用”科目的发生额分析填列。

（9）“净利润”项目，反映企业实现的净利润。如为亏损，以“—”号填列。

（10）“基本每股收益”项目，应当根据每股收益准则规定计算的金额填列。企业应当按照归属于普通股股东的当期净利润，除以发行在外普通股的加权平均数计算基本每股收益。

（11）“稀释每股收益”项目，应当根据每股收益准则规定计算的金额填列。企业存在稀释性潜在普通股的，应当根据其影响分别调整归属于普通股股东的当期净利润以及发行在外普通股的加权平均数，并据以计算稀释每股收益。

2. 职业判断与操作

［任务 10－5］　承［任务 10－4］资料，要求编制重庆机械制造有限公司 2011 年度利润表。

任务处理：重庆机械制造有限公司 2011 年度利润表科目本年累计发生额如表 10－5 所示。

表 10－5　2011 年度利润表科目本年累计发生额　元

科目名称	借方发生额	贷方发生额
主营业务收入		2 500 000
主营业务成本	1 500 000	
营业税金及附加	4 000	
销售费用	40 000	
管理费用	194 200	

续表

科目名称	借方发生额	贷方发生额
财务费用	60 000	
资产减值损失	61 800	
投资收益		3 000
营业外收入		100 000
营业外支出	44 080	
所得税费用	174 730	

根据本年度相关科目发生额编制利润表如表 10-6 所示。

表 10-6 利润表

编制单位：重庆机械制造有限公司　　2011 年度　　会企 02 表　　元

项　目	本期金额	上期金额
一、营业收入	2 500 000	略
减：营业成本	1 500 000	
营业税金及附加	4 000	
销售费用	40 000	
管理费用	194 200	
财务费用	60 000	
资产减值损失	61 800	
加：公允价值变动收益	0	
投资收益	3 000	
其中：对联营企业和合营企业的投资收益	0	
二、营业利润（亏损以“—”号填列）	643 000	
加：营业外收入	100 000	
减：营业外支出	44 080	
其中：非流动资产处置损失	0	
三、利润总额（亏损总额以“—”号填列）	698 920	
减：所得税费用	174 730	
四、净利润（净亏损以“—”号填列）	524 190	
五、每股收益：		
（一）基本每股收益		
（二）稀释每股收益		

任务四　编制现金流量表
Mission four

一、认知现金流量表

现金流量表是反映企业在一定会计期间现金和现金等价物流入和流出的报表。它是一张动态的会计报表。

1. 现金的含义

现金流量表中的现金是广义的，它包括现金及现金等价物。

（1）现金。

现金是指库存现金以及可以随时用于支付的存款，包括库存现金、银行存款和其他货币资金。不能随时用于支付的存款不属于现金。

库存现金是指企业持有可随时用于支付的现金限额，即与会计核算中“库存现金”科目所包括的内容一致。银行存款是指企业存在金融企业随时可以用于支付的存款，即与会计核算中“银行存款”科目所包括的内容基本一致。如果企业的银行存款中包括不能随时用于支付的存款，如定期存款应扣除。其他货币资金是指企业存在金融企业有特定用途的资金，如外埠存款、银行汇票存款、银行本票存款等。

（2）现金等价物。

现金等价物是指企业持有的期限短、流动性强、易于转换为已知金额的现金、价值变动风险很小的短期投资。期限短，一般指从购买日起3个月或更短时间内到期或即可转换为现金的投资。权益性投资变现的金额通常不确定，因而不属于现金等价物。在会计实务中，企业应当根据经营特点等具体情况，确定现金等价物的范围，并在会计报表附注中披露确定现金等价物的会计政策。

2. 现金流量的含义

现金流量指企业在一定会计期间内现金和现金等价物流入和流出的数量。现金流量可分为三类：经营活动产生的现金流量、投资活动产生的现金流量和筹资活动产生的现金流量。

（1）经营活动产生的现金流量。

经营活动，是指企业投资活动和筹资活动以外的所有交易和事项，主要包括销售商品或提供劳务、购买商品或接受劳务、收到的税费返还、支付职工薪酬等。

（2）投资活动产生的现金流量。

投资活动，是指企业长期资产的购建和不包括在现金等价物范围内的投资及其处置活动。现金流量表中所指的“投资”既包括对外投资，又包括长期资产的购建与处置。投资活动主要包括取得和收回投资、购建和处置固定资产等。

（3）筹资活动产生的现金流量。

筹资活动，是指导致企业资本及债务规模和构成发生变化的活动。筹资活动主要包括发行股票或接受投入资本、取得和偿还借款、发行和偿还债券等。企业在生产经营过程中形成的应付账款、应付票据等负债，属于经营活动，不属于投资活动。

2. 现金流量表的结构

我国企业现金流量表采用报告式结构，分类反映经营活动产生的现金流量、投资活动产生的现金流量和筹资活动产生的现金流量，最后汇总反映企业某一期间现金及现金等价物的净增加额。

我国企业现金流量表的格式如表 10 - 7 所示。

三、编制现金流量表

1. 职业规范

现金流量表中各项目的编制方法如下：

(1) 经营活动产生的现金流量。

在我国，企业经营活动产生的现金流量应当采用直接法填列。直接法，是指通过现金收入和现金支出的主要类别列示经营活动的现金流量。现金流量一般应按现金流入和流出总额列报，但代客户收取或支付的现金，以及周转快、金额大、期限短项目的现金流入和现金流出，可以按照净额列报。

有关经营活动现金流量的信息，可以通过企业的会计记录取得，也可以通过对利润表中的营业收入、营业成本以及其他项目进行调整后取得。

①“销售商品、提供劳务收到的现金”项目。

该项目反映企业销售商品、提供劳务实际收到的现金（包括应向购买者收取的增值税销项税额），包括本期销售商品、提供劳务收到的现金，以及前期销售商品、提供劳务本期收到的现金和本期预收的款项，减去本期退回本期销售的商品和前期销售本期退回的商品支付的现金。企业销售材料和代购代销业务收到的现金，也在本项目反映。

②“收到的税费返还”项目。

该项目反映企业收到返还的各种税费，包括收到返还的增值税、消费税、营业税、关税、所得税、教育费附加等。

③“收到其他与经营活动有关的现金”项目。

该项目反映企业除了上述各项目以外所收到的其他与经营活动有关的现金，如罚款、流动资产损失中由个人赔偿的现金、经营租赁租金等。若某项其他与经营活动有关的现金流入金额较大，应单列项目反映。

④“购买商品、接受劳务支付的现金”项目。

该项目反映企业购买商品、接受劳务实际支付的现金，包括本期购买材料、商品、接受劳务支付的现金（包括增值税进项税额），以及本期支付前期购买商品、接受劳务的未付款项以及本期预付款项，减去本期发生的购货退回收到的现金。企业代购代销业务支付的现金，也在本项目反映。

⑤“支付给职工以及为职工支付的现金”项目。

该项目反映企业实际支付给职工，以及为职工支付的现金，包括本期实际支付给职工的工资、奖金、各种津贴和补贴等，以及为职工支付的其他费用。企业代扣代缴的职工个人所得税，也在本项目反映。本项目不包括支付给离退休人员的各项费用及支付给在建工程人员的工资及其他费用。企业支付给离退休人员的各项费用（包括支付的统筹退休金以及未参加统筹的退休人员的费用），在“支付其他与经营活动有关的现金”项目反映；支付给在建工程人员的工资及其他费用，在“购建固定资产、无形资产和其他长期资产支付的现金”项目反映。企业为职工支付的养老、失业等社会保险基金、补充养老保险、住房公积金，支付给职工的住房困难补助，以及企业支付给职工或为职工支付的其他福利费用等。应按职工的工作性质和服务对象，分别在本项目和“购建固定资产、无形资产和其他长期资产支付的现金”项目反映。

⑥“支付的各项税费”项目。

该项目反映企业按规定支付的各种税费，包括企业本期发生并支付的税费，以及本期支付以前各期发生的税费和本期预交的税费，包括所得税、增值税、营业税、消费税、印花税、房产税、土地增值税、车船使用税、教育费附加、矿产资源补偿费等，但不包括计入固定资产价值、实际支付的耕地占用税，也不包括本期退回的增值税、所得税。本期退回的增值税、所得税在“收到的税费返还”项目反映。

⑦“支付其他与经营活动有关的现金”项目。

该项目反映企业除上述各项目外所支付的其他与经营活动有关的现金，如经营租赁支付的租金、支付的罚款、差旅费、业务招待费、保险费等。若其他与经营活动的现金流出金额较大，应单列项目反映。

（2）投资活动产生的现金流量。

①“收回投资所收到的现金”项目。

该项目反映企业出售、转让或到期收回除现金等价物以外的其他企业的权益工具、债务工具和合营中的权益等投资收到的现金。收回债务工具实现的投资收益、处置子公司以其他营业单位收到的现金净额不包括在本项目内。

②“取得投资收益所收到的现金”项目。

该项目反映企业除现金等价物以外的对其他企业的权益工具、债务工具和合营中的权益投资分回的现金股利和利息等，不包括股票股利。

③“处置固定资产、无形资产和其他资产收回的现金净额”项目。

该项目反映企业出售、报废固定资产、无形资产和其他长期资产收到的现金（包括因资产毁损收到的保险赔偿款），减去未处置这些资产而支付的有关费用后的净额。如所收回的现金净额为负数，则应在“支付其他与投资活动有关的现金”项目反映。

④“处置子公司及其他营业单位收到的现金净额”项目。

该项目反映企业处置子公司及其他营业单位所取得的现金，减去相关处置费用以及子公司及其他营业单位持有的现金和现金等价物后的净额。

⑤“收到其他与投资活动有关的现金”项目。

该项目反映企业除了上述各项目以外，所收到的其他与投资活动有关的现金流入。比如，企业收回购买股票和债券时支付的已宣告但尚未领取的现金股利或已到付息期但尚未领取的债务利息。若其他与投资活动有关的现金流入金额较大，则应单列项目反映。

⑥“购建固定资产、无形资产和其他长期资产所支付的现金”项目。

该项目反映企业报告期内与固定资产、在建工程、工程物资、无形资产、其他长期资产的增加有关的现金支出。但是，本项目不包括为购建固定资产而发生的借款利息资本化的部分以及融资租入固定资产支付的租赁费。

⑦“投资所支付的现金”项目。

该项目反映企业报告期内进行权益性投资和债权性投资所支付的现金，包括企业取得的除现金等价物以外的可供出售金融资产、长期股权投资、持有至到期投资支付的现金（包括支付的价款及佣金、手续费等附加费用）。但应注意，企业购买股票或债券时，实际支付的价款中包含的已宣告但尚未领取的现金股利或已到付息期但尚未领取的债券利息，应在“支付的其他与投资活动有关的现金”项目中反映；而企业收回购买股票和债券时支付的已宣告但尚未领取的现金股利或已到付息期但尚未领取的债券利息，在“收到的其他与投资活动有关的现金”项目中反映，也不包括在本项目中。

⑧“支付的其他与投资活动有关的现金”项目。

该项目反映企业除上述各项目外，支付的其他与投资活动有关的现金。其他与投资活动有关的现金，如果价值较大，则应单列项目反映。在“处置固定资产、无形资产和其他长期资产而收到的现金净额”中如果为负数，则在本项目中反映。

（3）筹资活动现金流量。

筹资活动现金流量各项目的具体内容如下：

①“吸收投资所收到的现金”项目。

该项目反映企业报告期内吸收投资人投入的现金，包括以发行股票、债券等方式筹集资金实际收到的款项净额（发行收入减去支付的佣金等发行费用后的净额）。但是，以发行股票、债券等方式筹集资金时由企业直接支付的审计、咨询等费用，在“支付的其他与筹资活动有关的现金”项目中反映，不在本项目中扣除。

②“取得借款所收到的现金”项目。

该项目反映企业报告期内因举借各种短期借款、长期借款所收到的现金。

③“收到的其他与筹资活动有关的现金”项目。

该项目反映企业除上述各项目外，收到的其他与筹资活动有关的现金。其他与筹资活动有关的现金，如果价值较大，则应单列项目反映。

④“偿还债务所支付的现金”项目。

该项目反映企业报告期内偿还借款和到期债券的本金所支付的现金。

⑤“分配股利、利润或偿付利息所支付的现金”项目。

该项目反映企业报告期内实际支付的现金股利或分配利润以及支付的债券利息、借款利息所发生的现金流出。

⑥“支付的其他与筹资活动有关的现金”项目。

该项目反映企业除上述各项目外，支付的其他与筹资活动有关的现金流出，如融资租入固定资产支付的租赁费等。其他与筹资活动有关的现金流出，如果金额较大，则应单列项目反映。

（4）汇率变动对现金的影响。

企业在编制现金流量表时，应当将企业外币现金流量以及境外子公司的现金流量折算成人民币。本项目反映的内容是：企业外币现金流量及境外子公司的现金流量折算成人民币时，所采用的是现金流量发生日的汇率，而现金流量表最后一行“现金及现金等价物净增加额”中外币现金净增加额是按期末汇率折算的，这两者的差额即汇率变动对现金的影响。

对本项目的填列方法，《会计准则》中指出，可以逐笔计算外币业务发生的汇率变动对现金的影响，也可不必逐笔计算而采用简化的计算方法，而是通过报表附注中“现金及现金等价物净增加额”和主表中“经营活动产生的现金流量净额”“投资活动产生的现金流量净额”“筹资活动现金流量净额”三项之和比较，其差额即“汇率变动对现金的影响额”。对外币业务发生不多的企业，建议逐笔计算出汇率变动对现金的影响。

现金流量表在编制过程中，主要采用的技术方法有：

（1）工作底稿法。

采用工作底稿法编制现金流量表，是以工作底稿为手段，以利润表和资产负债表数据为基础，结合有关科目的记录，对现金流量表的每一项目进行分析并编制调整分录，从而编制出现金流量表。

（2）T 型账户法。

T 型账户法是以 T 型账户为手段，以利润表和资产负债表数据为基础，对每一项目进行分析并编制调整分录，从而编制出现金流量表。

（3）按现金流量表项目设置多栏式现金流量日记账。

多栏式现金流量日记账分别按现金流量表中经营活动、投资活动和筹资活动三部分流入、流出的项目设置专栏。

经营活动部分应设置的专栏依次为：销售收现、税费返还、其他收现、购商品付现、支付工资、支付税费、其他付现等。

投资活动部分应设置的专栏依次为：收回投资、取得投资收益、处置固定资产、无形资产收现净额、其他收现、购建长期资产、投资付现、其他付现等。

筹资活动部分应设置的专栏依次为：吸收投资、取得借款、其他收现、偿还债务、付股息、其他付现等。

上述各专栏的名称对应于现金流量表中的相应项目，在设置专栏时，坚持简洁明了的原则，根据管理需要设置，可简可繁。但应熟悉现金流量表中各项目完整的名称及其包括的内容。由于该账簿是专为编制现金流量表准备的，所以注重每笔现金流入流出的金额与对应项目选择的正确性，其他辅助项目可以根据需要简化填制，如日期、凭证号和摘要三项，可以只登记凭证号，以减少工作量。企业可以由出纳在登记现金、银行存款日记账的同时，根据有关记账凭证登记该辅助账。这样，就能及时准确地满足企业编制现金流量表的需要。

2. 职业判断与操作

［任务 10－6］　承［任务 10－4］，编制重庆机械制造有限公司的现金流量表。

任务处理：按现金流量表项目设置多栏式现金流量日记账如表 10－7 所示。

表 10－7　经营活动部分

凭证号	销售收现	税费返还	其他收现	购商付现	支付工资	支付税费	其他付现
1	1 638 000						
3	545 000						
5	545 000						
6	400 000						
7				200 000			

续表

凭证号	销售收现	税费返还	其他收现	购商付现	支付工资	支付税费	其他付现
8				351 000			
10				233 532			
20					600 000		
25				180 000			
26							40 000
45						393 730	
合计	2 685 000	0	0	964 532	600 000	393 730	40 000

投资活动和筹资活动部分格式同上，略。有发生额的各专栏计算如下（括号内数字为凭证号）：

投资活动部分：

收回投资＝（34）33 000（元）

处置固、无收现净额＝（15）600＋（16）600 000＝600 600（元）

购建长期资产＝（11）202000＋（12）300000＋（20）400000＝902 000（元）

投资付现＝（35）206000＋4000＝210000（元）

筹资活动部分：

取得借款＝（29）3 000 000（元）

偿还债务＝（32）2500000（元）

付股息＝（31）2500000（元）

将计算结果填入现金流量表如表 10－8 所示。

表 10－8 现金流量表

编制单位：重庆机械制造有限公司　2011 年 1—12 月　会企 03 表　元

项目	本期金额	上期金额
一、经营活动产生的现金流量：		略
销售商品、提供劳务收到的现金	2 685 000	
收到的税费返还		
收到的其他与经营活动有关的现金		
经营活动现金流入小计	2 685 000	
购买商品、接受劳务支付的现金	964 532	
支付给职工以及为职工支付的现金	600 000	
支付的各项税费	393 730	
支付其他与经营活动有关的现金	40 000	
经营活动现金流出小计	1 998 262	
经营活动产生的现金流量净额	686 738	

续表

项　　目	本期金额	上期金额
二、投资活动产生的现金流量：		
收回投资收到的现金	33 000	
取得投资收益收到的现金		
处置固定资产、无形资产和其他长期资产收回的现金净额	600 000	
处置子公司及其他营业单位收到的现金净额		
收到的其他与投资活动有关的现金		
投资活动现金流入小计	633 600	
购建固定资产、无形资产和其他长期资产支付的现金	902 000	
投资支付的现金	210 000	
取得子公司及其他营业单位支付的现金净额		
支付其他与投资活动有关的现金		
投资活动现金流出小计	1 112 000	
投资活动产生的现金流量净额	−478 400	
三、筹资活动产生的现金流量：		
吸收投资收到的现金		
取得借款收到的现金	3 000 000	
收到其他与筹资活动有关的现金		
筹资活动现金流入小计	3 000 000	
偿还债务支付的现金	2 500 000	
分配股利、利润或偿付利息支付的现金	420 000	
支付其他与筹资活动有关的现金		
筹资活动现金流出小计	2 920 000	
筹资活动产生的现金流量净额	80 000	
四、汇率变动对现金及现金等价物的影响		
五、现金及现金等价物净增加额	288 338	
加：期初现金及现金等价物余额	2 812 600	
六、期末现金及现金等价物余额	3 100 938	

教学互动

讨论财务报表对公司、投资者和债权人的重要性，以及为什么管理层要采取措施改善公司财务报表的表现。

重要相关能力

1. 所有者权益变动表的编制

所有者权益变动表，是指反映构成所有者权益的各组成部分当期的增减变动情况的报表。

所有者权益变动表的主要内容包括：

(1) 净利润。

(2) 直接计入所有者权益的利得和损失项目及其总额。

(3) 会计政策变更和差错更正的累积影响金额。

(4) 所有者投入资本和向所有者分配利润等。

(5) 提取的盈余公积。

(6) 实收资本或股本、资本公积、盈余公积、未分配利润的期初和期末余额及其调节情况。

其中，反映“直接计入所有者权益的利得和损失”的项目即其他综合收益项目。

所有者变动表以矩阵的形式列示：一方面，列示导致所有者权益变动的交易或事项，即所有者权益变动的来源，对一定时期所有者权益的变动情况进行全面反映；另一方面，按照所有者权益各组成部分（即实收资本、资本公积、盈余公积、未分配利润和库存股）列示交易或事项对所有者权益各部分的影响。

我国企业所有者权益变动表的格式如表10-9所示。

表10-9 所有者权益权变动表

编制单位： 年度 会企04表 元

项目	本年金额						上年金额					
	实收资本（或股本）	资本公积	减:库存股	盈余公积	未分配利润	所有者权益合计	实收资本(或股本)	资本公积	减:库存股	盈余公积	未分配利润	所有者权益合计
一、上年年末余额												
加：会计政策变更												
前期差错更正												
二、本年年初余额												
三、本年增减变动金额（减少以“—”号填列）												
（一）净利润												
（二）直接计入所有者权益的利得和损失												

续表

项　目	本年金额						上年金额					
	实收资本（或股本）	资本公积	减:库存股	盈余公积	未分配利润	所有者权益合计	实收资本(或股本)	资本公积	减:库存股	盈余公积	未分配利润	所有者权益合计
1. 可供出售金融资产公允价值变动净额												
2. 权益法下被投资单位其他所有者权益变动的影响												
3. 与计入所有者权益项目相关的所得税影响												
4. 其他												
上述（一）和（二）小计												
（三）所有者投入和减少资本												
1. 所有者投入资本												
2. 股份支付计入所有者权益的金额												
3. 其他												
（四）利润分配												
1. 提取盈余公积												
2. 对所有者（或股东）的分配												
3. 其他												
（五）所有者权益内部结转												
1. 资本公积转增资本（或股本）												
2. 盈余公积转增资本（或股本）												
3. 盈余公积弥补亏损												
4. 其他												
四、本年年末余额												

2. 附注的披露内容

报表附注是对资产负债表、利润表、现金流量表和所有者权益变动表等报表中列示项目的文字描述或明细资料，以及对未能在这些报表中列示项目的补充说明，是财务报表的重要组成部分。

附注应当按照如下顺序披露相关内容：

(1) 企业的基本情况。

(2) 财务报表的编制基础。

(3) 遵循企业会计准则的声明。

(4) 重要会计政策和会计估计。

(5) 会计政策和会计估计变更以及差错更正的说明。

(6) 报表重要项目的说明。

(7) 其他需要说明的重要事项。

关 键 词

财务报告（Financial Report） 财务报表（Financial Statement）

资产负债表（Balance Sheet） 利润表（Profit Statement）

现金流量表（Cash Flow Statement） 报表附注（Notes to the Financial Statements）

能力训练

一、单项选择题

1. 下列属于静态财务报表的是（　　）。

A. 资产负债表　B. 利润表　C. 现金流量表　D. 所有者权益变动表

2. 我国资产负债表的基本格式是（　　）。

A. 单步式　B. 多步式　C. 账户式　D. 报告式

3. 下列可以根据总账科目余额直接填列的是（　　）。

A. 货币资金　B. 应付票据　C. 存货　D. 固定资产

4. 预收账款科目所属明细分类科目的借方余额，在编制资产负债表时应反映在（　　）。

A. 预收账款项目　B. 预付账款项目　C. 应收账款项目　D. 应付账款项目

5. 预付账款科目所属明细分类账科目的贷方余额，在编制资产负债表时应反映在（　　）。

A. 预付账款项目　B. 预收账款项目　C. 应收账款项目　D. 应付账款项目

6. 某企业本期实际发放工资和津贴共计110万元，其中车间生产人员55万元，行政管理人员25万元，在建工程人员20万元，离退休人员10万元。该企业本期现金流量表中支付给职工以及为职工支付的现金项目填列的金额为（　　）万元。

A. 55　B. 80　C. 100　D. 110

7. 某企业销售商品及提供劳务的收入为1 000万元，应收票据的期初余额为20万元，期末余额为30万元；应收账款的期初余额为200万元，期末余额为150万元；预收账款的期初余额为50万元，期末余额为80万元。收回以前年度核销的坏账损失为10万元。假定不考虑增值税及其他因素，该企业现金流量表中的销售商品、提供劳务收到的现金项目金额应为（　　）万元。

A. 940　B. 1 000　C. 1 020　D. 1 080

8. 年末结账后的固定资产科目余额为 100 万元，累计折旧科目余额为 50 万元，固定资产减值准备科目余额为 10 万元。该企业资产负债表中的固定资产项目金额为（　　）万元。

A. 100　B. 90　C. 50　D. 40

9. 年末结账后的无形资产科目余额为 200 万元，累计折旧科目余额为 30 万元，无形资产减值准备科目余额为 20 万元。该企业资产负债表中的无形资产项目金额为（　　）万元。

A. 200　B. 180　C. 170　D. 150

10. 年末长期待摊费用余额为 20 万元，其中一年内到期的 8 万元，则资产负债表中长期待摊费用填列（　　）万元。

A. 28　B、20　C. 12　D. 8

二、多项选择题

1. 货币资金包括（　　）。

A. 库存现金　B. 银行存款　C. 备用金　D. 其他货币资金

2. 存货包括（　　）。

A. 原材料　B. 库存商品　C. 委托加工物资　D. 工程物资

3. 应收账款项目根据（　　）填列。

A. 应收账款借方余额　B. 应收账款贷方余额

C. 预收账款借方余额　D. 预收账款贷方余额

4. 资产负债表反映（　　）。

A. 某一特定日期财务状况　B. 某一特定日期偿债能力

C. 某一会计期间经营成果　D. 某一会计期间获利能力

5. 应付账款根据（　　）填列。

A. 应付账款借方余额　B. 应付账款贷方余额

C. 预付账款借方余额　D. 预付账款贷方余额

6. 中期财务会计报告包括（　　）。

A. 月报　B. 季报　C. 半年报　D. 年报

7. 营业利润的影响因素有（　　）。

A. 投资收益　B. 营业外收入　C. 管理费用　D. 营业外支出

8. 利润表中的营业收入包括（　　）。

A. 主营业务收入　B. 其他业务收入C. 营业外收入　D. 投资收益

9. 现金流量表中的现金包括（　　）。

A. 库存现金　B. 随时可用于支付的存款

C. 现金等价物　D. 其他货币资金

10. 计算销售商品、提供劳务收到的现金时，影响因素有（　　）。

A. 主营业务收入　B. 销项税额　C. 应收账款　D. 应付账款

三、判断题

1. 一套完整的财务报表至少应当包括资产负债表、利润表、现金流量表、所有者权益

变动表以及附注。（　）

2. 一年内到期的长期借款填入资产负债表中的短期借款项目。（　　）

3. 用现金购买三个月到期的债券投资，不会影响现金流量的增减变动。（　　）

4. 中期财务报告指的就是半年报。（　　）

5. 吸收投资收到的现金属于投资活动现金流量项目。（　　）

6. 资产负债表是反映某一特定日期经营成果的会计报表。（　　）

7. 我国利润表的结构是单步式。（　　）

8. 生产成本的借方余额填入资产负债表中的存货项目。（　　）

9. 投资收益不影响企业的营业利润。（　　）

10. 采用直接法编制经营活动现金流量时，以利润表中的净利润为起算点。（　　）

四、业务题

1. 2008 年 12 月 31 日，某企业“主营业务收入”科目发生额为 1 990 000 元，“主营业务成本”科目发生额为 630 000 元，“其他业务收入”科目发生额为 500 000 元，“其他业务成本”科目发生额为 150 000 元，“营业税及附加”科目发生额为 780 000 元，“销售费用”科目发生额为 60 000 元，“管理费用”科目发生额为 50 000 元，“财务费用”科目发生额为 170 000 元，“资产减值损失”科目发生额为 50 000 元，“公允价值变动损益”科目为借方发生额 450 000 元（无贷方发生额），“投资收益”科目贷方发生额为 850 000 元（无借方发生额），“营业外收入”科目发生额为 100 000 元，“营业外支出”科目发生额为 40 000 元，“所得税费用”科目发生额为 171 600 元。

要求：分别计算该企业 2008 年度利润表中营业利润、利润总额和净利润。

2. 本年度营业收入 1 000 万元，销项税额 170 万元，应收票据总账年初余额 600 万元，年末 500 万元；应收账款——A 公司明细账中年初借方余额1 200 万元，年末借方余额 1 800 万元；应收账款——B 公司明细账中年初贷方余额 200 万元，年末贷方余额 400 万元，本年应收票据贴现利息 10 万元，按 1%计提坏账准备 6 万元。

要求：计算资产负债表和现金流量表相关项目。

参考文献

一、文献资料

[1] 财政部. 企业会计准则 [M] . 北京：经济科学出版社，2006.

[2] 财政部. 企业会计准则——应用指南 [M] . 北京：中国财政经济出版社，2006.

[3] 财政部. 会计行业中长期人才发展规划（2010—2020 年）

[4] 财政部会计资格评价中心. 初级会计实务 [M]. 2012.

[5] 黄光松. 最新企业会计准则导读 [M]. 上海：上海财经大学出版社，2006.

[6] 唐东升，黄骥. 企业会计核算与报告（Ⅰ） [M]. 北京：中国人民大学出版社，2010.

[7] 孔德兰. 企业财务会计 [M] . 北京：高等教育出版社，2011.

[8] 陈立波. 中级财务会计 [M]. 重庆：重庆大学出版社，2009.

[9] 中华人民共和国增值税暂行条例（2008 年修订）.

[10] 中华人民共和国增值税暂行条例实施细则.

二、网站资源

[1] 山西省财政税务专科学校精品课程《企业经济业务核算》

[2] 重庆城市管理职业学院精品课程《会计会计核算与报告Ⅰ》

[3] 浙江金融职业学院精品课程《企业经济业务核算》

[4] 中华会计网校（http：//www. chinaacc. com/）

[5] 重庆会计之家（http：//www. cqkj114. org. cn/）

[6] 中国会计人（http：//www. ccppaa. com/）